Verlag für Systemische Forschung

im Carl-Auer Verlag

Frank Stähler
Monika Stützle-Hebel (Hrsg.)

Demokratie machen

Gruppendynamische Impulse

Mit einem Vorwort von Rosemarie Budziat

2018

Der Verlag für Systemische Forschung im Internet:
www.systemische-forschung.de

Carl-Auer im Internet: www.carl-auer.de
Bitte fordern Sie unser Gesamtverzeichnis an:

Carl-Auer Verlag
Vangerowstr. 14
69115 Heidelberg

Reihengestaltung nach Entwürfen von Uwe Göbel
Printed in Germany 2018

Erste Auflage, 2018
ISBN 978-3-8497-9024-0

Bibliografische Information der Deutschen Nationalbibliothek:
Die Deutsche Nationalbibliothek verzeichnet diese Publikation
in der Deutschen Nationalbibliografie; detaillierte bibliografische
Daten sind im Internet über http://dnb.ddb.de abrufbar.

All den Menschen, die in den vergangenen fünfzig Jahren das demokratische Element der Gruppendynamik und die Demokratie überhaupt lebendig gehalten haben.

Inhalt

Vorwort

Liebe Leserinnen, liebe Leser,

wozu braucht es für ein Buch, das aus lauter Beiträgen darüber besteht, wie Menschen miteinander reden und zu Entscheidungen kommen, ein Vorwort?

Es braucht eigentlich keines, denn prägnanter und vielfältiger zugleich als in den Artikeln der Kollegen und Kolleginnen der Gruppendynamik beschrieben, ist es kaum zu beschreiben. Das Buch, das Sie jetzt in der Hand haben, spricht für sich: Menschen kommen in Gruppen zusammen, müssen Entscheidungen treffen. Dazu müssen sie miteinander kommunizieren, gemeinsame Regeln entwickeln, sich auseinandersetzen, sich streiten, sich zusammentun und sich wieder differenzieren. Diese Vorgänge sind wichtig, denn sie sind zutiefst demokratisch.

Die Arbeit der Gruppendynamischen Trainerinnen und Trainer, Leiterinnen und Leiter der DGGO trägt dazu bei, dass diese Auseinandersetzungen in Gruppen besser gelingen, indem sie zu Selbstreflexion und Prozessreflexion anregen.

Ich freue mich sehr über die Zusammenschau der gruppendynamischen Arbeitsweisen und Projekte in diesem Buch.

Ein Teilnehmer eines gruppendynamischen Trainings sagte am Schluss einer Fortbildungswoche: „Wir haben so viel mit einander geredet und sind schwierigen Situationen nicht aus dem Weg gegangen. Es gibt mir Mut für meine politische Arbeit vor Ort, zu sehen, dass Demokratie wirklich lebbar ist."

Mein großer Dank geht an Monika Stützle-Hebel und Frank Stähler, die sich das Thema „Gruppendynamik und Demokratie" so zu eigen gemacht haben, dass daraus dieses wunderbare Buch mit vielen Beispielen aus der alltäglichen Praxis entstanden ist.

Korb im November 2018

Rosemarie Budziat

Vorsitzende der Deutschen Gesellschaft für Gruppendynamik und Organisationsdynamik

Frank Stähler & Monika Stützle-Hebel

Demokratie machen
Motivation und Einführung zu einem Lesebuch mit praktischer Relevanz

> Kein Mensch wird als politisches Lebewesen geboren; deshalb ist politische Bildung eine Existenzvoraussetzung jeder friedensfähigen Gesellschaft.
> Oskar Negt (2010)

Was uns bewogen hat, dieses Buch herauszugeben

Zwei Dinge haben uns bewogen, dieses Buch zu initiieren und herauszugeben: 1. Die Rückbesinnung auf den Gründungszusammenhang der DGGO, die am 06. Dezember 2018 ihr 50-jähriges Jubiläum feiert, und 2. unsere Sorge um die Demokratie in Deutschland und Europa. Die Gruppendynamik steht von ihrem Anbeginn an in engem Zusammenhang mit den Demokratisierungsbewegungen der Nachkriegszeit bis in die 70er-Jahre hinein. Das wollen wir weiter unten kurz darstellen. Unsere Sorge um die Demokratien resultiert nicht nur aus dem Erstarken populistischer Strömungen in ganz Europa, sondern auch aus den Beobachtungen, die wir in unseren haupt- wie ehrenamtlichen Arbeitsfeldern machen mussten: dass die Diskussions- und Gruppenkultur – selbst in politisch engagierten Gruppierungen – oft wenig Sinn für ein demokratisches Miteinander spiegelt. Hier begegnen wir Dominanzgebaren und Majorisierungstendenzen, die am Anderen nicht interessiert sind, ebenso wie einer naiven Unbeholfenheit in der Steuerung von Meinungsbildungs- und Entscheidungsprozessen, mit fatalen Folgen für die Wertschätzung von Demokratie als Herrschaftsform, von Minimalkonsens und Pluralismus, und von den antagonistischen Grundwerten der Freiheit und Gleichheit der Individuen. Oder, wie Hermann Steinkamp es bereits 1973 formulierte:

> „Die Beschäftigung mit dem Phänomen der kleinen Gruppe entspringt von ihren Anfängen an nicht nur der wissenschaftlichen Neugierde, sondern auch der Sorge, mit fortschreitender Zivilisation könnte diese Übereinstimmung in Gefahr geraten und Demokratie zu einer manipulierbaren Leerformel erstarren, weil sie von ihrer ursprünglichen Idee abgeschnitten wurde." (Steinkamp, 1973, S. 14f.)

Dem ist auch im Jahre 2018 nichts hinzuzufügen.

Parallel zu diesen beunruhigenden Überlegungen drängte sich mir, Frank Stähler, meine Heimatdisziplin Gruppendynamik als Ansatz auf, um dem etwas entgegenzusetzen. Die Sinnfrage stellte sich laut und deutlich. Das Bedürfnis, sich unter dem Aspekt der Demokratie der eigenen Haltung, Methoden und Möglichkeiten bewusster zu werden, regte sich ebenso wie der Wunsch, die teils mythisch umrankte Gruppendynamik nach außen verständlicher und damit zugänglicher zu machen. Für die Mitwirkung an diesem Buch musste ich Dich, Monika Stützle-Hebel, nicht lange bitten. Meine Anfrage traf bei dir auf eine starke Motivation, Zeit und Energie, in die Frage nach einem Beitrag zur Stärkung von Demokratie zu investieren.

Der historische Bezug

Der Zusammenhang von Gruppendynamik und Demokratie ist eng mit der Entwicklung der Gruppendynamik als Forschungsdisziplin, als Verfahren des sozialen Lernens und als Praxeologie[1] verbunden.

Der Begründer der Gruppendynamik, Kurt Lewin, widmete nach seiner erzwungenen Emigration in die USA einen erheblichen Umfang seiner Forschungstätigkeit der Frage, wie im Nachkriegsdeutschland die Demokratie gestärkt werden kann (u. a. in *Kultureller Wiederaufbau*, 1943a und *Der Sonderfall Deutschland*, 1943b). Die Experimente seiner Forschungsgruppen zu den Wirkungen autoritärer und demokratischer Gruppenatmosphären sind in der Fachwelt berühmt (Lewin & Lippitt, 1938; Lewin, Lippitt & White, 1939). Aus seiner Arbeit mit verschiedensten Gruppen haben seine Forschungsmitarbeitenden, seine Kolleg_innen und nachfolgende Forschergenerationen das entwickelt, was wir heute unter angewandter Gruppendynamik verstehen: einen spezifischen Ansatz für soziales Lernen und für das Leiten von Gruppen. Zentral dafür ist die Emanzipation der Personen: die Lernenden werden zu Forschenden, die sich selbst und ihre Gruppe oder Organisation beforschen, und die Betroffenen werden zu Beteiligten[2].

In der DDR wurde die Gruppendynamik aufgegriffen und eingesetzt, als der Berliner Arzt Kurt Höck seit 1958 die später so genannte „Intendierte

[1] Wissenschaft von der Steuerung der Dynamik in Gruppen

[2] Dies ist im Grunde eine spezifische Anwendung des Ansatzes der Action Research / Aktionsforschung (vgl. Lewin, 1946a) oder auch (Antons & Stützle-Hebel, 2015, S. 94, 228, 248, 250 und 333); (Stützle-Hebel & Antons, 2017, S. 43)

Dynamische Gruppenpsychotherapie“ (IDG) entwickelte. Die Emanzipation von Autorität spielte dabei eine zentrale Rolle.[3]

In die BRD kam Lewins Impuls in der Ära des Marshall-Plans durch amerikanische Trainer über Österreich (1954) und das berühmte „Schliersee-Seminar“ (1963), fünf Jahre vor der Gründung der Sektion Gruppendynamik im DAGG[4] im Symboljahr 1968 (vgl. Rechtien, 1999). In loser Kooperation mit den österreichischen und schweizer Kolleg_innen entwickelte sich der Ansatz der Gruppendynamik in der Sektion Gruppendynamik in zwei Richtungen weiter. Eine Ausbildung zu „Trainer_innen für Gruppendynamik“ für die Qualifizierung zum Leiten gruppendynamischer Trainings wurde konzipiert; der Ansatz dieser Ausbildungsordnung ist stetig weiterentwickelt worden und heute noch innovativ. 1980 kam ein Rahmencurriculum hinzu, mittlerweile hat es den Titel „Weiterbildung Gruppendynamische_r Leiter_in von Gruppen“ und qualifiziert die Absolvent_innen zu einem gruppendynamisch fundierten Leiten unterschiedlichster Gruppen und Teams (vgl. den Beitrag von Antons & Stützle-Hebel in diesem Band). Heute liegen in Deutschland Forschung und Ausbildung nicht nur der Gruppendynamik, sondern auch der Organisationsdynamik in den Händen der Deutschen Gesellschaft für Gruppendynamik und Organisationsdynamik (DGGO e. V.).

Wovon Demokratie lebt

> „Mit dem Begriff Demokratie verbinden die meisten Menschen zunächst demokratische Entscheidungsprozesse, die sich unter anderem in unserem Wahlrecht ausdrücken: die Mehrheitsmeinung entscheidet und wird von der Allgemeinheit anerkannt. Demokratie geht aber weit darüber hinaus. Dazu gehören unter anderem auch die Gewaltenteilung, das Rechtsstaatsprinzip, der Schutz von Minderheiten, die Chancengleichheit von Männern und Frauen, die Meinungs- und Versammlungsfreiheit sowie die Verantwortung füreinander und für das gesellschaftliche Ganze.“ (Nahles, 2015, S. 23)

[3] Die IDG wurde in der Wendezeit zum DADG (Deutscher Arbeitskreis für Intendierte Dynamische Gruppentherapie) und fand im Jahr 2000 Aufnahme im DAGG. Seit 2011 ist der DADG Gründungsmitglied der D3G (Deutsche Gesellschaft für Gruppenanalyse und Gruppenpsychotherapie).

[4] Der DAGG, Deutscher Arbeitskreis für Gruppenpsychotherapie und Gruppendynamik wurde 1967 u. a. von Annelise Heigl-Evers und dem Pionier der Gruppendynamik in der BRD Alf Däumling gegründet und 2011 aufgelöst. Die DGGO ist die Nachfolgeorganisation der Sektion Gruppendynamik im DAGG.

Wir möchten hinzufügen: Zur Demokratie gehören auch Demokrat_innen – Menschen, die als emanzipierte, selbstständige Bürger_innen diese Gesellschaftsform tragen. Wie soll er also sein – der „Homo democraticus"? Die „Demokratisierung gesellschaftlicher Strukturen und Prozesse und Emanzipation gesellschaftlicher Subjekte [bedingen] sich (...) wechselseitig" (Friebel, 1977 nach Pauls & Walter, 1979, S. 635), wobei die hier gemeinte Selbstständigkeit eine an Gemeinschaft gebundene ist – eine, die die gegenseitige Abhängigkeit aller von allen anerkennt. Diese Menschen haben zwar „die Fähigkeit zur Handlung *gegen* die Gemeinschaft", sie anerkennen aber zugleich „die Notwendigkeit des Handelns *für* die Gemeinschaft und *mit* der Gemeinschaft" (ebd. S. 636). Die Folge daraus sind Wertschätzung, Achtsamkeit und Verständnis für das eigene Wünschen und Handeln, verbunden mit Wertschätzung, Achtsamkeit und Verständnis für das Wünschen und Handeln anderer als Basis für Demokratie.

Schmitz (2000, S. 330ff.)[5] leitet aus einer umfangreichen ideengeschichtlichen Untersuchung mehrere „demokratische Tugenden" ab: Selbstdisziplin als Haltung, „dass das eigene Urteil nicht die Wahrheit verkörpert", Selbstvertrauen mit der „Bereitschaft, für die eigenen Taten die Verantwortung zu übernehmen" und Fremdvertrauen „in die Fähigkeit der Mitbürger zur Moralität und in ihre Bereitschaft, für ihre Taten die Verantwortung zu übernehmen". Noch klarer werden diese Tugenden durch den Blick auf die Folgen ihrer Abwesenheit: „Eine mangelnde Selbstdisziplin führt hingegen zu der Bereitschaft, andere zu unterwerfen"; „Fehlendes Selbstvertrauen führt jedoch zu der Bereitschaft, das eigene Gewissen zu missachten und sich selbst anderen zu unterwerfen"; „Fehlt ein solches Fremdvertrauen, macht sich Angst oder sogar Aggression breit, denen ein Strafbedürfnis folgt".

Hinzu kommt die Tugend des Selbstwertgefühls, „das sich in dem Glauben an das Recht und die Chance äußert, das eigene Leben so frei wie möglich zu gestalten." Aufschlussreich ist es, auch hier das negative Pendant, das Gefühl von Wertlosigkeit und Ohnmacht mitzudenken, erkennbar bspw. daran, dass „die Bürger denken, auf sie als einzelne komme es ohnehin nicht an, weil „die da oben" sowieso machten, was sie wollten." (ebd., S. 331).

[5] Die Studie von Sven-Uwe Schmitz nimmt einen bemerkenswert gründlichen ideengeschichtlichen Vergleich bedeutender historischer Denker vor, deren Gesellschaftsentwürfe sich in die drei Grundüberzeugungen der 1. Herrschaft des/r Einzelnen, 2. Herrschaft der Wenigen und 3. Herrschaft der Vielen unterteilen lassen.

In einer demokratischen Gesellschaft reichen Reflexion, Auseinandersetzung und informelle Normen nicht aus, um die Gemeinschaft zu steuern und über eine längere Zeit zu bestehen. Es braucht Institutionen, Regeln und eine Exekutive, um diese durchzusetzen. Aber es braucht eben auch noch das Pendant dazu: „Ohne eine objektive, gegenseitige Verpflichtung und ohne eine subjektiv empfundene Verbundenheit hat die Demokratie keine Chance (ebd.). Nanz & Leggewie sprechen von einem „Homo cooperativus“, den wir dem Homo democraticus zur Seite stellen wollen. Eine „sozial-kooperative Verhaltensdisposition“ bedeutet hier „das menschliche Vermögen zur Empathie, zu Vertrauen und Kooperation beziehungsweise Kollaboration sowie das Streben nach Vergemeinschaftung“ (Nanz u. Leggewie 2016, S. 48).

Idealerweise nimmt der Homo democraticus einen eigenen Standpunkt ein und hat seine Ziele vor Augen, mit einem wachen und kritischen Blick für das, was in ihm und um ihn herum geschieht (Selbst- und Fremdwahrnehmung) und den Mut, dies anzusprechen auch wenn es zunächst den „lieben Frieden stören“ könnte. Er kann Widerstände aushalten, weil er sie als natürlichen Teil des Prozesses versteht und ernst nimmt, ohne den eingeschlagenen Weg zu verlassen. Er hat den Mut und die Kraft, die Spannungen, die mit Ziel- und Interessenskonflikten einhergehen, so lange auszuhalten, bis eine gemeinsame Lösung gefunden ist. (Frustrationstoleranz). Und er lässt sich von den Bedürfnissen und Sorgen der anderen berühren (Empathie). Gruppenprozesse sind nicht planbar. In Gruppen Einfluss zu nehmen ist deshalb immer auch ein Experiment mit offenem Ausgang, das Mut, Zuversicht und den Glauben an die eigene Selbstwirksamkeit erfordert.

Ein demokratisches Gruppengeschehen ist verbunden mit Selbststeuerung der Gruppe. Die dazu notwendigen Elemente sind Metakommunikation, also die Selbstreflexion der Gruppe und ihrer Mitglieder mittels Feedback. Diese Metakommunikation lebt vor allem davon, dass die Einzelnen einander Feedback geben können, d. h. beschreiben können, was sie bei sich und anderen wahrnehmen, an Verhaltensweisen und deren Wirkungen bei sich und der Gruppe. Dies ist eine besondere Form von Offenheit, die nur möglich wird, wenn man die Einschätzung in „richtig“ und „falsch“, in „gut“ und „schlecht“ durch die interessierte Frage nach den individuellen und kollektiven Bedeutungen bzw. Wirkungen ersetzt. Dazu gehört auch die Bereitschaft, andere am eigenen Erleben teilhaben zu lassen, aber auch die Fähigkeit, sich auf die oder den anderen einzulassen und einmal für eine Weile die eigene Position zu verlassen. Das kann nur, wer mit sich selbst im Kontakt ist: einen eigenen Standpunkt hat, sich dessen bewusst und bereit ist, ihn zu vertreten.

Schmitz fasst den Anteil des Homo democraticus, den er altruistisch nennt, zusammen mit „kommunikativen Tugenden wie Einfühlungsvermögen, Offenheit, Wahrhaftigkeit und in der Bereitschaft zum Zuhören (...). Darüber hinaus sind Mitgefühl, Gerechtigkeitssinn, Freundlichkeit und Solidarität als demokratische Tugenden zu nennen." (Schmitz, 2000 S. 332).

Demokratie lebt davon, dass Menschen sich in den verschiedensten Gruppierungen als Sozialisationsinstanzen der Gesellschaft aktiv einbringen. Unser Homo democraticus ist unter dem Demokratie-Aspekt ein idealtypisches Modell. Sein Nutzen liegt darin, eine Orientierung dafür zu geben, welche personalen Eigenschaften und Kompetenzen das Funktionieren und Überleben einer demokratischen Gesellschaft sichern helfen.

„Autokratie wird dem Individuum auferlegt. Demokratie hat es zu lernen", folgert Lewin aus seiner Forschung (1939, S. 125). Denn Gruppen sind nicht automatisch demokratisch, wie die Entwicklungen der Gruppen zeigen, die in Lewins Experimenten aufgrund eines als „Laissez faire" bezeichneten Leitungsverhaltens mehr oder weniger sich selbst überlassen waren (Lewin & Lippitt, 1938; Lewin, Lippitt, & White, 1939).

Dies führt zu der Frage, welche Lern- und Lebenserfahrungen, welche Lern- und Erfahrungsräume hilfreich sind, um Menschen Kompetenzen und Motivation zu verleihen, mit denen sie zum Erhalt und zur Entwicklung einer demokratischen Gesellschaft beitragen können.

Welchen Beitrag leistet hier die Gruppendynamik?

Auf welche Weise können nun diese Fähigkeiten entwickelt werden? Peter Fauser formuliert es so:

> „Demokratie ist nicht angeboren, sondern kann und muss gelernt werden. Wissenserwerb allein genügt dafür nicht. Grundlegend ist die Erfahrung von demokratischer Praxis in der Verschränkung von handlungsorientierter Verständigung und verständigungsorientiertem Handeln"
> (Fauser in Rademacher & Wintersteiner, 2016, S. 219).

Die Gruppendynamik bietet hier ein besonderes Feld für Erfahrungslernen:

Sobald Menschen in einer Gruppe zusammenkommen, werden die psychosozialen Grundbedürfnisse geweckt, es sind vor allem die nach „Identitäts- und Selbstwerterleben", Bindung und Liebe sowie Selbstwirksamkeit, welche – in der Regel „unter dem Tisch" – ausgehandelt werden müssen. Diese und weitere Bedürfnisse sind Antrieb und Ursache von Motivation,

Initiative, Impulsen, Konflikten, Kompromissen, Ambivalenzen, Emotionen etc. in Gesprächen und Handlungen. Sie sind der Motor für die Gruppendynamik – gespeist aus den gruppalen Dimensionen von Zugehörigkeit, Regulierung von Nähe und Distanz, Einfluss und Status.

Dieses Buch ermöglicht einen Einblick in vielfältige methodische Zugänge im Rahmen gruppendynamischen Arbeitens. Zentral ist die gruppendynamische Trainingsgruppe, die die Aushandlungsprozesse um die genannten Bedürfnisse und Dimensionen erfahrbar, verstehbar und gestaltbar macht.

Dazu schaffen Trainerinnen und Trainer für Gruppendynamik einen niedrigstrukturierten Raum und regen dazu an, dass die Gruppenmitglieder sich aufeinander beziehen, Selbst- und Fremdbild in Abgleich bringen, die eigenen und fremden Bedürfnisse und Sichtweisen ergründen und mit alternativen Möglichkeiten des Zusammenlebens und Lernens experimentieren. Dies wird ermöglicht durch eine konsequent forschende Grundhaltung, im Unterschied zu einer belehrenden oder gar bewertenden. Wer die Erfahrung der Selbstwirksamkeit in Gruppen gemacht hat, ist motivierter und gestärkt, sich in Gruppenprozesse einzubringen.

Hier eine unvollständige Sammlung von relevanten Erfahrungen, die in gruppendynamischen Settings gemacht werden können:

- Aushandlungsprozesse und Konflikte sind notwendig, damit die Gruppenmitglieder sich in ihrer Unterschiedlichkeit zeigen können.
- Sich in der Gruppe organisieren, um sich um eigene und die Bedürfnisse anderer zu kümmern.
- Dialogfähigkeit oder Dialog-Lust: sich zu äußern, sich zu zeigen und andere zu sehen.
- Man kann von der Beteiligung anderer, gleich, ob sie ähnlich ticken oder völlig anders, auch für sich profitieren.
- Sich selbst wichtig nehmen und andere wichtig nehmen.
- Selten ist man allein mit Nicht-Verstehen oder Nicht-Wissen. Dieses zu äußern, schafft Verbindung und Verbündete.
- Es geht bei allen Sachfragen immer auch – meist unterschwellig – um sozio- und psychodynamische Fragen vor allem von Interessen und Bedürfnissen der beteiligten Personen und Gruppen.
- Initiativ werden auch ohne strukturell vorgegebene Leitung.
- Die Wirkung des eigenen Verhaltens bei anderen erkennen und anerkennen und daraus Schlüsse für das eigenen Verhalten ziehen,

aber auch entdecken, dass diese Wirkung immer auch im Erleben und der Situation der Anderen begründet ist.

- Miteinander über die Wechselwirkungen der persönlichen Verhaltensweisen in der Interaktion reden, ohne dies als gegenseitigen Angriff zu deuten.
- Feedbackprozesse ermöglichen die Abstimmung aufeinander und machen die Personen in ihrem Verhalten freier.
- Führung erfolgt in einem gruppendynamischen Setting nicht durch eine vorgegebene Hierarchie. Vielmehr wird sie miteinander verhandelt und durch die Gruppe zugestanden. Es wird erfahren, was Akzeptanz, Entzug, und der Wechsel von Führung ausmacht und welche Rolle dabei Konkurrenz und der Umgang damit spielen.
- Führung heißt nicht, Antworten zu geben, sondern Interesse an den anderen und Fragen an sich und die anderen zu haben, sich (be-) greifbar zu machen.
- Unterschiedlichkeit und Einigkeit, Autonomie und Abhängigkeit in einer Gruppe gehören zusammen; eine Gruppe entsteht und lebt aus den Beziehungen ihrer Mitglieder untereinander. Es ist die gegenseitige Abhängigkeit (Interdependenz) der Mitglieder und nicht deren Gleichheit, die eine Gruppe ausmacht.
- Nach Wirkungen forschen bringt weiter als schnelle Urteile fällen.
- Welche Bedürfnisse und Interessen treiben mich an?
- Gemeinsame Reflexion ist der Schlüssel zu Entwicklung, nicht die reflexartige Suche nach Lösungen.

Letztlich ist dies Persönlichkeitsentwicklung durch eigenes Wahrnehmen, Erkennen und Tun, also durch Erleben und Erfahrung, welches alle oben beschriebenen Fähigkeiten herausfordert und fördert. Dieser Ansatz sichert Tiefe und Nachhaltigkeit.

In neuerer Zeit erfährt die Demokratisierung von einer eher utilitaristischen Seite Bestätigung. Die Entwürfe von „Agilität" sind Versuche einer Antwort auf die Anforderungen von Komplexität und Unsicherheit in der Moderne. Interessanterweise heben sie die Bedeutung des ständigen Lernens, von Selbstverantwortung, Selbstorganisation, flachen Hierarchien und Reflexion in Teams und Organisationen hervor und postulieren die „Demokratisierung der Arbeit und Entscheidungen" (Werro, 2018, S. 4) als ebenso notwendig wie den Einsatz der Gruppendynamik: „Um Agilität (...) wirklich zielgerichtet und gewinnbringend einsetzen zu können, führt kein

Weg an der Gruppendynamik und ihren Modellen und Erkenntnissen vorbei." (Werro 2018, S. 38).

Was in der Zusammenschau möglicher Lernerfahrungen in der Gruppendynamik deutlich wird, ist, dass es nicht nur um Kompetenzen und Verfahren geht, sondern auch um die Verinnerlichung und Ausbildung einer entsprechenden Grundhaltung. Als Verfahren, das von der grundsätzlichen Selbstregulierungsfähigkeit von Gruppen ausgeht und diese fördert, ist Gruppendynamik zutiefst demokratisch.

Was man in diesem Buch lesen und lernen kann

Die Angewandte Gruppendynamik hat in den letzten über 50 Jahren nicht nur fundierte wissenschaftliche Erklärungs- und Verständnismodelle zur Verfügung gestellt. Sie hat vor allem Trainings-, Bildungs-, Lern-, Reflexions-, und Beratungsformate entwickelt, in denen Menschen lernen oder Orientierung und Stärkung erhalten, um Gruppen zu verstehen, in Gruppen wirksam zu werden und Gruppen zu leiten.

Darum geht es in diesem Lesebuch: an praktischen, konkreten Beispielen schildern 20 Kolleg_innen, wie die Fähigkeiten, die Menschen für die Demokratie brauchen, in gruppendynamischen Lern- und Arbeitssettings gestärkt werden können. Die Beiträge haben eine inhaltliche Bandbreite hinsichtlich Arbeitsfeldern, Umfang der Veranstaltung, Dauer, Gruppengröße und Klient_innen-Gruppen. Es werden ein einzelner Prozess(abschnitt) oder ein Design, ein einzelnes Wirkungselement in einem Design oder auch nur eine einzelne Intervention und ihre Wirkung dargestellt.

Dabei ist der Demokratiebezug mehr implizit als explizit. Im Zuge der Erstellung dieses Buches ist diesbezüglich ein Diskurs unter uns Autor_innen darüber entstanden, wie explizit aktuelle Erfahrungen in unseren Settings mit den Erfordernissen von Demokratie in Beziehung gesetzt werden müssen, damit sie auch demokratierelevant wirksam werden können. Die Diskussion ist noch nicht abgeschlossen und wird spannend werden!

Ein demokratisches Element hat dieses Buch bereits befördert und das freut uns besonders: unserem Aufruf zur Mitwirkung sind auch viele jüngere Kolleg_innen gefolgt, die bisher mit ihrer Arbeit nicht so öffentlich in Erscheinung getreten sind. Sie haben zu einem bunten Kaleidoskop unterschiedlichster gruppendynamischer Zugänge beigetragen, das spannend und inspirierend ist.

Wir haben die Beiträge in vier Gruppen zusammengestellt:

Im ersten Teil **„Zum grundlegenden Zusammenhang von Gruppendynamik und Demokratie“** erörtert *Hermann Steinkamp* im Interview mit mir (MSH) unter dem Titel *„Gruppendynamik und Demokratisierung reloaded – oder: Ist die Demokratie noch zu retten?“* die für Demokratie konstitutiven Elemente bzw. Faktoren. Er zeigt auf, wie sich diese im Beziehungsgefüge von Gruppen, die sich im gruppendynamischen Lernen selbst reflektieren, mit der Zeit konstituieren und erfahrbar werden und dadurch eine Stärkung für Demokratie erfolgen kann. Indem sich gesellschaftliche Phänomene in jedem Gruppenprozess spiegeln, ermöglicht die Reflexion dieser Prozesse überdies die Diagnose von und die Sensibilisierung für Veränderungsbedarfe. Das zeigen *Hella Gephart und Hermann-Josef Noll* in *„In welchen Räumen trainieren Sie eigentlich?“* an einem Beispiel aus ihrer Trainingspraxis.

Der zweite Teil **„Gruppendynamische Konzepte in Training und Weiterbildung“** beleuchtet die Wirkung verschiedener Aspekte der gruppendynamischen Trainingsarbeit. In *„Was soll ich denn wollen?“* fokussiert *Klaus Brosius* die Herausforderungen der Anfangssituation in einem klassischen Sensitivity-Training, in dem Meinungsbildung und Aushandlung von Interessen als Aspekte sowohl demokratischer Prozesse wie auch gruppendynamischer Trainings gelernt werden. *Babette Brinkmann* stellt in *„Selbststeuerung und demokratische Prozesse in der agilen Arbeitswelt“* dar, welch kraftvolles Lernformat dafür ein Organisationstraining sein kann. *Ich (FS)* wiederum schildere in *„Gruppen verstehen und Einfluss nehmen“*, wie durch einen konsequenten Fokus auf die Selbstreflexion der Gruppenmitglieder und ein forschendes Miteinander der spezielle Mix aus klassischer Gruppendynamik und Outdoor-Übungen zu einem Lern- , Handlungs- und Erlebnisraum für demokratierelevante Themen und Kompetenzen werden kann. Unter dem Titel *„Selbstoptimierung oder Gruppenkompetenz?“* schildert *Gisela Clausen* wiederum, wie „die Freiheitsgrade für das eigene soziale Handeln, die man in gruppendynamischen Trainings gewinnt, dazu führen, dass man sich im internen Kräftespiel von Teams und Abteilungen großer Unternehmen unabhängiger und angstfreier bewegen kann“. *Mechthild Erpenbeck* blickt in *„Auf dem Weg zu einem neuen Autoritätsverständnis“* bei der Beschreibung eines Führungskräfte-Curriculums auf das spezifisch Gruppendynamische an der Haltung des/r Trainer_in, am Konzept und an den Interventionen und was daraus zum Thema Autorität und Demokratie gelernt werden kann. Und zu guter Letzt beschreiben *Klaus Antons und ich (MSH)* Entwicklung, Konzept und Wirkung eines Erfolgsmodells der DGGO, das Rahmencurriculum „Weiterbildung Gruppendynamische_r Leiter_in von Gruppen“ als *„Eine Schule für demokratisches Verhalten“*.

Gruppendynamische Trainer_innen und Gruppendynamische Leiter_innen sind in vielen Feldern als Berater_innen, Moderator_innen und Coaches unterwegs. Die Konzeption von Workshops und/oder Entwicklungsprozessen und deren Durchführung ist ihr „täglich Brot“. In der Angewandten Gruppendynamik findet parallel zum Gelingen der kontraktierten Prozesse immer auch Soziales Lernen statt. Diesem Arbeitsfeld ist der dritte Teil **„Gruppendynamische Praxis in Unternehmen, Behörden und anderen Organisationen“** gewidmet. *Thomas Vogl* beschreibt hier unter *„Wohnsinn wagen – Demokratie und Wohnprojekte“*, wie gruppendynamische Fähigkeiten die Demokratie in Wohnprojekten fördern, indem sie eine gruppendynamische Steuerung der komplexen Selbstverwaltungsdynamik ermöglichen. In *„Eine Mauer des Schweigens und der Umgang damit“* schildert *Asiye Balıkçı-Schmidt* wie durch eine gruppendynamische Intervention die Krisensituation in einem interkulturellen Seminar bewältigt werden konnte, weil kontaktbehindernde Tabus bearbeitbar wurden. Mit *Stefanie Husi-Giessmann* kehren wir sodann in den Workshop-Alltag in Unternehmen zurück: *„Führen ohne Vorgesetztenfunktion“*. Sie zeigt, wie Teilnehmende auch in einem eintägigen Workshop etwas über die eigenen inneren Fallstricke bei Lateral Leadership erkennen können. *„Im Spannungsfeld zwischen autoritärer und demokratischer Führung“* befindet sich ein Team mit seiner Leitung, das durch eine Fusion in eine autokratisch-hierarchische Organisationskultur geraten ist. *Almut Aeppli* schildert, wie dieses Team sich seine demokratisch-partizipative Führungskultur bewahren kann. Einer ähnlichen Fragestellung geht *Kristina Hermann* unter dem Titel *„Von Angst, Wut und Ohnmacht zu Selbstermächtigung und Selbststeuerung“* nach und benennt die gruppendynamischen Prinzipien, die bei Kontraktierung und Durchführung eines Workshops zu beachten sind, der Selbstorganisation nach einem Umstrukturierungsprozess ermöglichen soll.

Der vierte und abschließende Teil führt Gruppendynamik und Politik zusammen: **„Gruppendynamik im politischen und gesellschaftlichen Kontext“**. Im politischen und vorpolitischen Raum entscheidet sich letztendlich, durch welche Strukturen die Demokratie konstituiert wird, und ob die stattfindenden Meinungsbildungs- und Entscheidungsprozesse die Demokratie fördern und stabilisieren oder unterminieren. *Enrico Troebst* erarbeitet durch die Verwendung von Metaphern in einem Workshop der politischen Bildung mit Teilnehmer_innen, die in die politische Arbeit einsteigen wollen, wie sie Zugehörigkeit entwickeln und Einfluss gewinnen können: *„Matrose oder Kapitänin?“* Und *Werner Zimmer-Winkelmann* problematisiert bereits im Titel seines Beitrags, dass der Erwerb gruppendynamischer Kompetenzen für demokratisches Handeln nicht reicht: *„Demokratie beginnt in Gruppen, aber wenn wir es dabei belassen, können wir genauso gut Fußball spielen gehen“*. Er zeigt, wie er die Reflexion des Arbeitsprozesses im Hier-und-Jetzt der Gruppe mit der Frage nach demokratischer Haltung und Handlung verknüpft. Dabei verweist er auch auf die Gestaltung der Macht-Strukturen in der Lebenswelt der Teilnehmenden. Damit steht er ganz in der Tradition von Kurt Lewin und anderer Gestalt- und Sozialpsycholog_innen und Vertreter_innen der Kritischen Psychologie, die überzeugt waren bzw. sind, dass ohne die Veränderung der Machtverhältnisse in allen gesellschaftlichen Bereichen, gerade auch im Schul- und Arbeitsalltag der Menschen, Demokratie nicht wird bestehen können. Nach diesen Fortbildungskontexten werfen wir einen Blick in die gelebte Realität einer Politikerin: *Ingrid Stahmer* erzählt in ihrer unnachahmlichen Art dem Politikjounalisten *Peter Stützle* in *„Gruppendynamik in der Politik – Erfahrungen aus der Praxis“*, wie sie mit ihren Kompetenzen als Trainerin für Gruppendynamik Politik gemacht und ihre verschiedenen Ämter, bis hin zur Stellvertretenden Bürgermeisterin in Berlin gestaltet hat. Wir (FS und MSH) ergänzen dieses lebendige Interview und zeigen in einem *Exkurs zur Angewandten Gruppendynamik*, wo Ingrid Stahmer „gruppendynamisch interveniert“ hat. Eine andere Realität beschreibt *Wolfgang Weigand* in *„Kollision von gruppendynamischen und patriarchal-hierarchischen Paradigmen in Organisationen“*. Anhand der Entwicklung der Gruppendynamik an der Kath. Akademie für Jugendfragen Münster veranschaulicht er, wie Hierarchien auf Gruppendynamik reagieren können. Lewin hat ähnliches übrigens schon 1946 in einer Reflexion über die Bedeutung der Sozialwissenschaften[6], prognostiziert:

> „Eine ... Bedrohung kommt von ‚Gruppen, die an der Macht sind‘. Diese Menschen lassen sich auf allen Stufen der Führung finden, unter Arbeiterführern, unter Politikern, ... In irgendeiner Weise scheinen sie alle von der Furcht besessen zu sein, sie könnten nicht tun, was sie wollten, wenn sie und andere wirklich die Tatsachen kennen würden.“ (Lewin, 1946b, S. 293)

[6] Womit er vor allem seine Forschung im Bereich von Gruppen und Organisationen meinte, zu der die heutige Gruppendynamik als spezielle Form der Action research gehört.

Vielleicht könnte Lewin entspannter sein, wenn er noch erlebten dürfte, wie unsere Gesellschaft, auch mit Hilfe der Gruppendynamik und anderer Verfahren, in ihren Gruppen, Organisationen und Institutionen mehr Teilhabe und Transparenz entwickeln würde.

Nun wünschen wir Ihnen viel Spannung, Interesse, Erkenntnis und Anregung beim Blättern und Lesen in diesem Buch. Wir haben uns konkrete, kleinschrittige Erzählungen gewünscht, anhand derer man die Gruppendynamik und ihre Wirkungen verstehen kann – auch als Nicht-Fachmensch. Uns hat es viel Freude gemacht, die Artikel zusammenzutragen und wir bedanken uns bei unseren Kolleginnen und Kollegen, die das Projekt so motiviert ermöglicht haben. Die zahlreichen unterschiedlichen Perspektiven und Schwerpunkte zeigen die Relevanz der gruppendynamischen Haltung und Methode für eine Vielzahl von Arbeitsfeldern und Anwendungen. Gleichzeitig befördern sie vor allem auch in ihrer Zusammenschau ein Verständnis für die Wirkungsweise und den Wirkungsgrad der Gruppendynamik in Bezug auf Demokratie-Lernen. Wir sind sehr ermutigt, dem Thema Demokratie auch weiterhin unsere vermehrte Aufmerksamkeit und unser Engagement zu widmen. Wenn es bei Ihnen das Interesse an der Gruppendynamik anregt, freuen wir uns. Wenn es Sie auch zur Demokratie ermutigt, sind wir voll zufrieden!

Köln und Freising im November 2018
Frank Stähler und Monika Stützle-Hebel

LITERATUR

Antons, K. & Stützle-Hebel, M. (2015). *Feldkräfte im Hier und Jetzt – Antworten von Lewins Feldtheorie zu aktuellen Fragestellungen in Führung, Beratung und Therapie.* Heidelberg: Carl-Auer.

Lewin, K. (1939). Experimente über den sozialen Raum. In G. W. Lewin (Hrsg.), *Die Lösung sozialer Konflikte. Ausgewählte Abhandlungen über Gruppendynamik* (1968) (3. Ausg., S. 112–127). Bad Nauheim: Christian.

Lewin, K. (1943a). Kultureller Wiederaufbau. In G. Weiß Lewin (Hrsg.), *Die Lösung Sozialer Konflikte* (1968) (3. Ausg., S. 63–73). Bad Nauheim: Christian.

Lewin, K. (1943b). Der Sonderfall Deutschland. In G. Weiß Lewin (Hrsg.), *Die Lösung sozialer Konflikte* (1968, 4. Ausg., S. 74–91). Bad Nauheim: Christian.

Lewin, K. (1946a). Aktionsforschung und Minderheitenprobleme. In H. E. Lück (Hrsg.), *Gestalt Theory: Schriften zur angewandten Psychologie. Aufsätze – Vorträge – Rezensionen* (2009) (Bd. 31 (3/4), S. 473–487).

Lewin, K. (1946b). Tat-Forschung und Minderheitenprobleme. In G. Weiß Lewin (Hrsg.), *Die Lösung sozialer Konflikte* (1968) (3. Ausg., S. 278–298). Bad Nauheim: Christian.

Lewin, K. & Lippitt, R. (1938). Eine experimentelle Methode zur Untersuchung von Autokratie und Demokratie. Eine vorläufige Notiz. In H. E. Lück (Hrsg.), *Kurt Lewin. Schriften zur angewandten Psychologie. Aufsätze, Vorträge, Rezensionen* (2009, S. 131–138). Wien: Krammer.

Lewin, K., Lippitt, R. & White, P. K. (1939). Patterns of aggressive behavior in experimentally created „social climates". *Journal of Social Psychology* (10), S. 271–299.

Nanz, P. & Leggewie, C. (2016). *Die Konsultative – Mehr Demokratie durch Bürgerbeteiligung.* Berlin: Klaus Wagenbach.

Negt, O. (2010). *Der politische Mensch. Demokratie als Lebensform.* Göttingen: Steidl.

Pauls, W. & Walter, H.-J. (1979). Gruppendynamik – ein Weg zur Demokratisierung der Gesellschaft? In A. Heigl-Evers, & U. Streeck (Hrsg.), *Die Psychologie des 20. Jahrhunderts. VIII Lewin und die Folgen* (S. 635–645). Zürich: Kindler.

Rademacher, H. & Wintersteiner, W. (Hrsg.) (2016). *Jahrbuch Demokratiepädagogik 2016/17.* Schwalbach/Ts: Wochenschau.

Rechtien, W. (1999). *Angewandte Gruppendynamik* (3. Ausg.). Weinheim: Psychologie Verlags Union.

Schmitz, S.-U. (2000*). Homo democraticus - Demokratische Tugenden in der Ideengeschichte.* Opladen: Leske & Budrich.

Steinkamp, H. (1973). *Gruppendynamik und Demokratisierung. Ideologiekritische und sozialethische Studien zur empirischen und angewandten Kleingruppenforschung.* München, Mainz: Chr. Kaiser, Matthias-Grünewald.

Stützle-Hebel, M. & Antons, K. (2017). *Einführung in die Praxis der Feldtheorie.* Heidelberg: Carl-Auer.

Zum grundlegenden Zusammenhang von Gruppendynamik und Demokratie

Hermann Steinkamp im Interview mit Monika Stützle-Hebel

Gruppendynamik und Demokratisierung reloaded – oder: Ist die Demokratie noch zu retten?

> ***Monika Stützle-Hebel:*** *Die institutionalisierte Gruppendynamik wird als DGGO heuer 50 Jahre alt – vor 45 Jahren hast du das Buch „Gruppendynamik und Demokratisierung" veröffentlicht. Lieber Hermann, ich freue mich, dass ich heute mit dir einen kritischen Blick auf die Ideen des Anfangs und die Entwicklung seither werfen darf. Du hast in diesem Buch sehr differenziert und fundiert den zeit- und ideengeschichtlichen Zusammenhang des modernen Demokratie-Verständnisses mit dem Konzept der angewandten Gruppendynamik herausgearbeitet. Einer späteren Trainergeneration entstammend habe ich dieses Buch erst jetzt entdeckt. Diesen Umstand finde ich symptomatisch für die Entwicklung der Gruppendynamik in Deutschland, auf die ich in diesem Interview gerne mit dir auch schauen möchte.*

***Hermann Steinkamp*:** Ja, der Gedanke, mit diesem zeitlichen Abstand noch einmal auf die in meiner Dissertation angeschnittenen Fragen zu schauen, hat mich sehr angeregt. Ich freue mich, dass die DGGO das Thema für ihr Jubiläum wieder aufgreift, denn ich mache mir große Sorgen über die politische Entwicklung in Europa und der Welt.

Wir stellen einen Niedergang der Demokratie als gesellschaftlicher Lebens- und Organisationsform fest. Ich mag da nur einige Stichworte nennen: Nationen wählen Autokraten wie Trump oder Erdogan zu Staatschefs und stimmen der Beschneidung der Unabhängigkeit der Gerichte und der Pressefreiheit zu. In ihrem demokratischen Bewusstsein ist offenbar die Bedeutung der Gewaltenteilung als eines konstitutiven Elements von institutionalisierter Demokratie nicht hinreichend verankert. Auch der Zuspruch, den die AfD oder sich ihr anbiedernde Politiker hier in Deutschland erhalten, wirft die Frage auf, ob wir noch einen gesellschaftlichen Konsens über zentrale Fragen der Demokratie haben – oder in Abwandlung des Buchtitels von Jacques Poihier („Quand je dis dieux"): Was meine ich, wenn ich „Demokratie" sage? Und was meinen diese anderen, wenn sie „Demokratie" sagen? Meinen wir noch das Gleiche?

Du schreibst ja an einer Stelle, dass Demokratie zumindest einen Minimalkonsens darüber braucht, was die für die Gesellschaft und den Staat leitenden Werte sind. Steht die Demokratie als Gesellschaftsform wieder zur Disposition?

Ich habe schon den Eindruck, dass die Demokratie bedroht ist. Möglicherweise ist ein Teil dieser Bedrohung auch der Demokratie selbst zuzuschreiben, insofern die demokratischen Normen für viele Bürger eine Überforderung darstellen. Demokratie braucht zum Beispiel Pluralität. Je bunter eine Gesellschaft aber wird, desto mehr Fremdheitserleben gibt es für ihre Bürger. Fremdenangst hat aber auch eine natürliche Seite. Die kritische Frage ist, ob man damit umgehen lernt oder ob sie abgewehrt wird, entweder durch Ausgrenzung des Fremden oder durch dessen „Umarmung" in einer unreflektierten Willkommensgeste. Wobei wir nicht vergessen dürfen: fremd sind nicht nur Menschen aus anderen Ländern und Erdteilen. Es gibt auch viel Fremdheit unter uns. Man braucht nur in einem gruppendynamischen Training[1] der Frage der Sympathie oder nach der Omega-Rolle nachgehen und wird sie entdecken.

Du hast eben Pluralität als einen Faktor genannt, der für Demokratie ganz wichtig ist. Bevor wir weiterreden – sag mir doch, was du meinst, wenn du „Demokratie" sagst. Was sind konstitutive Faktoren und woher kommen sie?

Na ja, das ist ganz schön anspruchsvoll, das in wenigen Sätzen zu sagen. Dafür habe ich in dem Buch sehr viele Seiten gebraucht.

Bei mir sind aus der Lektüre die Begriffe Egalitätspostulat, Postulat der Ausschließung von Machtmonopol durch Machtverteilung, Partizipation, Pluralität und „Spirit of inquiry" hängen geblieben. Sind das die Wesentlichen?

Ja, Macht in ihren verschiedenen Facetten, an Personen und Rollen gebunden, zeitlich begrenzt, und Partizipation vor allem auch an Entscheidungen, an der Auslese und Kontrolle von Führungs-Funktionen.

Der Verzicht auf absolute Wahrheitsansprüche (der „spirit of inquiry") ist wechselseitig mit Pluralität verknüpft. Das hat zur Konsequenz, dass die unterschiedlichen Wahrheitsansprüche der Beteiligten im Diskurs verhandelt werden, was eine große Herausforderung ist, zumal wenn es um den

[1] Die gruppendynamische Trainingsgruppe ist die zentrale Arbeitsform der angewandten Gruppendynamik. Ihr wichtigstes Prinzip ist, dass die Gruppe sich selbst reflektiert oder um es mit den Worten der Action Research zu sagen: dass die Gruppe sich und ihre Beziehungsdynamik zum Gegenstand ihrer Untersuchung macht.

Wert der Demokratie geht. Das ist gerade heute ja der Fall, wo in Teilen der Gesellschaft die Demokratie selbst zur Disposition gestellt wird.

Kurt Lewin hat verschiedentlich darauf hingewiesen, dass sich selbst überlassene Gruppen keiner demokratischen Linie folgen würden, weshalb sie eine Führung brauchen, die für eine demokratische Gruppenatmosphäre sorgt.

Da ist schon was dran. Allerdings kann man in Gruppen, die sich im gruppendynamischen Lernen selbst reflektieren, beobachten, dass ihr Beziehungsgefüge mit der Zeit viele Parallelen zu dem beschriebenen Demokratie-Konzept aufweist. Statusunterschiede und das Machtgefälle entstehen und relativieren sich wieder, es entwickelt sich Führung durch die Gruppe, das heißt sie wird situationsabhängig von verschiedenen Mitgliedern übernommen, die Unterschiede werden wahrgenommen und akzeptiert, die Pluralität als kreatives Potenzial wertgeschätzt, Normen entstehen und werden weiterentwickelt, wenn sie dysfunktional geworden und als solches erkannt worden sind.

Übrigens trifft das auch auf andere, nicht-reflexive Gruppen zu, wenn sich die Beziehungen in ihnen intensivieren.

Spielt dabei die Auseinandersetzung mit dem Trainer eine Rolle?

Diese hat in den Anfängen der Gruppendynamik eine zentrale Rolle gespielt. Es ging um die Autorität, die ihm qua Rolle von den Teilnehmenden zugeschrieben wurde. Es waren die herkömmlichen Erwartungen an diese Rolle – nämlich die des Lehrers, der sagt, wo und wie es langgeht.

Diese Erwartungen haben die Trainer aufgrund ihres gruppendynamischen Lernkonzepts ja wohl frustriert.

Genau. Unser Standard-Anfangssatz damals war: „Wir sind gleichzeitig Subjekte und Objekte des Lernens." Das entsprechende Rollenverhalten hat das für gruppendynamisches Lernen unverzichtbare „Unfreezing" provoziert. Das führte dann zu einer oft ärgerlich und aggressiv geführten Auseinandersetzung mit dem Trainer.

Das hat dann in die Phase des „Moving" geführt, in der Autorität dann eine andere Fundierung erfahren konnte.

Diese Neufundierung der Autorität hat beinhaltet, dass die Teilnehmenden ihre eigene Autorität entdecken und Führung in der Gruppe übernehmen aber auch einander geben konnten.

Überhaupt galt viel Aufmerksamkeit dem Thema der Macht und der Unterscheidung zwischen struktureller Macht und Macht als Funktion der

Gruppe. Auf der interpersonellen Ebene wird Macht als Einfluss bezeichnet und konkret wahrgenommen.

> *Wenn wir darüber so reden, fällt mir auf, dass sich da über die Jahre, die ich überblicken kann – und das sind auch schon fast vierzig – etwas verändert hat: Die Klärung der Erwartungen an die Trainer wird oft mit viel Ängstlichkeit und sehr zögerlich angegangen. es geht viel weniger um die Führung als um die Zugehörigkeit.*

Das entspricht ja auch dem Trend, der in dem Zeitraum, über den wir sprechen, zu beobachten ist: Psychoanalytisch gesprochen, hat es eine Veränderung weg von der ödipalen hin zur narzistischen Persönlichkeit gegeben. Der narzistische Persönlichkeitstypus reagiert auf Autorität mit Angst und Anpassungsbereitschaft, während der ödipale auf Autorität mit Abhängigkeit und Gegenabhängigkeit, also mit Unterwerfung oder Kampf reagiert.

> *Inwiefern ist nun die angewandte Gruppendynamik geeignet, die Demokratisierung zu befördern?*

Damals faszinierte mich das, was Slater „Mikrokosmos Gruppendynamik" genannt hat. Also die Idee, dass sich alle relevanten Themen und Probleme unserer Gesellschaft, ja unseres Lebens überhaupt, im Prozess der Gruppe wie in einem Brennglas kristallisieren.

> *Heißt das, dass wir die Reflexion von Gruppenprozessen auch diagnostisch für die Gesellschaft nutzen können?*

Genau: das Bewusstwerden dieser Zusammenhänge mit den gesellschaftlichen Prozessen, z. B. wie Normen oder Status oder Autoritätsbeziehungen entstehen, hat verändernde Wirkung. Wenn man erkennt, womit diese Gruppenphänomene im gesellschaftlichen Kontext korrelieren, dann wird man diese auch in anderen Arbeits- und Lebenskontexten entdecken und unter Umständen verändern können.

> *Aber reicht die Sensibilisierung für gesellschaftliche Phänomene, um Veränderung anzustoßen?*

Manchmal ja. Die Gruppe bietet aber zugleich die Chance, einen veränderten Umgang mit diesen Phänomenen auszuprobieren und sozusagen „Change" zu üben.

> *Bedeutet das, dass diese Haltung und Bereitschaft zur Veränderung für dich ein wesentliches Merkmal unserer Arbeit mit Gruppen ist?*

Ja, du kennst das doch sicher auch, diese Faszination des Trainingsgeschehens. Am Anfang sehe ich nur graue Gestalten. Im Laufe der Zeit …

... oder durch die Interaktion in der Gruppe ...

Ja, in diesem Verlauf kommen mir die Einzelnen immer näher und am Ende sehe ich interessante, farbige und liebenswerte Menschen.

Und dadurch bekommen Menschen eine andere emotionale Haltung zu Fremdheit und entdecken die Pluralität als Entwicklungschance?

Ja, jenseits des Politischen entwickelt sich hier die soziale Seite der demokratischen Lebensform: die Egalität in der Buntheit wird schlicht erfahrbar und das kann zu einem Lebensgefühl von Demokraten werden.

Außerdem kann man in einer selbstreflexiven Gruppe viel über Normen lernen, ihre Entstehung, ihre Funktion für die Gruppe und deren Kohäsion, ihre Funktionalität für die Gruppenentwicklung und wie sie weiterentwickelt werden können und auch müssen. Das beinhaltet dann auch eine Auseinandersetzung mit dem eigenen Wertekanon und der eigenen Haltung zu den Grundwerten. Für Demokratie ganz wichtig ist auch die Erfahrung mit der Reziprozität[2] der sozialen Beziehungen. Diese Reziprozität zeigt sich zunächst in der Interdependenz zwischen Trainern und Teilnehmenden. Dies könnte modellhaft sein für den Umgang zwischen Führungspersonen und ihren Mitarbeitenden im Alltag.

[2] „Reziprozität" meint Wechselseitigkeit in den sozialen Beziehungen (Steinkamp, 1973, S. 100). Vieles deutet darauf hin, dass es sich dabei um ein soziales Grundbedürfnis handelt, das sich in einer universal gültigen Norm (ebd. S. 101) niederschlägt und zum ethischen Maßstab aller Normen menschlichen Zusammenlebens geworden ist (ebd., S. 111). Strukturell-funktional betrachtet, geht es dabei um „die Gleichgewichtigkeit in Tauschvorgängen, wobei Wechselseitigkeit [von Geben und Nehmen] mit Stabilität sozialer Beziehungen korreliert. Einseitige (ungleichgewichtige) Beziehungen, z. B. finanzielle Abhängigkeit, Ausbeutung, gefährden den Bestand sozialer Beziehungen." (ebd., S. 101) Diese Norm der Wechselseitigkeit von Geben und Nehmen, Recht und Verpflichtung entwickelt sich im Zuge der Sozialisation; ihre Entwicklung kann in jeder Gruppe beobachtet werden: „Dieser Prozess wird in jeder Gruppe mehr oder minder deutlich nachvollzogen und bildet hier – im Zeitraffer – den elementarsten kollektiven Lernprozess der Kulturgeschichte ab." (ebd., S. 101–102) Gerade die Kleingruppenforschung und das gruppendynamische Konzept der Interdependenz verweisen noch auf einen weiteren Aspekt des Postulats der Reziprozität: Selbstentfaltung, Identitätsentwicklung und Selbstannahme des Individuums kann sich nur im Austausch mit anderen vollziehen, wenn sich Menschen gegenseitig Schritt für Schritt immer weiter und differenzierter wahrnehmen, in ihrem So-Sein annehmen und im Sich-angenommen-Fühlen füreinander öffnen: „Der Prozess, in dem beides – Wahrnehmung und Annahme seiner selbst und des anderen – wachsen kann, erweist sich damit als ein Geschehen, durch das das Individuum notwendig auf den anderen verwiesen ist, um es selbst zu werden." (ebd., S. 53f.)

Da könnte man nun die Idee bekommen, dass sich die makrosoziale Realität in jeder Gruppe spiegelt und man mit gruppendynamischem Lernen die makrosoziale und politische Demokratie fördern könnte.

Dazu gibt es zu bedenken, dass Gruppenprozesse keine Blaupause für den makrosozialen Bereich sind. Insbesondere die strukturellen Seiten der Politik spiegeln sich nicht eins zu eins in der Gruppe, sondern nur die soziodynamischen wie zum Beispiel der Umgang der Personen in verschiedenen Rollen mit Macht. Dafür sensibel zu werden und sein eigenes Verhaltensrepertoire zu erweitern, ist sicher eine gute Voraussetzung, um auch in der Politik einiges zu durchblicken. Aber es reicht sicher nicht aus.

Was war denn die Hoffnung in den Anfängen der Gruppendynamik?

Das fing ja bereits in den USA der letzten Kriegsjahre, also in den 1940er-Jahren an. Damals bekam Kurt Lewin von der amerikanischen Regierung den Auftrag für die Entwicklung eines Konzepts, wie man die autoritär sozialisierte deutsche Bevölkerung für die Demokratie fit machen könne – in der Hoffnung, dass dann von dieser kein Krieg oder dem Holocaust ähnliches mehr ausgehen könne. Ich will die Geschichte hier abkürzen: man setzte große Hoffnung in das gruppendynamische Lernen als Mittel der Verhaltensänderung.

Wurden nicht die ersten gruppendynamischen Trainings in Österreich und Deutschland mit amerikanischen Trainern durchgeführt, die extra dafür eingeflogen wurden? Und andere, wie z. B. auch der Begründer der Sektion Gruppendynamik im DAGG, Alf Däumling, sind in die USA geflogen um die dort wie Pilze aus dem Boden wachsenden Gruppenmethoden zu erlernen. Es hat ja dann auch hier in Deutschland ein regelrechter Boom eingesetzt.

Wieweit das bei allen mit der Demokratisierungshoffnung verbunden war, kann ich nicht sagen. Bei einigen von uns angehenden Trainern war das schon ein Leitmotiv, und es war mit der Gruppendynamik auch die Hoffnung verbunden, die Verknöcherungen in der deutschen Nachkriegsgesellschaft auflockern zu können.

Na ja, wenn man so zurückschaut, dann ist da ja durchaus einiges gelungen – allerdings ist schwer einzuschätzen, welchen Anteil daran die Gruppendynamik im engeren Sinne hatte.

Klar war und ist, dass Demokratie als Staats- und Gesellschaftsform nicht nur demokratische politische Strukturen braucht sondern auch eine entsprechende Sozialisation und eine Demokratisierung möglichst vieler Lebensbereiche der Menschen erfordert. Die angewandte Gruppendynamik verstand sich als „Erwachsenen-Sozialisation".

Aber kann sie diese Funktion noch erfüllen, wenn sie ihren Hauptfokus auf die Effektivitäts- und Effizienz-Steigerung von Team- und Arbeitsprozessen legt, wie das heute häufig der Fall ist?

Man muss schon fragen: Was sind die Subjekte der Gruppendynamik derzeit? Sind sie eher kompatibel mit einem demokratischen Gemeinwesen oder mit dem System Firma oder mit dem System Therapie/Krankenhaus? Die Rolle des Trainers hat sich geändert, von einem Aufklärer, einem „Facilitator" von forschendem Lernen der Teilnehmenden hin zu einem Berater oder Management-Trainer.

Und dann habe ich da noch die Entwicklung beobachtet, dass der Fokus der gruppendynamischen Trainings vom Prozesslernen und dabei Erkennen der Reziprozitätsregel und ihrer Konkretisierung weg und hin zum quasitherapeutischen Nützen der Gruppe für Selbsterfahrung geht.

Na ja, das intensive emotionale Erleben, das ein gruppendynamisches Training ermöglichen kann, hat schon seine Faszination – bis zur Suchtförmigkeit.

Ich habe da schon meine Zweifel, ob eine auf intensives emotionales Beziehungserleben ausgerichtete Trainingsarbeit dafür geeignet ist, das zu lernen, was für demokratisches Verhalten notwendig ist. Demokratisierung ist für mich vor allem ein Prozess der Bewusstmachung der sozialen Prozesse insbesondere unter dem Macht- und Zugehörigkeitsaspekt und der Verhaltens- und Motivationsänderung bei Führenden wie Geführten.

Das bedeutet dann aber doch, dass die Trainer-Haltung eine andere ist als die des „guten Hirten" in einer quasi-therapeutischen Beziehung.

Es geht dabei um die Grenze zwischen demokratisch-partnerschaftlicher und paternalistisch-elitärer Haltung. Nur die erstere ermöglicht die für die Demokratie so wichtige Erfahrung und Reflexion von Reziprozität.

Der Führungstypus des „guten Hirten" ist für mich ein Stichwort zu dem Aspekt der Manipulationsgefahr, den du schon damals in dem Buch angeschnitten hast. Nämlich den, dass die größer gewordene Kompetenz von Führungskräften, gute zwischenmenschliche Beziehungen mit ihren Mitarbeitenden herzustellen, auch dazu benützt werden kann, die tatsächlichen Herrschafts- und Interessen-Verhältnisse zu verschleiern.

Da sprichst du einen ganz heiklen Punkt an: die gestiegene Fähigkeit zur Manipulation, indem das Wissen bezüglich Gruppenverhalten dazu benützt wird, pseudo-demokratische Gruppenentscheide im Sinne der Leitung herbeizuführen. Die vielen „Effizienz"-Studien zur Partizipation scheinen auch zu Pseudo-Partizipationsmodellen zu führen, die an den eigentlichen Bedürfnissen der Mitarbeitenden vorbeigehen.

Es sieht fast so aus, als wäre die Effizienz-Orientierung unserer Zeit ausgesprochen kontraproduktiv für die Demokratie.

Der Zeitfaktor ist nicht zu unterschätzen. Demokratie ist eine zeit- und kraftaufwendige Lebensform. Wenn es schnell gehen muss, wie bei der Feuerwehr im Einsatz, muss einer das Sagen haben.

Die Frage ist nur, ob nicht arg viele Situationen und Bereiche zu solchen Zonen erklärt werden. Auch die immer weiter fortschreitende Verkürzung von Trainings sehe ich als Gefahr für das gruppendynamische Demokratie-Lernen. Denn diese Prozesse kann man nicht beliebig beschleunigen. Und meist bleibt dabei die differenzierte und auch theoriegeleitete Reflexion auf der Strecke.

Da stellt sich dann die Frage: Was haben wir in diesen 50 Jahren liegen gelassen, was wir jetzt unter dem Aspekt der bedrohten Demokratie wieder gut gebrauchen könnten?

Das bedeutet, dass wir uns auf jene unserer Instrumente besinnen sollten, die eine Möglichkeit wären, am Desaster der Demokratie heilend mitzuwirken.

Da denke ich als Erstes an die Abbildung der gesellschaftlichen Beziehungsformen in der Gruppe und das daraus erwachsende aufklärerische Potenzial der angewandten Gruppendynamik, an ihre Möglichkeiten für eine nicht nur kognitive sondern den ganzen Menschen erfassende Aufklärung in Sachen Gesellschaft. Insbesondere denke ich dabei auch an die Möglichkeiten, die Tabuierung von Beziehungsformen – früher ging es da z. B. um erotisch-sexuelle, heute geht es vielleicht um Fremdenangst – aufzudecken und damit zu experimentieren, wie sie besprechbar werden können.

Sodann setzt Demokratisierung Zugehörigkeit zu dieser Gesellschaft voraus. Wobei es eine Beobachtung aus gruppendynamischen Laboratorien mit mehreren Trainingsgruppen gibt, dass die Entwicklung eines echten Zugehörigkeitsgefühls zu einer Teilgruppe auch die Zugehörigkeit zum

Gesamtsystem stärkt. – Genau deshalb sind gesellschaftliche Gruppierungen und Organisationen wichtig: So sind die Parteien, aber auch subinstitutionelle Gruppierungen ein wichtiges Vehikel. Früher waren das auch die Kirchen – sie wurden heute wohl von den großen Fußballklubs abgelöst.

Diesen Zusammenhang zu thematisieren wäre wichtig. Die Gruppendynamik könnte das tun!

Ein anderer Aspekt ist der Zusammenhang zwischen Partizipation und Verantwortungsbereitschaft. In der Gruppe kann dieser erlebt und reflektiert, also erfahren werden.

Aber beim Thema Mitverantwortung bei Mitbestimmung wird das dann doch wieder komplizierter durch die Eigentumsrechte. Also im Feld der Betriebe ist Partizipation immer nur eingeschränkt möglich.

Ja, das ist ein in unserem kapitalistischen Wirtschaftssystem nicht lösbares Problem. Im Übrigen wurde die ökonomische Seite der gesellschaftlichen Prozesse, also die Bedeutung der ökonomischen (Besitz-)Verhältnisse bei den gruppendynamischen Demokratisierungskonzepten immer schon vernachlässigt.

Es wäre also ein lohnendes Projekt, das einmal gruppendynamisch zu beforschen.

Ja, und überhaupt: Wenn die Gruppendynamik wieder politischer werden will, sollte sie konkrete aktuelle politische Probleme in ihre Laboratorien hineinnehmen bzw. diese in ihnen heben, denn da sind sie ja wahrscheinlich schon, zumindest wenn man von der Gruppe als Abbild ausgeht.

Sie könnte dabei ja auch herauskriegen, was das Unbehagen der Menschen an der Demokratie heute ist.

Das wäre sehr lohnenswert. Ich habe da zwar schon so meine Ideen, die sich auf das Gouvernamentalitäts-Theorem von Michel Foucault beziehen. Sie hängen mit der Zunahme der Komplexität zusammen und insbesondere damit, dass die Arbeitsteilung und gegenseitige Kontrolle zwischen Ökonomie und Politik bzw. Staat aufgelöst wurde zugunsten einer großen Koalition zwischen den beiden Systemen. Diese braucht aber die Zustimmung des Volkes, die dadurch erreicht wird, dass eine „Gouverne"-Mentalität erzeugt wird, die den Bürgern diese Entwicklungen als alternativlos einredet. Das ist aktuell z. B.die Rolle der Medien.

Ich mache mir da Gedanken, von wo denn heute Demokratisierungsbestrebungen ausgehen können. Von oben ja wohl nicht, da scheint kein Interesse zu bestehen.

Das geht nur von unten, wie zum Beispiel „Graswurzel-Bewegungen“ wie den NGOs oder auch z. B. der „Kirche von unten“.

Aber wie kann „unten“ Demokratie gelernt werden, wenn „die unten“ in den vorherrschenden Strukturen leben und arbeiten?

Deshalb ist der subinstitutionelle Bereich, sind die NGOs und die verschiedensten Bürgerinitiativen so wichtig. Hier können die Bürgerinnen und Bürger Partizipation praktizieren und dadurch Demokratie lernen. Die DGGO hat diesen Bereich zu Recht bei ihrem Jubiläum mit ihrer „langen Nacht der Demokratie“ herausstellt.

Du hast davor gewarnt, das Demokratie-Problem auf ein Bildungsproblem zu reduzieren, das mit gruppendynamischem Lernen gelöst werden kann.

Letztlich geht es doch darum, dass wir uns mit unserem Menschenbild auseinandersetzen: Sehen wir Self-actualisation als ein Grundbedürfnis an, auf dessen Befriedigung jeder Mensch entsprechend dem Postulat der Egalität das gleiche Recht hat? Haben wir verstanden, dass Partizipation in möglichst allen Lebensbereichen die Voraussetzung für die Befriedigung dieses Grundbedürfnisses ist? Und: Vertreten wir diese Haltung offensiv?

In deinem Buch erscheinen Partizipation und mit ihr Self-actualization als Dreh- und Angelpunkte für Demokratisierung. Wäre die Gruppendynamik politisch und auch konsequent, wenn sie das auch so thematisieren und kommunizieren würde?

Sicher. Wobei sie dabei auch sagen muss, dass Partizipation nur dann wirklich geschieht, wenn die konkrete soziale Umwelt verändert wird und die sozialen Strukturen demokratisiert werden.

Das kann ich voll teilen und merke zugleich, welcher Anspruch an mich als Trainerin und Beraterin da drin steckt und in welche Konflikte mich die Einsicht in diese strukturelle Bedingtheit von Demokratisierung bringt. Würde ich da hinschauen, auf jeden Fall in innere Konflikte. Und in äußere Konflikte mit den Systemen, in denen ich arbeite, käme ich, wollte ich diese strukturelle Seite angehen – wenn ich dazu überhaupt die Chance hätte. Da kann unsereiner schon auf die „Idee“ kommen, sich durch Ausblenden von dem Konfliktpotenzial zu entlasten.

In diesem Dilemma steht der Grundtypus des Freiberuflers mit Sicherheit noch weit mehr als ich seinerzeit als Uni-Professor. Wer für die eigene Lebenssicherung auf den nächsten Auftrag und eine Reputation als Experte für Team- und Organisationsprozesse angewiesen ist, hat mit Sicherheit keine einfache Lösung für dieses Dilemma.

Mir stellt sich da allerdings schon die Frage, ob das Ausblenden dieses Konflikts und Dilemmas wirklich eine nachhaltig gute psychohygienische Strategie ist.

Ja, letztlich hat sich unser gruppendynamisches Change-Paradigma doch vielfach bewährt: genau hinschauen, dazu auch das Prinzip des Feedback nutzen, und dann erst einmal das, was ich wahrnehme, annehmen als das, wie es jetzt eben ist.

Das hat was von „die Wahrheit wird Euch frei machen". Was sollten wir, die wir uns um die Demokratie sorgen und zur Demokratisierung beitragen wollen, aus deiner Perspektive noch bedenken?

Es ist gut, wenn man sich immer wieder vor Augen führt, dass Demokratisierung ein langer, mühevoller Weg ist, viel länger als meine Generation dachte. Denn es ist ein kollektiver, kooperativer und partizipativer Lern- und Veränderungsprozess, der zugleich die Strukturen und die Personen in ihrer gegenseitigen Bedingtheit erfassen muss.

Ich hoffe sehr, dass die Geschichte uns diese Zeit noch lässt. Dir aber danke ich für die vielen anregenden und aufregenden Gedanken, die die Lektüre deines Buches und unser Gespräch geweckt haben.

Literatur

Bröckling, U., Krasmann, S & Lemke, T. (2000) (Hrsg.): *Gouvernementalität der Gegenwart: Studien zur Ökonomisierung des Sozialen.* Frankfurt: Suhrkamp Taschenbuch Wissenschaft.

Bröckling, U. (2017): *Gute Hirten führen sanft. Über Menschenregierungskünste.* Frankfurt: Suhrkamp Taschenbuch Wissenschaft.

Steinkamp, H. (1973). *Gruppendynamik und Demokratisierung. Ideologiekritische Studien zur empirischen und angewandten Kleingruppenforschung.* München, Mainz: Chr. Kaiser, Matthias-Grünewald.

Hella Gephart & Hermann-Josef Noll

„In welchen Räumen trainieren Sie eigentlich?“
Über die Bezüge zwischen gruppendynamischen und gesellschaftlichen Phänomenen

Grundüberlegungen

Den Raum einer Gruppe zu definieren zwischen Privatem und Öffentlichem bedeutet, die vielfältigen Wechselwirkungen zwischen den Interessen, Motiven und Handlungen des Individuums und den Prozessen, die das „Öffentliche“, das „Politische“ in einer Gruppe ausmachen, zu betrachten.

Dabei sind drei Aspekte zu berücksichtigen:

- Gruppen sind in ihren Formen, Rahmenbedingungen und Methoden nur auf dem Hintergrund gesellschaftlicher Prozesse zu verstehen.
- Gruppen spiegeln gesellschaftliche Tatbestände und Wirkmechanismen wider.
- Die Gruppe stellt in sich einen halböffentlichen Raum dar.

Gruppe ist immer bestimmt durch gesellschaftliche Faktoren, durch Geschlecht, Ethnie, Schicht als Strukturkategorien. Sie spiegelt die gesellschaftlichen Verhältnisse wider.

In diesem Sinne kann das Training von und in Gruppen implizit immer auch ein Demokratie-Training sein, ein Training im Umgang mit öffentlichen, gesellschaftlichen, politischen Prozessen.

Fallbeispiel

Die vorhergehenden Thesen möchten wir am Beispiel eines umfangreichen Weiterbildungslehrgangs belegen. Eines der erprobten Module heißt „Vertrauen, Konkurrenz und Macht: Gruppendynamik“. Es ist das achte Modul in diesem Lehrgang und die Teilnehmer_innen kennen sich schon seit acht Monaten, haben also schon einige Erfahrungen miteinander gemacht.

Das Training umfasst fünf Tage in einem Tagungshaus. Beteiligt waren 19 Teilnehmer_innen, geleitet von einem Trainerpaar. Die Teilnehmer_innen kamen aus drei verschiedenen Ländern, Österreich, Schweiz und Deutschland.

Das Training bietet eine Mischung aus strukturierten Einheiten mit Arbeitsvorgaben und offenen unstrukturierten Plenarsitzungen. Theoretische Kurzvorträge ergänzen diese Arbeitsformen.

Theoretische Orientierung: Der gruppendynamische Raum

Die sich abspielende Dynamik in einer Gruppe kann mit dem Modell des gruppendynamischen Raums beschrieben werden.

Dieses Modell, u. a. von König und Schattenhofer formuliert, beschreibt drei Achsen, die elementare Themen der Teilhabe in Gruppen und auf anderen gesellschaftlichen Ebenen beinhalten. Dies sind: Zugehörigkeit, Macht und Einfluss sowie Nähe und Distanz. Man kann diese Achsen auch als grundlegende soziale Polaritäten drinnen–draußen, oben–unten, nah–fern beschreiben.

Wir haben dieses gruppendynamische Grundmodell gewählt, um relevante Ereignisse in der Gruppe einzuordnen und zu überprüfen, inwieweit die Arbeit an Hand dieses Modells über die unmittelbare persönliche und gruppale Wirkung hinaus implizit auch einen konstruktiven Umgang mit gesellschaftlichen und politischen Themen vermittelt.

Zugehörigkeit

Als Auftakt zum Training wählen wir die Methode der Aufstellung von inhärenten Gruppenstrukturen – Geschlecht, Alter, Nationalität –, um die Diversität der Gruppe und deren Auswirkung auf die gemeinsame Arbeit zu untersuchen.

Diskutiert wird von den Teilnehmer_innen vor allem die Frage der Zugehörigkeit am Beispiel des Alters (Altersdiskriminierung) sowie am Beispiel der nationalen Identitäten und damit die Frage der Zugehörigkeit in einem fremden Land, einer fremden Kultur: Die gewollte Negation von Altersunterschieden zeigt sich z. B. in der Aussage eines Teilnehmers: "Ich mag nicht in die Schublade gesteckt werden, dass ich wegen meines Alters keine neuen Medien kann!“

Eine Teilnehmerin, die seit über 15 Jahren im deutschsprachigen Ausland lebt und arbeitet, kennt die Fremdheit, die durch Sprachbarrieren (Dialekt, spezielle Redewendungen etc.) empfunden wird: „Dann fühlt man, dass man nicht dazu gehört.“

Eine weitere Situation, die die Bedeutung der Zugehörigkeit beleuchtet, zeigt sich im Verlauf der Woche an einem Konflikt zweier Teilnehmer_innen, der aufbricht, als Diversität in einer Arbeitsgruppe wirksam wird: Eine Frau, 29 und ein Mann, 59 Jahre alt, die jüngere alert, sprachgewandt, der Ältere eher verstummend, vor allem bezüglich der eigenen Wünsche und Sehnsüchte nach Teilhabe. Der Konflikt zeigt sich durch einen lautstarken Ausbruch des älteren Teilnehmers, den die Teilnehmerin mit scharfer Abgrenzung pariert. In der Öffentlichkeit einer Plenarsitzung kann mit interessierten und unterstützenden Nachfragen der anderen Teilnehmer_innen und der Trainer_innen geklärt werden, dass der Ältere auf dem Hintergrund schmerzlicher Erlebnisse von Ausgeschlossen sein aggressiv auf mögliche Bedrohungen seiner Zugehörigkeit antwortet, während die Teilnehmerin auf lautstarke, eruptive Äußerungen aufgrund ihrer persönlichen Kindheitserfahrungen mit starker Abwehr reagiert. Die zuvor als Machtkampf interpretierbare Situation entpuppt sich als Zugehörigkeitsthema. Wichtig ist, dass die Klärung in der Öffentlichkeit der Gesamtgruppe und nicht in Teilsystemen stattfindet, weil der Konflikt die ganze Gruppe belastet und die gemeinsame Lösung stärkend auf das Gefühl gemeinsamer Verantwortung wirkt.

Die Zugehörigkeit erscheint hier als ein sehr fragiles, heikles Thema, als etwas, das besser nicht so genau betrachtet werden sollte, denn dann könnte sich ein Ausgeschlossensein herausstellen, das niemand erleben oder verantworten will.

Dies zeigt sich auch an einer der Diagnosen, die die Teilnehmer_innen zur Prozessentwicklung der Gruppe erstellt haben. Eine Teilgruppe untersucht im Plenum das Thema Zugehörigkeit, indem anhand des Bildes einer Dartscheibe eine Aufstellung vorgenommen wird. Der äußere Rand bildet die ausschließlich formale Zugehörigkeit ab, der innere Punkt stellt 100% „identifizierte Gruppenzugehörigkeit“ dar. Die Teilnehmer_innen stellen sich nach ihrem Gefühl der Zugehörigkeit in die mit Tesakrepp auf dem Boden dargestellte Dartscheibe und wählen alle eine Position am äußeren Rand. Es zeigt sich auch nach mehrmaligem Überlegen keine Bereitschaft, in eine differenzierte Position zu gehen. Zu ängstigend ist wohl die Vorstellung, alleine in der Mitte oder außen zu stehen, von allen anderen beobachtet. So verzichten die Teilnehmer_innen lieber darauf, ihre innere Position der Zugehörigkeit auch nach außen sichtbar und damit besprechbar zu machen. Dies gelingt erst zu einem späteren Zeitpunkt in der Gruppe, als das Vertrauen in den gemeinsamen Diskurs gestiegen ist.

Zugehörigkeit ist basal für die Teilhabe am Gesamten, dem Gesamt einer Gruppe, aber auch dem Gesamt eines Gemeinwesens. In der Gruppe kann dies beispielhaft untersucht/erforscht werden. Hier hilft der persönliche Diskurs, zu verstehen und so Zugehörigkeit zu ermöglichen.

In kleinen politisch-gesellschaftlichen Einheiten glückt dies leichter. Beispielsweise in der Nachbarschaftshilfe oder der ehrenamtlichen Integrationsunterstützung. In der politischen Debatte hingegen gelingt dies zurzeit sehr wenig und scheint auch kaum mehr angestrebt zu werden.

In diesem gruppendynamischen Seminar ließ sich auf der persönlichen Ebene das Bedürfnis nach Zugehörigkeit erleben, was in größerem Maßstab unter Integration und der Angst vor dem Anderen/Fremden aktuell abgehandelt wird.

Macht und Einflussnahme

Die zweite Achse im Modell des gruppendynamischen Raumes ist die der Macht und der Einflussnahme, der Möglichkeit, sich einzubringen, eigene Interessen zu vertreten, Gehör zu finden. Es geht um Teilhabe und Einfluss auf die Prozesse der Gruppe, darum, eigene Interessen zu vertreten, die Ziele der Gruppe im Auge zu haben, Vorschläge zu machen, Entscheidungen herbeizuführen.

Die Untersuchung von Macht und Einflussnahme in Gruppen ist oft mühsam und häufig tabuisiert. Bei den zu Beginn des Moduls erhobenen Lernzielen der Teilnehmer_innen ging es so gut wie gar nicht um das Thema „Einflussnehmen, Leiten". Nur zwei von vielen Lernwünschen beinhalteten „Eigene Einflussmöglichkeiten erkennen, schätzen und nutzen" bzw. „Einbringen in gutem Maße".

Bei der Diagnose der in der Gruppe herrschenden Normen fällt auf, dass die offen benannten und gelebten Normen große Vorsicht in der Gruppe ausdrücken (Höflichkeit und Rücksicht). Bei den unausgesprochenen Normen wird deutlich, dass Auseinandersetzung und Konflikt nicht offen agiert und verhandelt, aber umso intensiver beobachtet werden.

Eine Teilgruppe untersuchte die Rollen in der Gruppe, u. a. „die Macherin". Für diese Funktion werden nur Aspekte der Ermutigung, Ressourcenfindung, die Bereitschaft, etwas auszuprobieren, aufgeführt. Einflussnahme wird nicht benannt.

Das darin erkennbare/dadurch entstehende Vakuum an Führung zeigt sich in der Gruppe durch mangelnde Entscheidungskraft und Lähmung. Die Gefahr, als dominant oder herrschsüchtig erlebt zu werden, lässt die Teilnehmer_innen die Augen verschließen vor der Notwendigkeit, Entscheidungen zu treffen und damit das Geschehen in der Gruppe voranzutreiben. Der natürlich vorhandene Wunsch, Einfluss zu nehmen, zeigt sich durch verstecktes Agieren wie Vielrednerei etc.

Vielleicht reflektiert dies aber auch einen gesellschaftlichen Wandel in der Art, miteinander zu leben, in Kontakt zu kommen. Amman beschreibt als Phänomen, dass in gruppendynamischen Trainings Autoritätskonflikte, wie sie bis in die 90er-Jahre alltäglich in gruppendynamischen Settings stattfanden, von der Frage abgelöst werden: Wie kann ich die an mich gestellten Erwartungen erfüllen? Die Angst vor dem Versagen und dem damit einhergehenden Gefühl der Scham scheint eine sehr viel größere Bedeutung erlangt zu haben, als wir vermutet hatten.

Nähe und Distanz

Nachdem die Gruppe sich intensiv mit den Faktoren Zugehörigkeit und Teilhabe auseinandergesetzt hat, ist am Ende der Woche viel Zugewandtheit, Nähe und Humor zu spüren. Das zeigt sich z. B. in der Bereitschaft, sich den Sprachen und Dialekten der jeweiligen Herkunftsorte der Teilnehmer_innen zuzuwenden, die eine emotionalere Färbung des Gesagten ermöglichen. Das zeigt sich aber auch an dem Risiko, Zuneigung und Sympathie zwischen Einzelnen zu bekunden, was in einer früheren Phase der Gruppe zu Konkurrenzen geführt und den Zusammenhalt gefährdet hätte. Offenkundig bedurfte es zunächst der Auseinandersetzungen um Zugehörigkeit und Einfluss, um den einzelnen Gruppenmitgliedern und der Gesamtgruppe eine wirkliche Integration und eine größere Handlungsfreiheit in der Gruppe und in der Gruppenöffentlichkeit zu ermöglichen.

Die Regulierung von Nähe und Distanz erfordert intakte Reflexionsmöglichkeiten der eigenen Bedürfnisse und ein Verstehen der jeweils anderen persönlichen und gruppalen Normen und Sitten. Dies ist ein mühsamer Prozess, bedroht von Missverständnissen und Verletzungen.

Gesellschaftlich erleben wir eine zunehmende Distanzierung von demokratisch gewählten Repräsentant_innen und von demokratischen Institutionen generell – es ist die Rede von einem „die da oben“, und eine nicht unerhebliche Anzahl an Menschen erlebt sich in völliger Distanz zu den „Sphären“, in denen gedacht, debattiert, entschieden und gehandelt wird. Dies belegt auch eine Studie der Friedrich-Ebert-Stiftung, die besagt, dass die Befragten in allen Bundesländern mehrheitlich das Gefühl haben, von Politiker_innen nicht gehört zu werden. Dies geht einher mit einer Befürwortung von sozialen Hierarchien zwischen oben und unten und mit der Ablehnung von Diversität.

Wir erleben mithin eine Distanz zu unserer Demokratie, ein Abwenden, ein Nicht-in-den-Kontakt-gehen, ein Sich-entfernen von notwendigen Verhaltensweisen, die Demokratie erst möglich machen. Und wir fragen uns zunehmend: Gibt es eine Möglichkeit, diese zunehmend größer werdende Gruppe von Menschen überhaupt noch zu erreichen? Wie können sie zurückgeführt werden, wie kann der Wunsch nach Teilhabe, nach Einflussnahme in demokratisch legitimierter Weise erfüllt werden? Eine Antwort könnte sein, dass ernsthafte gesellschaftliche Diskurse und wertschätzende

Auseinandersetzungen darüber zu führen sind, welche unbearbeiteten Fragen zur Zugehörigkeit es gibt und wie Einflussnahme und Beteiligung besser gelingen können. Hier werden viele Modelle diskutiert: die Beteiligung von in Deutschland längere Zeit wohnenden Personen an Kommunalwahlen, die Ausweitung von Volksentscheiden u. a. mehr. Wichtig erscheint, dass Bürger_innen in Beteiligungsprozessen wirklich Einfluss nehmen können und nicht erleben müssen, dass jahrelanges Engagement im politischen Prozess keine Berücksichtigung erfährt. Vor allem im kommunalen Bereich sind andere Möglichkeiten als die der repräsentativen Demokratie zur aktiven Beteiligung am politischen Willensbildungsprozess möglich.

Aussicht

Was ist notwendig, damit Demokratie gelingen kann? Es sind u. a. die Fähigkeit zur Selbstermächtigung, das Aushalten von Konflikten und die offene Kommunikation darüber, bis das Verborgene im Gegenüber erkennbar und damit der Weg frei gelegt wird zur Konfliktbereinigung.
Für die Arbeit mit Gruppen leitet sich ab,

- dass Gruppentrainings und ihre Veranstalter_innen sich ihrer gesellschaftlichen Bedingtheit und ihrer Verantwortung auch für den gesellschaftlichen Raum bewusst sind und nicht der Versuchung erliegen, ins ausschließlich Private abzugleiten;
- dass Gruppenseminare nicht nur als Probefall, sondern als Ernstfall gesellschaftlich relevanten Verhaltens wahrgenommen werden, in dem der Umgang mit Autorität, Konflikt, demokratischer und persönlich befriedigender Entscheidungsfindung, der Umgang mit dem Fremden, das Aushalten von Ambivalenzen, das Zuhören und Verhandeln u. a. m. trainiert und eingeübt werden können.

Literatur

Amann, A. (2013). „*Wohin wandert die Macht? – Autorität und Widerstand im Feld der Gruppendynamik*“. Vortrag vor der Sektion GD/DG im ÖAGG am 18. Januar 2013.

König, O. & Schattenhofer, K. (2018). *Einführung in die Gruppendynamik.* (9. Aufl.) Heidelberg: Carl-Auer.

Melzer, R. (Hrsg. für die Friedrich-Ebert-Stiftung) (2016): Gespaltene Mitte – Feindselige Zustände: Rechtsextreme Einstellungen in Deutschland. Bonn: Dietz.

Gruppendynamische Konzepte in Training und Weiterbildung

Klaus Brosius

Was soll ich denn wollen?
Meinungsbildung und Aushandlung von Interessen als Aspekte demokratischer Prozesse wie auch gruppendynamischer Trainings

DIE SITUATION

Wir befinden uns in einem klassisch gruppendynamischen Selbsterfahrungstraining. Ziel dieser Veranstaltung ist, die Selbstwahrnehmung und die soziale Kompetenz der Mitarbeiter_innen zu verbessern und so letztlich für eine reibungslosere Kooperation im Unternehmen zu sorgen. In einem grösseren Raum ein Stuhlkreis. Auf den Stühlen 12 Teilnehmer_innen und Trainerin und Trainer. Insgesamt also 14 Personen. Die Teilnehmenden, überwiegend männlich, sind Mitarbeiter_innen eines großen Unternehmens aus der Technikbranche. Alles kluge Menschen, die studiert haben oder sich nach dem Meisterbrief weiter qualifizierten, meist zwischen 25 und 50 Jahre alt. Sie haben anspruchsvolle Aufgaben in ihrem Unternehmen, manche führen Teams oder Projektgruppen. Vor ihnen liegen vier Tage, in denen sie sich ausschließlich mit sich selbst und ihrer Wirkung auf andere beschäftigen werden. Das ist allen bekannt.

Am Vormittag sind die Teilnehmer_innen von Trainer und Trainerin über den Ablauf der Tage informiert worden, haben eigene Erfahrungen aus dem sozialen Miteinander in Teams und Meetings benannt und für sich Lernfelder im Bereich sozialer Fähigkeiten identifiziert. Ausführlich wurde erklärt, welchen Sinn und Zweck dieses Training verfolgt, was die Inhalte sind und welche Aufgaben sie zu bewältigen haben: Die Gruppe gestalten und dabei die Wirkung des eigenen Handelns erforschen. Zudem haben die Teilnehmer_innen Leitfragen an die Hand bekommen, mit denen man eigenes und fremdes Verhalten sowie das Gruppengeschehen einordnen und verstehen kann: Was geschieht hier in der Gruppe, was unterbleibt? Welchen Beitrag leiste ich zur Entwicklung dieser Gruppe? Wie entwickeln sich die Beziehungen untereinander? Welche Rollen werden sichtbar? Wo gibt es unterschiedliche Interessen, wie wird damit umgegangen?

In der ersten Nachmittagseinheit dann der spannende Break! Die Trainer_innen tun, was sie angekündigt haben. Sie ziehen sich aus der aktiven Strukturierung des Gruppengeschehens zurück und aktivieren die Selbstorganisation der Gruppe, indem diese eine anspruchsvolle, nicht-triviale Aufgabe bekommt: das Miteinander zu gestalten. Diese Aufgabe ist anscheinend nicht einfach zu lösen. Die Teilnehmer_innen fragen: „Und was sollen wir jetzt machen? Es gibt doch gar kein Ziel!“ Anfangs etwas rat- und hilflos, später oft auch aggressiv-entwertend wenden sie sich an die Trainer_innen und damit an die Autorität. Diese soll sagen, was zu tun ist und wie es geht. Da sich die Trainer_innen diesen Anfragen verweigern und in ihrer abwartenden und beobachtenden Rolle bleiben, entsteht ein (gewünschtes) Leitungs- und Strukturvakuum. Wenn Menschen sich nicht an vorgegebene, äußere Strukturen halten können, dann benutzen sie Handlungsstrategien, die ihnen bekannt sind und sich in früheren Situationen als tauglich erwiesen haben. So werden frühere Verhaltensmuster sichtbar und können benannt, erkannt und – wenn gewünscht – verändert werden. Diese initiale Verunsicherung – meist als Unfreezing bezeichnet – ist ein notwendiger Teil eines gruppendynamischen Trainings.

Im offenen Raum ohne Vorgaben müssen die Teilnehmer_innen ihre Interessen formulieren und sich zu den Interessen anderer positionieren. Hier bildet das Training die Grundstruktur der demokratischen Willensbildung ab, die letztlich von dem Wettstreit der Interessen und Ideen lebt, die von einzelnen (Parteien) formuliert und anschließend in der Diskussion verhandelt werden. Interessen formulieren und aushandeln ist auch im Training einer der zentralen Prozesse, deren Analysen den Einzelnen helfen, sich ihrer jeweiligen Wirkungen bewusst zu werden und im Kontakt zu anderen Einfluss zu nehmen.

Wissen, was man will

Ohne Vorgaben der Trainer_innen stehen die Teilnehmer_innen vor der Herausforderung sich selbst zu organisieren und eigene Inhalte zu benennen. Die eigentliche Aufgabe ist, das zu tun, was man will. „Nichts leichter als das“, könnte man meinen. Die Erfahrung aus dutzenden solcher Selbsterfahrungstrainings zeigt aber: Teilnehmer_innen tun sich anfangs unendlich schwer, innerhalb einer ihnen relativ fremden Gruppe eigene soziale Wünsche und Interessen zu formulieren. Sie fragen nach Vorgaben und Aufgaben, sie fragen nach Bench-Marks und Mile-Stones, sie bemühen sich um die Strukturierung der verbleibenden Zeit, um der drohenden Leere zu entgehen. Im Prozess der Gruppe versuchen sie Orientierung im Außen zu finden. Erste Anlaufstelle sind die Autoritäten. „Die müssen es doch wissen, die bieten schließlich dieses Training an. Und die Kollegen haben erzählt, dass dies ein wirklich gutes Seminar sei. Vielleicht gibt es ja eine „hidden agenda“ und wir werden heimlich beobachtet?“ Wie schon beschrieben, verhalten sich die Trainer_innen abstinent, um die Aufgabe der Steuerung in der Gruppe zu belassen. Diese Haltung erleben die Teilnehmer_innen als Verweigerung von Unterstützung und Hilfestellung. Sie fühlen sich allein gelassen und reagieren mit Frustration und Aggression. Diese Aggression äußert sich mal unterschwellig durch Maulen und Lästern im Informellen, mal ganz offen, indem das Training und die Trainer_innen als langweilig und inkompetent, die Teilnahme am Training als vergeudete Zeit bezeichnet werden. Manche Teilnehmer_innen ziehen sich frustriert zurück und verweigern zunächst die Beteiligung ganz.

An dieser Stelle ein kurzer Exkurs in die „große" Politik: Ähnliche Prozesse sorgen vermutlich dafür, dass autokratische und populistische Kräfte in Europa und darüber hinaus derart Zulauf haben. Sie bieten einfache Orientierung für komplexe Probleme, bieten Orientierung in überfordernden Situationen und entlasten von dem verstörenden Gefühl der Unsicherheit und Ohnmacht. Die etablierte Politik dagegen sucht im Diskurs die komplexen gesellschaftlichen Probleme zu bearbeiten. Oft braucht das viel Zeit, die wie Stillstand aussieht. Auf demokratische Politiker zu schimpfen ist dann genau so naheliegend, wie Trainer zu entwerten, sich in der Totalopposition zu verweigern einfacher, als den komplexen Prozess der Aushandlung von Interessen mitzumachen und zu strukturieren.

Ein anderer Versuch im Außen Orientierung zu bekommen, ist der Rückgriff auf die offiziell benannten Ziele des Trainings. Diese hängen als Flip-Chart für alle sichtbar im Raum aus. Von ihnen versuchen die Teilnehmenden abzuleiten, was nun zu tun ist. Auch Hörensagen von Kolleg_innen, die dieses Training schon gemacht haben, wird genutzt. Allen diesen Versuchen ist gemeinsam, dass die Orientierung im Außen gesucht wird. Die Frage heißt: Was *sollen* wir tun. Viel später erst beginnen die Menschen damit, sich selbst zu fragen: „Was *wollen* wir tun?" Und noch viel, viel später sind sie bereit, ihre Wünsche und Bedürfnisse auch zu veröffentlichen.

Diese Wendung von der Suche nach Aussenorientierung hin zur Suche nach Orientierung am eigenen Wollen ist ein wichtiger Ertrag im Training. Sie unterstützt die Selbstbestimmung und vermindert die Anpassung an Vorgegebenes. Im Aushandlungsprozess der Interessen entfaltet sie ein zutiefst demokratisches Moment.

Die Last der Freiheit

Was macht es so schwer, persönliche Wünsche zu entdecken und in einer Gruppe zu äußern? Im Allgemeinen fällt es Menschen in unserer konsumorientierten Gesellschaft leicht, materielle Wünsche zu benennen. Ein neues SmartPhone, eine schicke Jacke, ein schnelles Auto. Diesbezüglich gibt es in der Werbung viel Orientierung. Auch für die großen Lebensziele gibt es solche Vorlagen. Je nach Schichtzugehörigkeit, den Werten des Elternhauses, der religiösen Orientierung oder dem Freundeskreis geht es um Ruhm, Reichtum, Karriere, ein guter Mensch zu sein, Selbstverwirklichung oder ähnliches. Was aber kann man wollen, wenn man in einem Kreis mit 12 anderen Menschen sitzt und sich zu dem Thema „Selbstreflexion" gefunden hat? Hier fehlt die Orientierung von außen. Man kann machen, was man will, muss „nur" anschließend darüber reden und mit den Auswirkungen leben. Das soziale Risiko ist begrenzt, da sich die Gruppe am Ende des Trainings auflöst und potenziell nie wieder trifft.

Im gruppendynamischen Training ist der Inhalt der Diskussion das Miteinander, die Beziehungen im „Hier und Jetzt" der Gruppe. Dieses soll betrachtet und besprochen werden, also all das, was zwischen den Beteiligten passiert und wie es passiert. Für den Einzelnen können sich daraus zahlreiche Fragen ergeben: Wer bin ich in dieser Gruppe? Wie kann ich meine Interessen umsetzen, ohne aus dem Zusammenhang heraus zu fallen? Wie komme ich in Kontakt mit den Anderen? Wie kann ich dafür sorgen, dass ich mich integriere, ohne die eigene Identität zu verlieren? Werde ich akzeptiert, wenn ich so bin, wie ich bin? … Im Kern geht es um die Frage: „Wie wollen wir zusammenleben und -arbeiten?" Diese Frage findet sich nicht zufällig in den aktuellen politischen Debatten wieder und ist eine der zentralen Fragen jeder demokratischen Gesellschaft.

Doch bevor diese Fragen in den Teilnehmer_innen entstehen und nachfolgend bearbeitet werden können, braucht es einen Zugang zu den eigenen Bedürfnissen. Was brauche ich jetzt, am Anfang dieser Sitzung, wo mir niemand gesagt hat, was ich tun soll? Wie ist mir gerade zu Mute, was würde mir guttun. Eigene (soziale) Bedürfnisse zu benennen z. B. jenes nach Sicherheit und Orientierung, nach Verbundenheit mit anderen, nach Zugehörigkeit zu einer Gemeinschaft klingt einfach, ist es aber nicht. Viele Teilnehmer_innen haben gelernt, den Anweisungen und Vorgaben ihrer Eltern, Vorgesetzten, Lebenspartner zu folgen, statt selbst zu schauen, was sie wollen. Anpassung scheint in saturierten Zeiten die erfolgversprechende Strategie für den beruflichen Erfolg zu sein. Es ist schlicht und einfach ungewohnt und ungewöhnlich (und potenziell gefährlich) sich selbst ehrlich und ohne Struktur zu fragen: Was will *ich* eigentlich? Und wenn man es weiß, es zu sagen (eventuell sogar zu tun). Sich zu positionieren, eigene Wünsche zu leben ist ein Risiko. Hier kommt das Verhältnis der Menschen untereinander ins Spiel.

Am Anfang des Gruppenprozesses sind sich die Teilnehmer_innen fremd. Es ist schwierig einzuschätzen, was man von wem erwarten kann oder befürchten muss. Wem kann ich trauen? Diese Frage lässt sich nicht abstrakt beantworten. Vertrauen kann entstehen, wenn man Erfahrungen miteinander macht, die zeigen, wie verlässlich, freundlich, verständnisvoll, wertschätzend, ehrlich Menschen miteinander umgehen. Der Prozess der Zusammenarbeit kommt in Gang, wenn einer oder eine der Teilnehmer_innen damit beginnt, etwas von sich zu zeigen – eine Meinung äußert, ein Interesse bekundet, sich in Beziehung zu einem anderen setzt – und riskiert, von den Anderen eingeschätzt und bewertet zu werden. Im Tun werden die individuellen Muster der Kontaktaufnahme, der Positionierung, der Beziehungsgestaltung, des Umgangs mit Macht und Einfluss deutlich. Und es wird einschätzbar, wer mir ähnlich, wer fremd ist, wem ich vertraue, wem nicht, wen ich attraktiv finde und wen unsympathisch. „Wenn die Neugier die Scham besiegt" (Wurmser, 1998), dann wird das Miteinander erkenntnisreich.

Je nach Temperament, Vorerfahrungen, Persönlichkeit und auch Motivation gelingt es dem einen schneller und leichter, als dem anderen, diese Herausforderung zu bewältigen. Während der extrovertierte Vertriebler, der aus eigenem Interesse das Training gebucht hat und den Prozess der Kontaktaufnahme tagtäglich gestaltet, sich erst einmal leicht tut, ist es eine schwer zu bewältigende Aufgabe für den scheuen Ingenieur, der den Tag meist vor dem Computer verbringt, als Einzelkind aufwuchs und von seinem Chef zur Teilnahme am Training „verdonnert" wurde.

Die Aushandlung von Interessen

Mit dem Formulieren von Interessen ist es nicht getan. Wenn 12 Personen gleichzeitig sagen, was sie wollen, dann wird nicht nur die Zeit knapp, sondern es entstehen auch Differenzen und die Notwendigkeit, sich zu einigen. Was sollte zuerst bearbeitet werden, in welcher Intensität sollten Themen vertieft werden, ist es in Ordnung, direkt zu sagen, was man meint oder muss es sozialverträglich eingepackt werden. Und wenn jemand durch ein Feedback gekränkt wurde, was dann? Was, wenn sich einige nicht aktiv beteiligen und stattdessen in der Rolle der stillen Genießer verharren? Interessiere ich mich für die Meinung anderer im Sinne des übergeordneten Ziels oder bin ich allein mit der Durchsetzung meiner Interessen beschäftigt? Lassen sich Ärger, Enttäuschung und andere Emotionen benennen oder muss jeder diese mit sich selbst ausmachen? Wirkliche Kompromisse und tragfähige Lösungen lassen sich nur dann erreichen, wenn die Interessen beider Seiten Berücksichtigung finden. Hier geht es um den Ausgleich von Interessen, der letztlich erlaubt, weiterhin in Kontakt zu bleiben.

Jetzt kommt die Zeit für Konflikte und deren Lösung. Mit Hilfe der Trainer_innen und im Schutz des Settings beginnen Teilnehmer_innen damit, solch spannungsreiche Themen zu bearbeiten. Werden anfangs diese Unterschiede tendenziell negiert „um des lieben Friedens willen“ und aus Angst, die Gruppe zu spalten, so gelingt es im Fortgang des Trainings, Konflikte und deren Bearbeitung als Entwicklungsmoment der Gruppe zu verstehen. Dann werden Konflikte zu dem, was sie sind: Unterschiede in Werthaltungen und Interessen. Sie verlieren ihre emotionale Wucht. Die Bearbeitung sorgt dafür, dass der Gruppenprozess vorankommt und die Gruppenkohärenz steigt. Teilnehmer_innen erleben, dass Konflikte der Gruppe nicht schaden, sondern für eine Weiterentwicklung sorgen. Im Tun lernen sie, wie Konflikte angesprochen werden können. Die Schwelle zur Offenlegung von Unterschieden sinkt. Konsens und Kompromiss sind die Zutaten gelingender demokratischer Willensbildung. Im Training werden sie praktiziert. Und es geht nicht nur darum, die eigenen Interessen zu formulieren, sondern auch, sich für die Bedürnisse anderer zu interessieren. Nicht die Machtauseinandersetzung steht im Vordergrund, sondern das größere Interesse an einem menschlichen und erfüllenden Miteinander. Das ist gelebte Demokratie, wie sie sein könnte.

Verbindungen zwischen demokratischer Willensbildung und dem Prozess im gruppendynamischen Training

Demokratie setzt das voraus, was im gruppendynamischen Training entwickelt wird: Formulierung von Interessen und deren Aushandlung. Gibt es darüber hinaus weitere Analogien zwischen diesen beiden Bereichen?

Zunächst einmal: Es ist nicht selbstverständlich, dass Teilnehmer_innen ihre Interessen formulieren können, wie es auch nicht selbstverständlich ist, dass demokratische Prozesse funktionieren. Beides muss gelernt werden. Nicht zufällig entwickelte Kurt Lewin die gruppendynamische Methode im Zusammenhang mit Forschungen, wie eine Gesellschaft demokratisch(er) werden kann. Seine Fragestellung damals hieß: Wie kann demokratisches Verhalten durch den Leiter einer Gruppe, eines Seminars oder einer Schulklasse gefördert werden? Ergebnis dieser Forschungen war unter anderem die Formulierung eines „demokratischen“ Führungsstils. Er setzte im Veränderungsprozess auf das mündige, sozial kompetente Individuum, das sich der gesellschaftlichen Anpassung widersetzt. Zu Zeiten Lewins war es die

Anpassung an ein autoritäres, diktatorisches Regime, heute ist es die Anpassung an vermeintliche Notwendigkeiten unter anderem der Selbstoptimierung oder an das Diktat der Effizienz, das Zeit verknappt und die Arbeitsdichte steigert. Der Preis ist oft ein Verzicht auf sachliche Auseinandersetzungen und auf das Ringen um die bessere Lösung.

Im Prozess der Aushandlung von Interessen lassen sich in der Gruppe wie in einem Brennglas verschiedene Prozesse beobachten, die auch die demokratische politische Kultur prägen. Da geht es darum, Unterstützer zu gewinnen und andere zu unterstützen; Entscheidungsverfahren zu entwickeln, die die Interessen auch der Minderheit berücksichtigen; den eigenen Standpunkt gegen alle anderen und gegen den Konformitätsdruck der Gruppe zu formulieren; Konflikte zu benennen und mit der Angst davor fertig zu werden; die Konsequenzen des eigenen Handelns zu erleben und die Freude, wenn es gelingt, als Gruppe einen Konsens zu finden und gemeinsam weiter zu kommen. In diesem Verlauf werden die spezifischen Eigenheiten von Menschen sichtbar und damit auch die Differenzen. Im Training ist es möglich in aller Unterschiedlichkeit verbunden zu sein.

Leider lassen sich diese Prozesse in gruppendynamischen Settings nicht eins zu eins auf die gesellschaftliche Realität anwenden. Sonst wären die aktuellen politischen Fragen nach der Integration fremder Kulturen, dem Miteinander in der einen Welt und der gerechten Verteilung von Gütern leichter zu lösen, als sie es heute sind. Aber jede und jeder, der schon einmal an einem gruppendynamischen Training teilgenommen hat, weiß, wie es gehen könnte – eigene Interessen einzubringen und konstruktiv mit den Anderen zu verhandeln.

Literatur

Wurmser, L. (1998). *Die Maske der Scham*. Berlin: Springer.

Babette Brinkmann

Selbststeuerung und demokratische Prozesse in der agilen Arbeitswelt

Eine Herausforderung, die gelernt werden kann – und für die die Gruppen- und Organisationsdynamik geeignete, kraftvolle Lernformate hat.

„Wenn wir in der Praxis Organisationen begleiten, die vielseitige neue Aufbrüche wagen oder erfinden, dann müssen wir Wege finden, diese Aufbrüche für unsere Studierenden erlebbar zu machen. Erzählen reicht nicht!“, forderte ein Kollege zurecht, als wir nach einem Organisationstraining zusammensaßen und feststellten, dass unsere Teilnehmer_innen – obwohl sie Organisationen kritisch gegenüber standen, und „alles ganz anders“ machen wollten – am Ende doch „nur“ klassisch-hierarchische Strukturen produziert hatten. Dabei tut sich in den Unternehmen, ob neu gegründet oder etabliert, doch so viel in Sachen Selbststeuerung, Partizipation und Verteilung von Macht (Brinkmann & Lang, 2018). „Wenn wir wollen, dass Studierende auch neue Organisationsentwürfe ausprobieren und erleben, müssen wir diese im Training einführen. Hochschulen sind schließlich auch nicht gerade der Ort, an dem primär demokratische Selbstorganisation gelernt wird.“ – Gesagt, getan.

ORGANISATIONSTRAINING ALS GRUPPENDYNAMISCHES LERNFORMAT

In den vergangenen 15 Jahren wurden – neben den klassischen gruppendynamischen Trainings als Orte sozialen Lernens[1] – zunehmend sogenannte Organisationstrainings (in Österreich: Organisationslaboratorien) entwickelt und etabliert[2]. Organisationstrainings machen die Komplexität und Dynamik von Organisationen und Organisationsbereichen erlebbar (Brinkmann et al., 2017). Sie sind ein faszinierendes Lernformat, das es ermög-

[1] Siehe u. a. das Kapitel von Klaus Brosius in diesem Band

[2] So sind Organisationstrainings seit etwa acht Jahren fest in der Ausbildungsordnung der Deutschen Gesellschaft für Gruppendynamik und Organisationsdynamik (DGGO) verankert.

licht, die wesentlichen Phänomene des komplexen sozialen Systemtyps „Organisation“ zu gestalten, zu erleben und zu erforschen.

Es gibt in der gruppendynamischen Tradition verschiedene Ansätze, solche Trainings aufzubauen. Sie reichen von sehr offenen Prozessen („Gründen und entwickeln Sie eine Organisation – Sie haben vier Tage Zeit, am fünften Tag schauen wir uns an, was Sie wie gemacht haben...“) bis zu hoch strukturierten Planspielen. Wie unterschiedlich die Designs auch sein mögen, so verfolgen sie doch immer das Ziel der Emanzipation der Person, um im Dickicht der Organisation handlungsfähiger zu werden. Im Fokus des Lernens stehen der Prozess der Selbstorganisation sowie die Wechselwirkung zwischen Person, Gruppe und Organisation. Phänomene wie Ziel und Zweck einer Organisation, Macht und Einfluss, Kooperation und Konflikt, Ein- und Ausschluss in Organisationen werden erlebt, erforscht und variiert.

Die Trainings sind ein offener Prozess. Im Voraus lässt sich nicht bestimmen, welche Themen und Konflikte sich wie zeigen werden. Die konkreten Lernfelder entwickeln sich in jedem Training (selbst bei gleichem Design) immer wieder unterschiedlich (Kump, 2018).

Exkurs: Next Society und Next Organisation.

Organisationsentwürfe mit neuen Möglichkeiten und neuen Zwängen

Seit 100 Jahren gibt es Experimente, Demokratie dort zu leben, zu erproben und zu etablieren, wo die Macht in postmodernen Gesellschaften zunehmend verteilt wird: in Organisationen (Runkel, 2003). Was ursprünglich der Absicht entsprang, Besitz und Macht gerechter zu verteilen, erlebt heute aus anderen Motiven einen neuen Aufbruch. Es geht darum, in einer zunehmend dynamischen Umwelt produktiv(er) und überlebensfähig zu sein. Unter den Stichworten VUCA-Welten (volatility, uncertainty, complexity, ambiguity) und „Next Society“ (Drucker, 2001) gibt es zahlreiche Studien und Praxisberichte darüber, wie grundlegend sich Organisationen quer über zahlreiche Branchen und Märkte verändern. Die klassische Pyramide, in der oben gedacht und unten gemacht wird, ist auf Stabilität, nicht auf Anpassungsfähigkeit spezialisiert. Dies kann existenzbedrohend werden, wie aus vielen Fallgeschichten (Kodak, Nokia...) hinlänglich bekannt ist.

Um für die Zukunft gewappnet zu sein, entstehen neue agile Organisationsentwürfe, denen eines gemeinsam ist: Entscheidungskompetenzen werden weitgehend an die ausführenden Stellen verlagert.

Wer produziert, entwickelt oder Kundenkontakt hat, soll sein Wissen und seine Erfahrungen direkt umsetzen können und selbst entscheiden, wie er oder sie seine/ihre Ergebnisse am besten um- und einsetzt. Macht und Entscheidungskompetenzen werden auf viele, wenn nicht alle Schultern verteilt. (Interessante Beispiele finden sich bspw. bei Laloux, 2016, sowie in der Filmreihe „Augenhöhe".)

Mit anderen Worten: Viele Organisationen werden demokratischer oder wollen es zumindest werden. Doch wenn sich Organisationen von klassischen hierarchischen Pyramiden hin zu intelligenten Netzen verändern, stellt das neue Herausforderungen an alle, die diese Organisationen gestalten und in ihnen arbeiten.

Demokratischer können Organisationen nur werden, wenn es eine Freiheit gibt, sich mehr oder weniger einzubringen, wenn die Möglichkeit, sich zu beteiligen, für alle Mitarbeiter_innen gleich gegeben ist, und die Zugänge und Einflussmöglichkeiten ähnlich verteilt sind. Das sind sie in der Regel aber nicht.

1. Selbststeuerung ist nicht jedermanns/jederfraus Sache. Es braucht die Freiheit, sich für Selbststeuerung, aber auch für andere Formen der Partizipation entscheiden zu können – etwa im Rahmen einer expliziten Fachexpertise oder einer routinierten Tätigkeit jenseits von Steuerung und Gruppendynamik.

   1. Frage: Wie will ich meine Arbeit organisieren? Wie können Unterschiede in Organisationen klug berücksichtigt werden?

2. Selbststeuerungs-, Kommunikations- und Konfliktkompetenz, soziale Sicherheit und Gewandtheit helfen, Einfluss zu nehmen. Sie sind hochgradig abhängig von der individuellen Bildungsbiografie. Diese Kompetenzen können in klassisch-hierarchischen Organisationen kaum (nach)gelernt werden. Um soziale Unterschiede nicht unreflektiert zu verstärken, braucht es Raum, um diese Kompetenzen zu lernen.

   2. Frage: Wie mache ich es am besten?

Das folgende Trainingsdesign bietet Teilnehmer_innen einen Rahmen, um auf diese Fragen erste Antworten zu finden.

Das Hirschwang Organisationstraining

Das Hirschwang Organisationstraining ist eine Kooperation zwischen ÖGGO und DGGO[3] und hat den Schwerpunkt neue Organisationsentwürfe und Digitalisierung[4]. Dieses Wiener Organisationstraining ist ein halbstrukturiertes gruppendynamisches Setting, in dem 60–100 Teilnehmer_innen im Verlauf von fünf Tagen eine Organisation und ihre Produkte entwickeln und diesen Prozess gemeinsam reflektieren. Die Organisation besteht aus drei Divisionen, die sich in ihrem Organisationsverständnis grundlegend unterscheiden, und sie produziert Organisationserlebnisse (Organisationszweck).

Das Trainingsdesign, das ich gemeinsam mit fünf Kolleg_innen aus Österreich und Deutschland entwickelt und erprobt habe, ist das Ergebnis einer gemeinsamen Beobachtung: Während in Organisationen zunehmend neue Wege beschritten werden, um von der klassischen hierarchischen Organisation zu Selbststeuerung, Partizipation und gemeinsamer Gestaltung zu kommen, existiert eine solche Herangehensweise in Organisationstrainings bisher kaum. Unser neu entwickeltes Trainingsdesign soll insbesondere auf drei Ebenen neue Handlungsräume erschließen:

1. Organisationsebene: Das Training soll unterschiedliche Organisationsentwürfe vermitteln und erfahrbar machen, von der klassisch-hierarchischen Pyramide über agile Ansätze bis zu demokratischen Organisationsentwürfen. Wie machen sich die Top-down-Entscheidungs- und Kommunikationswege der funktionalen Hierarchie bemerkbar, und wie unterscheiden sie sich von den Bottom-up-Prozessen der Unternehmensdemokratie bzw. der Verbindung von beidem in der Holacracy?
2. Digitalisierung: Die Teilnehmer_innen bekommen bestimmte digitale Medien angeboten, um sich selbst, als Teilgruppe und als Gruppe digital zu organisieren, eine digitale Kommunikation selbständig zu etablieren und deren Wirkung, Chancen und Risiken gemeinsam zu reflektieren.

[3] ÖGGO: Österreichische Gesellschaft für Gruppendynamik und Organisationsberatung; DGGO: Deutsche Gesellschaft für Gruppendynamik und Organisationsdynamik

[4] Mitentwickler_innen und Mitwirkende: Prof. Dr. Gudrun Gaedke, Dr. Barbara Kump, Matthias Lang, Dr. Andrea Schaffar, Dr. Joachim Schwendenwein

3. Auf der individuellen oder Personenebene soll es den Raum bieten,
   - sich in den unterschiedlichen Handlungsräumen einer Organisation zu erleben, Handlungsmöglichkeiten zu entwickeln und zu erforschen;
   - Organisationen mitzugestalten (z. B. in Bezug auf Mitbestimmung, Selbststeuerung, Interessensausgleich, Inklusion von Minderheiten, Umgang mit Konflikten und Unterschieden).

Der Ablauf 2018

Im Vorfeld schreiben wir alle Teilnehmer_innen des Trainings[5] an. Wir geben ihnen erste grobe Informationen über die unterschiedlichen Organisationsentwürfe, die sie erproben können (im Jahr 2018 waren das beispielsweise funktionale Hierarchie, Unternehmensdemokratie und Holacracy), und bitten sie, sich für die Mitarbeit in einem dieser drei Entwürfe zu bewerben. Des Weiteren werden zwei Führungspositionen ausgeschrieben, um die man sich im Vorfeld bewerben kann: Leitung Division „Funktionale Hierarchie" und Lead Link in der Division „Holacracy" (Robinson, 2015).

Das Training findet in einem recht abgelegenen Ort als fünftägiges (vier Tage Lab + Reflexion und ein Tag separate Auswertung) externes Seminar statt, so dass die Teilnehmer_innen auch Pausen / Essen / Abende miteinander verbringen. Nur so können sich die nötige Dichte und Intensität sowie auch der informelle Raum einer Organisation entwickeln.

Zu Beginn der Veranstaltung leiten wir als Trainer_innen durch ein ca. dreistündiges Setup, in dem wir die Organisation grundlegend aufsetzen, die Rollen und Zeiten für die kommenden Tage klären und die Aufgabe der Organisation vage umreißen. Nach drei Stunden übergeben wir die Leitung und Verantwortung an die Großgruppe und setzen uns beobachtend in einen Außenkreis. Ca. drei Studierende begleiten diese drei Tage in der Rolle forschender Beobachter_innen, die im Sinne eines Action-Research-Ansatzes ihre Beobachtungen zurückspielen und so Einfluss nehmen. Es gibt über alle Tage für alle Teilnehmer_innen begleitend Zeiten für Forschung und Reflexion.

Das Lab beginnt

Für die ersten 24 Stunden steht jeder Division ein Fachcoach zur Seite, der bei Bedarf unterstützt, die Organisationslogik zu etablieren, und fachliche

[5] 60–100 Masterstudierende der TH Köln (Soziale Arbeit), der FH Wien der WKW (Wirtschaftswissenschaften) und der Uni Wien (Kommunikationswissenschaften)

Fragen mit der Gruppe klärt. Es ist immer wieder faszinierend, wie schnell die Teilnehmer_innen in die Dynamik der entstehenden Organisation hineingezogen werden und so am eigenen Leib erleben, wie bestimmte organisationale Phänomene entstehen, wie sie sich anfühlen und wie schwer es oft ist, etwas verändern zu wollen. Wichtig ist hierbei, dass niemand eine Rolle spielt, sondern jede_r die eigene Aufgabe so ausübt, wie er oder sie es eben tut.

Aufgaben und Möglichkeiten

Als Staff, als Beobachter_innen, als Coaches ermutigen wir die Teilnehmenden, sich Lern- und Entwicklungsziele zu setzen und möglichst viel auszuprobieren: eine Führungsaufgabe, neue Kommunikationswege, das Informelle, eine unbekannte Rolle (z. B. wenn man Bedenken hat, diese deutlich zu machen und mal Bedenkenträger_in zu sein). Der Fantasie und den Möglichkeiten sind kaum Grenzen gesetzt. Genauso kann man sich auch mal einen Tag zurücknehmen, eher mitlaufen und den Trubel auf sich wirken lassen. Auch in dieser Hinsicht ist das Training sehr organisationsnah.

Der Staff hat in diesem Setting verschiedene Rollen. Es ist eine Herausforderung, diese gut deutlich zu machen: Trainer_innen, die den Rahmen gestalten und halten, Beobachter_innen, Außenwelt der Organisation (Aufsichtsrat, Inhaber, Presse, Kommune etc.), Coaches und zusätzlich in der realen Außenwelt Seminarleiter_innen, die die Teilnahme und Aufgaben für die universitären Leistungsnachweise verfolgen müssen.

Das Organisationstraining als demokratisches Lernfeld

Wie findet dieses Lernen statt? Beispielhaft einige Fragen und Erkenntnisse unserer Teilnehmenden:

1. Wie wollen wir einen Aufsichtsrat besetzen? Ist Kontinuität wichtiger als Kreativität? Eines oder mehrere Mitglieder? Warum konnte die funktionelle Hierarchie ihre Interessen besser verständlich machen?
2. Erkenntnis zu Macht, Autorität, Hierarchie: Das Thema zu leugnen oder alle gleich zu machen, hilft nicht. Es gibt trotzdem Unterschiede, nur sind sie dann nicht mehr besprechbar. Und: Wer die Machtfrage innen nicht klärt, kann auch nach außen nicht machtvoll auftreten.

3. Schön und schwierig: Komplexe Organisationskonzepte wie Holacracy bringen Herausforderungen mit sich. Das Erlernen dauert, erzeugt mitunter Frustration, gleichzeitig kommen gewisse Aspekte (Stichwort soziales Miteinander) eventuell zu kurz. Entsteht Macht auch durch Herrschafts-/ Prozesswissen?
4. „Huch, ich wollte Sie doch konfrontieren und nun sitze ich mit auf Ihrer Seite – das ging aber schnell!" Die verführerische Kraft der Macht, spürte auch die Studentin, die sich als Betriebsrätin in den Aufsichtsrat wählen ließ.
5. Wenn wir Minderheiten nicht berücksichtigen, verlieren wir sie.
6. Konfliktmanagement: Feedback wirkt nur, wenn es herauskommt aus der Anonymität und die Dinge beim Namen nennt, wenn es im Kontakt geschieht.

Welche Lernerfahrung konkret gemacht wird, ist abhängig von dem, was die Studierenden einbringen. Das Training findet im kommenden Jahr zum siebten Mal und zum dritten Mal in der internationalen Kooperation statt. Jedes Mal war es etwas anders und jedes Mal war es voller Überraschungen und neuer organisationaler Facetten. So rasant, wie sich die Arbeitswelt zurzeit verändert, so intensiv ist auch die Auseinandersetzung mit den Studierenden. Sie nehmen den Gestaltungsraum gerne an und experimentieren mit den verschiedenen demokratischen Verfahren. Sehr wahrscheinlich werden die meisten unserer Studierenden „draußen" keine reine Unternehmensdemokratie vorfinden, aber sie kennen die Ansätze und können mit diesen Erfahrungen ihre Organisationen mitgestalten.

Literatur

Augenhöhe: Der Film (2015). www.augenhoehe-film.de; Abgerufen am 01. Juli 2018.

Brinkmann, B., Faßnacht, M., Gerber-Velmerig, M., Hegnauer-Schattenhofer, I. & Weigand, W. (2017). Was ist hier los? Organisationsdynamik in der Beratung von und in Organisationen. *GIO*, Vol.48, S. 179–183.

Brinkmann, B. & Lang (15. Juli 2018). Selbstorganisation braucht klare Regeln. *Frankfurter Allgemeine Zeitung.*

Drucker, P. (1. Nov. 2001). The next society. *The Economist.*

Kump, B. (2018). *Fünf Tage Organisationslaboratorium: Mehr als nur „Trockentraining“*. www.wissensdialoge.de; Abgerufen am 1. Juli 2018.

Laloux, F. (2015). *Reinventing Organizations*. München: Vahlen.

Robinson, B. J. (2015). *Holacracy – The Revolutionary Management System that Abolishes Hierarchy.* New York: Penguin.

Runkel, G. (2003). *Genossenschaft, Repräsentation und Partizipation.* Münster: LIT.

Frank Stähler

Gruppen verstehen und Einfluss nehmen
Ein Lern-, Handlungs- und Erlebnisraum

Lernen ist die Suche nach dem Neuen, noch Unbekannten und insofern immer auch ein wenig Abenteuer und von Unsicherheit geprägt.

Gruppendynamiker_innen sind Expert_innen dafür, sich mit Gruppen und Teams auf komplexe und unsichere Lernprozesse einzulassen. Gerade durch den geringen Strukturierungsgrad gruppendynamischer Designs finden Gruppen mit ihrer Unterstützung Zugang zu verdecktem Wissen, zu dem, was schon da ist. Gruppen und Teams können so bspw. Blockaden überwinden, die im Beziehungsgeflecht der Teilnehmer_innen liegen und im Verborgenen gewirkt haben. Wesentliche Zutaten für ein Rezept zur Verarbeitung der „Komplexität (…), die unsere Welt erfasst hat“ sind „die Einführung demokratischer Prinzipien innerhalb von Organisationen und ein tiefes Verständnis für die Gruppendynamik von Gruppen.“ (Geramanis 2017, S. 16).

Um den Zusammenhang zwischen Demokratie und Gruppendynamik greifbar zu machen, beschreibe ich hier ein gruppendynamisches Konzept mit seiner theoretischen Fundierung und erzähle dazu veranschaulichende Sequenzen aus einem Workshop. Zum Abschluss betrachte ich das gruppendynamische Lernen durch die demokratische Brille im Spiegel der Gesellschaft.

Der Workshop – eine Reise

Eine Abenteuerreise ist, wenn man sich auf den Weg macht, um beispielsweise Herausforderungen zu suchen, an denen man sich beweisen und wachsen oder auch einfach lernen kann. Häufig werden Reisen zusammen mit anderen unternommen, die das Projekt unterstützen oder erschweren können, die um die Führung konkurrieren oder koalieren, die man sich näher oder mehr auf Distanz wünscht, mit denen man eine Gemeinschaft bildet, die einen sichereren oder unsichereren Platz bietet. Das sind dann auch schon die Themen im gruppendynamischen Raum (vgl. König & Schattenhofer, 2006, S. 34ff.). Auf einer solchen Reise gibt es dann Gespräche über die erlebten Abenteuer, die den weiteren Weg beeinflussen, der zur nächsten Herausforderung führt, die wiederum neue Erkenntnisse produziert usw.

Im Workshop „Gruppen verstehen und Einfluss nehmen“ passiert genau das: Eine Gruppe (hier im Rahmen einer Weiterbildung) macht sich auf einen gemeinsamen Weg. Sie erhält zur Orientierung eine Landkarte mit eingezeichneten Übungen (Herausforderungen), die sie nach eigener Wahl aufsucht und in einem begrenzten Zeitraum absolviert. Nach dieser Zeit draußen geht es drinnen im Seminarraum weiter.

Lernen I: Macht

Die Erzählung

Stellen wir uns vor, dass sich die Gemeinschaft dort nun unterhält, wobei das Erlebte noch sehr präsent ist und einen leichten Einstieg bietet. Ein Teilnehmer erklärt den anderen, dass er sehr zufrieden damit war, bei einem der Abenteuer die Führung übernommen und „seine Schäfchen ins Trockene“ gebracht zu haben, womit die anderen Gruppenmitglieder gemeint sind. Einige finden es sehr sympathisch, umsorgt zu werden. Ein anderer wollte auch Führung haben und kam während der Übung schon an zweiter Stelle. Und ein weiteres Gruppenmitglied ist überhaupt nicht zufrieden damit, als „Schäfchen“ bezeichnet zu werden und will in seinem eigenständigen Beitrag zum Bestehen des Abenteuers gesehen werden. Daraus entsteht ein scharfer Konflikt, da die beiden Kontrahenten (es sind tatsächlich beide Männer) unversöhnlich auf ihrem Wunsch nach Anerkennung beharren. Schließlich vermittelt eine Teilnehmerin, „ob es nicht möglich ist, den jeweils anderen, jenseits des Bildes vom Schäfchen, in seiner Bedeutung für die Gruppe zu sehen“. Das scheint zu wirken, denn es tritt zunächst Entspannung ein.

Allerdings kommt dann heraus, dass es darum gar nicht wirklich gehe. Tatsächlich geht es nämlich nicht nur an diesem Tag, sondern überhaupt in dieser Gruppe darum, wer das Sagen hat, oder mit den Worten der Männer in der Gruppe: wer das Alpha-Männchen ist. Es ist allen Männern in der Gruppe völlig klar (auch denen, die mit einer anderen Rolle experimentieren), dass das wichtig ist und dass dies regelmäßig zu sachlich und höflich verpackten Auseinandersetzungen führt. Diskussionen dienen häufig nur der Klärung der Führungs-Position und haben mit der Sache nur nachrangig zu tun. Von der Deutlichkeit dieser einhelligen Aussage sind die Frauen überrascht und schwanken zwischen „Aha, das habe ich ja schon immer vermutet!“ über „Und deshalb habe ich in solchen Auseinandersetzungen keine Chance!“ bis „Das kann nicht wahr sein, das wäre ja nur peinlich!“. Antwort: „Ist aber so.“

Die hier nur holzschnittartig umrissene Auseinandersetzung hat es im Rahmen einer gruppendynamischen Trainingsgruppe wirklich gegeben. Es ist ein prägnantes Beispiel dafür, was Menschen miteinander und an sich selbst lernen können, über sich, über ihre Gruppe und über Gruppen im Allgemeinen. Was bedeutet das in diesem Fall konkret?

Die Lernebenen

Es ging nicht nur um das vordergründige Durchsetzungs-Thema, sondern um die latent ständig in der Gruppe mitverhandelte Konkurrenz um Macht unter den Männern. Die beiden Männer konnten ihren Konflikt schließlich offen machen und alle bekennenden Männer konnten sowohl der Lust als auch dem Leid am Macht-Thema Ausdruck verleihen. Dies führte zu einer offenen Kommunikation darüber und bot im Folgenden die Chance, die Konkurrenz mit weniger Verbissenheit und mehr Interesse aneinander auszutragen. Und was sichtbar und aussprech- und ansprechbar wird, das wird auch veränderbar.

Währenddessen erkannten die Frauen, was hier eigentlich passierte, während sie zunächst noch vermitteln wollten, nämlich ein Hahnenkampf. Sie äußerten sich teils entrüstet, teils frustriert dazu und es gab auch Männer, die von ihrem eigenen Verhalten genervt waren. Die sofortige Suche nach einer Lösung verhinderte der Trainer, indem er aufforderte, zunächst mal das vorhandene Spannungsfeld wahrzunehmen, denn der Grundkonflikt zwischen den konkurrierenden Bedürfnissen lässt sich nicht einfach durch eine Regelung oder Sanktionierung aufheben. Er würde möglicherweise versteckt, aber er würde weiterwirken. Im Innehalten und im Austausch liegt hingegen der Schlüssel zu einem tieferen Verständnis und gegenseitiger Anteilnahme.

Auf der Gruppenebene konnten die Teilnehmer_innen die eigene Betroffenheit bemerken und von anderen in dieser Betroffenheit gesehen werden. Sie konnten bemerken, dass sie nicht allein waren, Verbündete wahrnehmen und mit ihnen in Kontakt treten. Letztlich konnte die Gruppe als Ganzes (in unterschiedlichem Grad) Veränderungsbedarf erkennen, ohne in Begründungs- und Rechtfertigungs-Schleifen zu erstarren, so dass Verbundenheit und Empathie insgesamt stiegen.

Auf der Ebene des allgemeinen Lernens über Gruppen lag der Erkenntniswert für die Teilnehmer_innen darin, dass sie das hier praktizierte Alpha-Verhalten als symptomatisch für ihr Arbeitsfeld erkannten und verstanden, dass es eine hohe Relevanz für die Dynamiken dort hat. Diese betreffen bspw. das Verhandeln von Macht und Konkurrenz, die Ohnmacht der Stilleren, Strategien zur Konfliktvermeidung, die Gender-Thematik,

Rollen oder auch die Bedürfnis-Klärung. Die Workshop-Teilnehmer_innen kamen aus einem internationalen Unternehmen der Unterhaltungsbranche, in der Konkurrenz und Kampf zum alltäglichen Geschäft gehören. Im Verlauf der Gruppenarbeit erstarkte bei einigen defensiveren Teilnehmer_innen der Wunsch, sich weniger zurückzunehmen und mehr für die eigene Meinung einzutreten. Es reiften auch bereits Ideen, wie man das als problematisch wahrgenommene Alpha-Verhalten in geeigneter Weise ansprechen könnte. Das Macht-Gefüge kam in Bewegung.

Das Workshop-Konzept

Überblick

Das Besondere des gruppendynamischen Ansatzes liegt vor allem in seiner forschenden und akzeptierenden Grundhaltung, das neugierige Interesse am Lernen – nicht aus Vorträgen oder Aufsätzen, sondern Lernen am eigenen Tun und Beispiel sowie der Auseinandersetzung darüber. Gruppendynamiker_innen dozieren nicht, sondern unterstützen die Gruppe darin, in sich selbst Erkenntnisse zu suchen. Veränderungen werden weniger durch „Lösungen" oder „vereinbarte Regeln" gefunden, sondern durch das Bewusstwerden über das eigene Tun und das der anderen, durch den Austausch von Selbst- und Fremdwahrnehmung im Hier und Jetzt, durch Reflexion.

> „Gruppendynamische Trainings sind eine didaktische Sonderform von Gruppenarbeit. Als Training, als Laboratorium sozialer Gruppenprozesse dienen sie dem Ziel, das prozesshafte Geschehen in Gruppen durch Selbst- und Gruppenerfahrung kennenzulernen und sich in der Gestaltung von Verständigungsprozessen zu üben. Dabei bezieht sich die Kommunikation in erster Linie auf das Erleben und das Gestalten sozialer Beziehungen in der Gruppe und die soziale Entwicklung der Gruppe als Ganzes." (Velmerig, 2006, S. 2).

Die Bausteine des Formats „Gruppen verstehen und Einfluss nehmen" sind schnell zusammengefasst: Ein 3–4-tägiger Indoor-Workshop wird angereichert durch Zeit draußen in der Natur. Abgesehen von einer Einstiegsphase zu Beginn, 1–2 plenaren Theorie-Blöcken im Verlauf und einer Prozessauswertung am Ende besteht die Arbeit im Wesentlichen aus Outdoor-Übungen und der sogenannten gruppendynamischen Trainingsgruppe.

Der Baustein „Outdoor-Aktivitäten"

Outdoor-Übungen befeuern durch die Kombination aus Handlungsdruck, Aktion, Körperlichkeit und Emotionalität das Gruppengeschehen. Problemlösungen erfolgen häufig im Körperkontakt, mit Händen und Füßen und unter Einbezug aller Sinne. Aushandlungs- und Entscheidungsprozesse sind schnell auf der Tagesordnung, werden rasch sichtbar und spürbar.

Die Trainer_innen-Rolle ist so angelegt, dass der/die Trainer_in sich nach der Instruktion einer Übung völlig heraushält. Dies wird verdeutlicht im Bild des/der Architekt_in, der/die „alles plant und vorbereitet. Das Haus wird jedoch von anderen gebaut." (Senninger, 1993, S. 21). Den Teilnehmer_innen wird „die volle Verantwortung für das, was sie aus einer Aufgabe oder Aktivität machen, zugemutet" und es ist wichtig, „dass sie bei ihren Lösungsversuchen aber auch auf ihren Umwegen oder in ihren Sackgassen nicht (...) gestört werden." (Gilsdorf, 1999, S. 58f.). Das bedeutet auch, dass aus der Perspektive des/der Trainer_in nicht die erfolgreiche Bewältigung das Ziel einer Übung ist, sondern die Übung als Abbild des Beziehungsgeschehens Gegenstand der anschließenden Reflexion wird.

Die spielerischen Aktivitäten stellen einen Ausdruck der Beziehungs-Themen und -Prozesse in der Gruppe dar. Die Aufgabenstellungen und Lösungswege können wie Metaphern für die Gruppenrealität betrachtet werden. Nach jeder Outdoor-Übung finden moderierte Reflexionsrunden statt, die das Erleben draußen unmittelbar ein- und auffangen.

Diese Reflexionen können leicht von der Sachebene überlagert werden. Es ist die Aufgabe des/r Trainers_in, den Blick auf die Beziehungsebene und die unterschwelligen Themen zu lenken. Die Unterstützung für die Gruppe liegt vor allem darin, den Blick auf die Wahrnehmung dessen richten zu können, was da ist. Eine Gefahr liegt darin, dass es primär um das geht, was sein soll, dass externe Ziele und Maßstäbe erfüllt werden sollen. Wenn man durch die Brille des „Richtig oder Falsch" schaut, dann kann man kaum noch erkennen, was wirklich alles da ist. Diese Normativität führt sowohl zu fassadenhaftem Verhalten als auch zu unehrlicher Reflexion. Im gruppendynamischen Ansatz wird dagegen nach Wirkungen von Verhalten geforscht.

Der Baustein „Trainingsgruppe"

Nach Abschluss einer Outdoor-Sequenz geht es in den folgenden Trainingsgruppen-Einheiten nun (Indoor) darum, das Hier und Jetzt der Gruppe zu untersuchen. In der Beschreibung der Arbeitsweise einer Trainingsgruppe orientiere ich mich an den vier Hauptprinzipien gruppendynamischen Arbeitens (König & Schattenhofer, 2006, S. 77ff.):

- Niedrigstrukturierung und initiale Verunsicherung
- Das Hier-und-Jetzt-Prinzip
- Struktur und Prozess

- Feedback zur Selbst- und Fremdwahrnehmung

Initiale Unstrukturiertheit
In der Trainingsgruppe gibt es kein Thema, außer den Beziehungen und Prozessen in der Gruppe.

> „Vonseiten der Trainerinnen und Trainer werden keine Vorgaben hinsichtlich der Form der Zusammenarbeit und der Inhalte der Gruppenarbeit gemacht. (…) Diese *initiale Unstrukturiertheit* ist notwendig, um die Dynamik der Gruppe sich entfalten zu lassen. Vorgaben der Trainer würden in dieser Phase die Eigentätigkeit und spezifische Gestalt der Gruppe stören.“ (Brosius, 2009, S. 268. *Hervorhebung durch den Verfasser*)

Der/die Trainer_in interveniert zunächst höchst zurückhaltend oder gar nicht. Auf der Suche nach Gesprächsstoff setzt die Gruppe ihre Reflexionen über das draußen Erlebte fort. Irgendwann ist der Stoff aber erschöpft und die Gruppe beginnt, sich über das zu unterhalten, was sie gerade im Stuhlkreis der T-Gruppe miteinander erlebt, und sei es Ratlosigkeit, da von dem/r Trainer_in ja nichts kommt.

Falls der/die Trainer_in zu diesem Zeitpunkt den Prozess unterstützen will, dann ist die Grundfrage nicht „Wie war es eben?“ (in der Outdoor-Übung), sondern „Wie ist es jetzt?“. Im Verlauf interveniert der/die Trainer_in ggf. zunehmend deutlicher, aber nicht strukturierend.

Struktur und Prozess
Das Kennzeichnende einer Trainingsgruppe ist ihre Selbstreflexivität und Selbstbeforschung. Die Gruppe ist von ihrem ersten Zusammentreffen an in einem Gruppenprozess, den sie gleichzeitig untersucht, also sich selbst. Dabei wechselt sie auf mehreren Ebenen zwischen *Struktur und Prozess*: sie untersucht bspw. Rollen und Normen, wodurch diese wieder verändert in den Prozess eingespeist werden. Das Untersuchen im Prozess erkennt nicht nur Veränderungen, sondern sie werden dadurch sogar bewirkt, woraus sich wiederum Möglichkeiten der Einflussnahme auf Strukturen erschließen.

Hier-und-Jetzt
Die Fokussierung auf das *Hier-und-Jetzt* ist vor allem wichtig, weil die Teilnehmer_innen die Expert_innen für ihr Gruppengeschehen sind. Weder der Austausch über früher gemachte Erfahrungen aus dem „Dort und Damals“, noch fachliches Wissen aus Studium und Literatur können ein so unmittelbares, nachvollziehbares, affektives und nachhaltiges Lernen er-

möglichen wie das gemeinsame Beforschen der miteinander gestalteten Wirklichkeit.

„Die Arbeit in der Gruppe bezieht sich auf das aktuell Wahrnehmbare, Sichtbare, gemeinsam Erlebte." (Brosius, 2009, S. 266). „Auskunft über die Wirkung meines Verhaltens können mir nur Personen geben, die mit mir zusammen die Situation erleben" (Stützle-Hebel & Antons, 2015, S. 236).

Feedback

Aus letzterem wird deutlich, dass Gruppendynamiker_innen den größten Lernertrag im Austausch von *Feedback* erwarten. Ihre Interventionen gehen vor allem in Richtung der Unterstützung der Selbstreflexion der Gruppe durch den Abgleich von Selbst- und Fremdwahrnehmung. Nicht Mutmaßungen über „die Gruppe" helfen weiter, sondern die Klärung und Differenzierung der Beziehungen, die sie bilden. Die Verständigung zwischen Einzelnen ist nötig, um die Verständigung zwischen allen zu befördern und das Ganze zu verstehen. Das Äußern des Inneren schafft außerdem Verbindungen zueinander. Das Heraustreten aus dem Sich-bedeckt-Halten durch die Mitteilung der Selbstwahrnehmung setzt bereits Energien frei. Die Offenlegung eines unfertigen Gedankens oder eines Zweifels, das Zulassen von Nicht-Wissen ermöglicht neue Zugänge zum impliziten Wissen der Gruppe.

Lernen II: Bedürfnisse

Die Erzählung

Eine weitere Erzählung aus dem schon beschriebenen Workshop dreht sich um das Thema Bedürfnisse. Eine Person äußerte in der Trainingsgruppe, dass es ihr äußerst schwerfalle, Wünsche in der Gruppe vorzubringen. Gleichzeitig hat sie sich zurückgezogen, wenn jemand etwas eingefordert hat und sie sich davor schützen wollte. Die Person, die Hauptadressat_in dieser Äußerung war, fragte sich sogleich, was sie falsch gemacht haben könnte und wollte der anderen keinesfalls zu nahe treten. Ihre Reaktion war ebenfalls ein Rückzug.

Der Trainer fragte nun nach dem Sub-Text ihrer Reaktionen und unterstützte die beiden vor allem darin, sich aufeinander zu beziehen. In der Offenbarung der bis dahin unausgesprochenen Gefühle und Annahmen übereinander erkannten beide miteinander die Paradoxie, dass sie sich aufgrund ihrer Angst vor Zurückweisung dazu entschieden, sich selbst zurückzuziehen, obwohl sie sich Verbindung wünschten.

Es stellte sich heraus, dass tatsächlich eine Reihe weiterer Teilnehmer_innen betroffen waren, die sich nun auch zu Wort meldeten, so dass dieser Teil der Gruppendynamik immer transparenter wurde. Auf der Gruppenebene wirkte sich die Angst vor Zurückweisung, Verurteilung oder Verletzung so aus, dass das eigentlich starke Bedürfnis nach Verbindung nicht verwirklicht werden konnte. Die Teilnehmer_innen waren zu sehr mit ihrem Selbstschutz beschäftigt. Die Gruppe bot (noch) zu wenig Sicherheit, um wirklich bedeutende Bedürfnisse besprechen und verhandeln zu können. Es war weder möglich, sich zu öffnen, noch zu streiten.

Die Lernebenen

Im vorliegenden Beispiel führten wechselseitige Beziehungsklärungen dazu, dass die Gruppe als Ganzes erkennen konnte, dass nicht nur einzelne Mitglieder Probleme mit dem Äußern von Bedürfnissen hatten, sondern dies verbreitet war und somit die Gruppe insgesamt stagnierte.

Sie stellten fest, dass schon der Austausch über ihre Ängste diese reduzierte und dass die ersehnte Verbundenheit im Zuge der Beforschung und Entdeckung der Unverbundenheit deutlich anstieg. Es erfolgte eine Erfahrung von Nähe, die nicht mehr auf einer oberflächlichen Harmonie-Vorstellung beruhte, sondern auf der Erfahrung von tragfähiger werdenden Beziehungen und eines von hoher Sensibilität geprägten Gesprächsraums.

Gleichzeitig wurde offen, dass einige Teilnehmer_innen sich näher waren als andere, dass einige mehr Probleme mit dem Thema Bedürfnisse hatten als andere, dass einige mehr gewagt hatten als andere, in ein offenes Gespräch zu gehen, und somit auch mehr profitieren konnten. Die Unterschiedlichkeit der Teilnehmer_innen wurde besprechbar, gestaltbar und akzeptabler, drohte nicht mehr, eine diffuse Idee von Harmonie zu gefährden. Die Gruppe hat für sich den Raum erweitert, in dem Aushandlungen zwischen Individuen oder Untergruppen möglich waren. Der Spielraum für unterschiedliche und konkurrierende Interessen, Rollen und Beziehungen war ebenso gewachsen, wie die Fähigkeit, für Nähe zu sorgen, Ähnlichkeiten zu sehen und sich miteinander zu verbinden.

Die Gruppe erkannte sich zunehmend als ihre eigene Ressource, was sie in ihrer Selbstständigkeit und ihrem Glauben an ihre Fähigkeiten und Möglichkeiten unterstützte.

Lernen für Demokratie im Spiegel der Gesellschaft

> „Organisationen und Gruppen stellen einerseits einen eigenen Mikrokosmos, andererseits aber eben auch ein Abbild der Gesellschaft mit der jeweiligen Weltanschauung und damit den gängigen Werten dar.“ (Werro, 2018, S. 38)

Wenn sich in Gruppen die Gesellschaft spiegelt, dann kann man in Gruppen auch mit Gesellschaft experimentieren und das dort Gelernte lässt sich wieder in der Gesellschaft erproben.

Selbstverständlich lassen sich Erfahrungen in Gruppen nicht 1:1 auf die gesellschaftliche Dimension übertragen. Schon die schiere Zahl der Menschen und die Masse und Komplexität der Einflüsse von innen und außen stehen dem entgegen. Wie die Organisationsdynamik uns lehrt, unterscheiden sich auch die Interessen einer Organisation von denen einer Person.

Dennoch halten gruppendynamische Settings eine Vielzahl von Erfahrungen bereit, die elementar sind, um an einer demokratischen Gesellschaft teilhaben und in ihr Wirkung entfalten zu können.

Meines Erachtens lohnt das Weiterdenken gruppendynamischer Perspektiven auf die gesellschaftliche Ebene, nicht als simplifizierende Lösungen, sondern als Anregung zum Nachdenken über das (zwischen-)menschlich Mögliche.

Anhand der beiden aus dem Workshop-Geschehen herausgegriffenen Sequenzen möchte ich hier exemplarisch einige Thesen aufstellen:

- Machtstrukturen zu erkennen und die Beobachtungen und damit verbundenen Gefühle auszudrücken, macht diese besprechbar und damit auch veränderbar. Der eigene Umgang mit Macht wird klarer und es wird leichter, das eigene Bedürfnis nach Einfluss zuzulassen und anzumelden. Dies gilt gerade in Gruppen des bürgerschaftlichen Engagements, in denen Macht negativ konnotiert ist, weil sie oft als Dominanz erlebt wird, die für andere nur die Ohmacht übriglässt.

  Es kann umgekehrt verständlicher werden, dass Menschen unter einseitig verteilter Macht bzw. ihrer Ohnmacht leiden. Einsichten auf beiden Seiten führen zu einem offeneren, weil nicht tabuisierten Wettbewerb um Einfluss. Ein freierer Umgang damit erhöht in Gruppen erfahrungsgemäß deren Fähigkeit zu offener Aushandlung, wechselnden Führungsrollen und einer fairen Verhandlungskultur.

  Eine Demokratie lebt u. a. auch davon, dass ihre Mitglieder genügend Einfluss bekommen, um sich berücksichtigt und verbunden fühlen zu können.

- Bedürfnisse zu äußern ist ebenso wichtig wie schwierig. Die Unfähigkeit zum Einstehen für die eigenen Bedürfnisse hängt oft eng mit ungenügenden Wirksamkeitserfahrungen in der eigenen Biographie zusammen, was später u. U. in geeigneten Gruppensituationen nachgeholt werden kann. Das Eingeständnis, etwas von anderen zu brauchen, macht das Anliegen nachvollziehbar, die Person greifbar und zeigt die gegenseitigen Interdependenzen auf. Die Fähigkeit, eigene Bedürfnisse äußern und die anderer wahrnehmen und berücksichtigen zu können, hat eine Relevanz für die Beziehung zwischen Personen, auf gesellschaftlicher Ebene aber auch für die konstruktive Auseinandersetzung zwischen Gruppen.

Ich greife abschließend noch den Aspekt des Umgangs mit Unterschiedlichkeit auf. Im obigen Fall war es gelungen, dass die Gruppenmitglieder ihren Blick nicht nur auf ihre harmonischen Anteile gerichtet hielten, sondern auch die Unterschiede und Gegensätzlichkeiten wahrnahmen und darüber in Kontakt traten.

Gruppen können in ihrem Bedürfnis nach Sicherheit und Harmonie im Bereich der Kohäsion verharren, in der sie einen hohen Zusammenhalt spüren. In einem gelingenden Gruppenprozess richtet sich der Blick aber ebenso auf die Unterschiede in der Gruppe und es wird die Erfahrung gemacht, dass Spannungen und gegensätzliche Meinungen ausgehalten werden, ohne dass die Gruppe in ihrer Existenz bedroht ist (vgl. König & Schattenhofer, 2006, S. 58). Erst indem beides gleichermaßen möglich wird, Zusammenhalt und Unterschiedlichkeit, gibt es die Möglichkeit, als einzigartiges Individuum in einer Gruppe sowohl Autonomie als auch Verbindung leben zu können, also weder zu verschmelzen noch ausgeschlossen zu werden. Auf Basis solcher Erfahrungen müssen Unterschiede nicht versteckt oder assimiliert werden, sondern erfahren im Sinne der individuellen Autonomie einen akzeptierenden Umgang, der gerade erst den eigenen Platz und die Zugehörigkeit zur Gruppe sichert.

Auf der gesellschaftlichen Ebene wären die Bereitschaft und Fähigkeit zum Aushalten von Spannungen, gepaart mit dem Kümmern um Zusammenhalt, bedeutende Faktoren, um in einer pluralistischen Demokratie gut und nachhaltig miteinander leben zu können. Zwischen den Polen von Unterschiedlichkeit und Ähnlichkeit den Spielraum gesellschaftlicher Aushandlungsprozesse zu erhöhen, bedeutet letztlich gewonnene Freiheit.

LITERATUR

Brosius, K. (2009). Soziales Lernen in Gruppen. In C. Edding & K. Schattenhofer (Hrsg.), *Handbuch Alles über Gruppen* (S. 258–285). Weinheim u. Basel: Beltz.

Geramanis, O. (2017). *Mini-Handbuch Gruppendynamik.* Weinheim Basel: Beltz.

Gilsdorf, R. (1999). Aufbruch ins Ungewisse – Grundzüge eines erlebnispädagogischen Konzepts. In R. Gilsdorf & K. Volkert (Hrsg.), *Abenteuer Schule* (S. 24–65). Alling: Dr. Sandmann.

König, O. & Schattenhofer, K. (2006). *Einführung in die Gruppendynamik.* Heidelberg: Carl-Auer.

Senninger, T. (1993). *Erlebnispädagogik.* Münster: Ökotopia.

Stützle-Hebel, M. & Antons, K. (2015). Spurensuche – Feldtheoretisch-praktisches Denken und Handeln in der angewandten Gruppendynamik. In K. Antons & M. Stützle-Hebel (Hrsg.), *Feldkräfte im Hier und Jetzt* (S. 227–251). Heidelberg: Carl-Auer.

Velmerig, C. O. (2006). *Was ist und wozu dient ein gruppendynamisches Training?* URL: https://de.wikipedia.org/wiki/Gruppendynamisches_Training. Abgerufen am 6.5.2015.

Werro, E. (2018). *Gruppendynamische Aspekte agiler Frameworks.* Wiesbaden: Springer.

Gisela Clausen

Selbstoptimierung oder Gruppenkompetenz?

„Wir sind doch alle auf Leistung, Performance und Zeit gepolt, da haben wir keine Zeit für so etwas!" – so beschreibt ein Teilnehmer aus einem großen Unternehmen zu Anfang eines Sensitivity-Trainings seine Situation. Er weist damit auf ein grundlegendes Dilemma hin, in dem sich Mitarbeitende und Führungskräfte in großen Wirtschaftsbetrieben befinden: Die Steuerung über Kennzahlen lässt kaum reflexive oder gar kreative Entwicklungen zu. Meetings sind Minute für Minute durchgetaktet. Zielvereinbarungen und kurzer fachlicher Abgleich beherrschen den Alltag. Powerpoint hat alle Beteiligten geistig in Besitz genommen.

Festgefahrene Verfahren und Konventionen der Arbeit behindern große, traditionsreiche Betriebe in ihrer Innovationskraft und ihrer Attraktivität als Arbeitgeber. Die Konkurrenz mit Start-Ups, die mit ihren häufig disruptiven Geschäftsmodellen viel beweglicher und attraktiver für junge Leute sind, macht ihnen schwer zu schaffen. In Zeiten agiler Kooperations- und Führungsvorstellungen, von Schwarmintelligenz und Generation Y veranstalten große Wirtschaftsbetriebe Sensitivitytrainings als ein Mittel, mehr Beweglichkeit und Kreativität in ihr System zu bringen.

Unternehmen sind einflussreiche Sozialisiationsinstanzen in unserer Gesellschaft. Sie sind der Ort, an dem junge Leute mit qualifizierten Abschlüssen der Generation Y und Z das Berufsleben kennen lernen. Die sozialen Kompetenzen, die junge Mitarbeiter_innen dort nach ihrem Studium oder ihrer Ausbildung lernen, sind prägend für ihre weitere Laufbahn und dafür, wie sie ihre Rolle als Staatsbürger_innen wahrnehmen werden. Viele junge Leute laufen durch diese Schule des Lebens und des Geldverdienens.

Es ist eine Schule, die der Zivilgesellschaft nicht immer gut bekommt: Manche Führungskraft aus Wirtschaftsbetrieben ist in den vergangenen zwanzig Jahren als ehrenamtliches Mitglied in Vorstände von Vereinen und Verbänden gewählt worden, weil man annahm, sie könnten wirtschaftliches Know-how in die Vorstandsarbeit einbringen. Vielen von Ihnen aber war schleierhaft, wie man als Vorstandsmitglied in einer Organisation Einfluss gewinnt, in der formelle und informelle Gruppen das alltägliche Geschehen maßgeblich bestimmen und in der einfache Anweisungen nicht besonders geschätzt werden. In zivilgesellschaftlichen Organisationen, wie z. B. in Vereinen und Verbänden, Gewerkschaften und Parteien, sind in den meist ehrenamtlichen Gremien persönliche Verbundenheiten in Gruppen und Cliquen eine entscheidende Grundlage des Handelns.

Mir als erfahrener Trainerin stellt sich bei der Leitung von Sensitivity-Trainings für ein großes Wirtschaftsunternehmen immer wieder die Frage: Tragen wir Gruppendynamiker_innen mit unseren Veranstaltungen eher dazu bei, dass unsere Teilnehmer_innen sich unter dem alltäglichen Erfolgsdruck ihrer Firma besser soziale Freiräume zur Entfaltung ihrer Fähigkeiten und ihrer Kreativität schaffen können? Können sie nach der Teilnahme an einem gruppendynamischen Training besser Spannungen aushalten, Konflikte lösen, Beziehungen und Rollen klären, so dass sie sich – ganz allgemein gesagt – freier im Kräftespiel einer Gruppe bewegen können? Oder ist die große positive Resonanz, die wir seit mehreren Jahren auf unsere internen gruppendynamischen Seminare erleben, ein Audruck dafür, dass die Generation Y vielleicht nur ihren enormen Hunger nach Feedback gestillt bekommt?

Was ist ein Sensitivity Training?

Sensitivitytrainings folgen einem langjährig erprobten Design, das es seit den 40er-Jahren des letzten Jahrhunderts gibt (Brosius, 2015, S. 260). Ziel ist es, die Beteiligten für die kollektiven Prozesse in Gruppen zu sensibilisieren und sie darin handlungsfähig zu machen. Dabei spielt die Wirkung ihres Verhaltens auf die anderen Gruppenmitglieder eine große Rolle. Aber auch andere Faktoren sind von Bedeutung: Gelingt es den Teilnehmenden, positive und verläßliche Beziehungen zu anderen Teilnehmer_innen aufzubauen? Entwickeln sie einen klaren Blick für das „Hier-und-Jetzt“ der Gruppe? Können sie „heiße Eisen“ der Gruppenentwicklung ansprechen und dafür verlässliche Unterstützer_innen aus dem Kreis der Kolleg_innen gewinnen?

Teilnehmende unserer internen Trainings sind in der Regel Mitarbeiter_innen der Generation Y ohne Führungserfahrung oder mit der Erfahrung von Gruppenleitungen. Es sind meist 24 Personen, die sich fünf Tage lang mit vier Trainer_innen treffen. Diese haben eine zertifizierte gruppendynamische Ausbildung, d. h. sie können Gruppenprozesse begleiten, unterstützen und sich entwickeln lassen. Spannungen, die notgedrungen entstehen, harmonisieren sie nicht voreilig. Sie thematisieren kollektive Zustände der Gruppenmitglieder und ermuntern sie, den gemeinsamen Gruppenbildungsprozess zu erforschen und zu beeinflussen. So entsteht ein

Raum, in dem die Teilnehmenden ihre sozialen Fähigkeiten erproben und ausbauen können.

Jede Gruppe geht in ihrer Entwicklung einen eigenen Weg: Sie produziert eine eigene Dynamik und eine eigene Ordnung, das heißt z. B. unausgesprochene Regeln dafür, wie offen miteinander umgegangen werden kann, was zum Thema gemacht werden soll und was nicht, was formell oder was informell beredet wird (Edding & Schattenhofer, 2012, S. 16). Gearbeitet wird im Plenum und in Halbgruppen. Dabei überwiegt die Arbeit in der Halbgruppe mit zwölf Teilnehmenden und zwei Trainer_innen.

Die Trainings haben im Unternehmen eine extrem positive Resonanz und entsprechenden Zulauf. Die Rückmeldungen der Teilnehmer_innen sind durchweg sehr positiv.

Die Ausgangslage der Teilnehmer_innen:

Zu Beginn des Trainings kämpfen viele Teilnehmer_innen mit den eisernen Regeln des guten Benehmens, wie sie in der Firma gelebt werden. Sie suchen lange nach Standards der sozialen Erwünschtheit, die in diesem Kontext, der für sie zunächst schwer überschaubar und irritierend ist, gelten könnten. Die Trainer_innen schaffen Irritation dadurch, dass sie zunächst wenig Anleitung zur Strukturierung des Gruppengeschehens vorgeben.

Das Verhalten der Gruppenmitglieder spiegelt zu Beginn des Trainings vermutlich in erheblichem Maße die im Unternehmen üblichen Umgangsformen: Alle haben gelernt, sich mit seltsamen, beengenden oder dominierenden Verhaltensweisen von Vorgesetzten und Kolleg_innen stillschweigend zu arrangieren. Es ist unüblich, eigene Meinungen ohne entsprechende Vorgaben von Vorgesetzten oder Projektleiter_innen zu äußern. So lernt man die große Kunst der Verleugnung, des Verschweigens und des Schönredens. Man eignet sich die gängige Managementlyrik an und arbeitet bei Konflikten mit einfachen Schuldzuschreibungen an einzelne Personen. So wird im betrieblichen Alltag vieles formell beschwiegen. Informell aber, in Kaffeerunden oder Raucherecken verschaffen Teammitglieder ihrem Ärger häufig Luft, indem sie sich immer wieder gemeinsam über einzelne Personen aufregen. So entsteht ein Klima der Ausgrenzung. Im Zweifelsfall sind es die Vorgesetzten, die für die reibungslose Zusammenarbeit im Stillen verantwortlich gemacht werden. Die Vermeidung von Konflikten und jeder Art von Differenzen ist dementsprechend zu Beginn des Trainings ein stilles Gesetz, dem die Teilnehmer_innen wie selbstverständlich folgen.

Für junge Leute der Generation Y und Z, die in einer großen Firma sozialisiert worden sind, ist Passung ein selbstverständlicher Standard. Es gilt die Regel: „Möglichst niemandem schlechte Gefühle machen". Alles, was das eigene Wohlbefinden und insbesondere das der Vorgesetzten stören könnte, wird abgewehrt bzw. still ausgegrenzt. Sachlichkeit, Loyalität mit dem Vorgesetzten und Minimierung von Konflikten sind eiserne Grundprinzipien. Vielleicht werden Reibungspunkte und latente Störungen des Firmenalltags informell diskutiert, aber nur selten werden sie in dem Kreis angesprochen, den es betrifft und schon gar nicht im Meeting. Wer möchte schon im Trubel des Alltags als „schwierig", als „störend" oder als nicht so richtig passend gelten? Zurückhaltung und höfliche Distanziertheit bilden dementsprechend häufig das Grundmuster, mit dem die meisten unserer Teilnehmer_innen der Anfangssituation im Training begegnen.

Die Motivation der Teilnehmer_innen, am gruppendynamischen Training teilzunehmen, ist weit gestreut. Immer spielt das soziale System eine Rolle: Abteilungsrivalitäten und persönliche Profilierungen im Kreis der beteiligten Expert_innen und Führungskräfte, Interessenlagen von Projektgruppen und Abteilungen schaffen jenseits aller Fachargumente ein hochkomplexes Kräftespiel, in dem die Teilnehmer_innen sich alltäglich verorten und positionieren müssen. Manche Teilnehmer_innen haben Vorgesetzte oder Kolleg_innen, über die sie sich aufregen und ärgern. Sie hoffen, Mittel und Wege zu finden, wie sie damit besser umgehen können. Manche moderieren konfliktreiche Sitzungen mit Teilnehmenden mehrerer Fachabteilungen und unterschiedlicher Hierarchieebenen. Manche stellen Problemlagen und Lösungen in Meetings vor, die dann von den Beteiligten vielfältig kommentiert und kritisiert werden. Sie hoffen auf Hilfestellung für die Lösung der untergründigen Spannungen und Konflikte. Manche überlegen, ob sie eine Führungsposition übernehmen wollen. Einzelne Teilnehmer_innen haben in einem Assessmentcenter die Empfehlung bekommen, an so einem Training teilzunehmen. Viele haben das gruppendynamische Training von Kolleg_innen oder Vorgesetzten einfach empfohlen bekommen und kommen mit eher unbestimmten Vorstellungen, was sie darin lernen wollen.

Die Lernwege der Teilnehmer_innen

Am Ende der fünf Tage sind viele Teilnehmer_innen erstaunt und beeindruckt, was sie als Lernerfahrung mitnehmen. Diejenigen, die zu Anfang des Trainings Sorge hatten, was man mit all der Zeit wohl machen wird, sind am Ende froh, die Zeit gehabt zu haben.

So vielfältig die Motivationen, so unterschiedlich sind die Lernwege der Teilnehmer_innen in diesen Trainings: Manche versuchen ganz aktiv, das Geschehen zu strukturieren. Das gelingt hier und da. Häufig aber scheitern sie zunächst an verdeckten Rivalitäten. Andere schauen tagelang zu und wundern sich, wie schwer es ihnen fällt, persönlich Stellung zu beziehen. Für andere spielt die eigentliche Musik im informellen Bereich, d. h. abends bei Bier oder Wein. Und noch andere experimentieren mit Leitungsrollen. Könnte man in das Innenleben der Teilnehmenden während eines solchen Trainings schauen, würde man sicher feststellen, dass jede Teilnehmerin und jeder Teilnehmer auf einem jeweils eigenen Weg geht und auch zu ganz eigenen Erkenntnissen kommt. Das ist das Besondere, das diese Art von Seminaren ermöglicht.

WAS LERNT MAN WIRKLICH?

Ich habe wenig Zweifel, dass die Teilnehmenden sehr wichtige Erfahrungen für zukünftige Formen der Zusammenarbeit aus den Gruppendynamischen Trainings mitnehmen. Darauf weisen ihre Rückmeldungen im Training ebenso hin wie empirische Untersuchungen. So kommt z. B. der Autor einer jüngst erschienenen empirischen Studie mit der Fragestellung: „Können Schlüsselkompetenzen durch die Gruppendynamische Trainingsgruppe entwickelt werden?“ zu dem Schluss, dass gruppendynamische Settings und die dazugehörigen Interventionen „nahezu ideal für die Entwicklung von Schlüsselkompetenzen“ sind (Claußen, 2016, S. 249). Die Untersuchung zeigt, dass die Teilnehmenden im Hinblick auf Diversitykompetenz, Gruppenkompetenz und Selbsterkenntnis am Ende solcher Trainings deutlich freier geworden sind. Sie legen ein Stück weit ihr angelerntes „soziales Korsett“ ab, so der Autor (Claußen, 2016, S. 246ff). Die meisten Teilnehmenden werden sensibler für ihre eigenen Vorannahmen, Emotionen, Lernmuster und Konflikte und entwickeln so tragfähigere kognitive Konzepte und Handlungsmuster.

Die Bedeutung des persönlichen Wachstums und der sozialen Freiheitsgrade, die man in einem solchen Training in der Regel gewinnt, ist nicht zu unterschätzen. Es ermöglicht den Teilnehmer_innen Verhaltensweisen zu erlernen, die Ihnen helfen, in Situationen voranzukommen, die sich den Regeln der unternehmensspezifischen Sozialisation entziehen: Spannungsreiche Situationen erfordern gruppendiagnostische Kompetenz und den Mut, Grenzen des anerkannten Wohlverhaltens zu überschreiten, um über verdeckte Themen des Gruppengeschehens gemeinsam ins Gespräch zu kommen. Dies kann man in diesen Trainings erfahren und üben.

Die Bereitschaft, auch über heikle Themen in einer Gruppe zu dikutieren, ist eine grunddemokratische Kompetenz, die für Unternehmen ebenso wichtig ist wie für jegliches politisches Handeln in der Zivilgesellschaft.

Die Gruppenebene als Ort mikropolitischen Handelns

Gruppendynamische Trainings bieten sehr spezielle Lernchancen, die andere Methoden Sozialen Lernens kaum zur Verfügung stellen: Sie bieten die Möglichkeit, sich mit den eigenen Autoritätsvorstellungen auseinanderzusetzen und mit den verborgenen Wünschen nach Anleitung und Abhängigkeit. Sie schaffen einen Rahmen, in dem die Teilnehmenden erleben, wieviel handlungsfähiger sie als Gruppe sind, sobald sie nicht mehr ausschließlich auf Ähnlichkeiten der Mitglieder schauen sondern deren Verschiedenheit zu schätzen lernen. Und außerdem bieten Gruppendynamische Trainings Gelegenheiten, bei denen die Teilnehmenden sich in der Gestaltung der Gruppenebene erproben können. Dabei geht es um das sensible Zusammenspiel der unterschiedlichen Denk- und Handlungsgewohnheiten und um die Frage, welche für das Gruppengeschehen relevant sind.

Die aktive Beeinflussung der Kooperationsverhältnisse setzt bei den Beteiligten die Bereitschaft voraus, Verantwortung für die Entwicklung der Gruppe zu übernehmen und u. U. „heiße Eisen“ der Gruppenentwicklung zum Thema zu machen. Natürlich kann man diese mikropolitischen Funktionen an die Vorgesetzten delegieren. Aber das hilft nur notdürftig: Eine Gruppe, die im stillen Konsens alles Befremdliche ausschließt und das persönliche „Wohlfühlen“ zum zentralen Prinzip erhebt – die also eine Konsensorientierung lebt, für die die Verschiedenheit der Beteiligten verleugnet werden muss, stellt ein Politikum für jede Firma dar: Solche Gruppen werden die Verschiedenheit und damit auch die besonderen Fähigkeiten ihrer Mitglieder ungewollt und ganz automatisch im Verborgenen halten. Wo alle davon überzeugt sind, dass es für den reibungslosen Ablauf der Arbeit gut ist, sich mit persönlichen Besonderheiten nicht hervorzutun, werden sich Teammitglieder hüten, mit originellen Ideen hervorzutreten oder Spannungen in der Zusammenarbeit zu thematisiern. Die Beteiligten schützen sich damit vor Rivalität und vor Fragen von Macht und Einfluss. Aber der Preis ist hoch. Mitglieder solcher Teams arrangieren sich und arbeiten zum Teil „auf halber Flamme“. Sie entwickeln sich unter Umständen zu kooperativen Mitläufern oder sie kündigen.

Für die Entwicklung von Gruppen ist es brisant, wenn die Beteiligten Konflikten ausschließlich mit Schweigen begegnen. Das Gleiche gilt für Gruppen, die sich informell lang und breit über ihre Vorgesetzten aufregen, sich aber nicht trauen, mit ihnen ins Gespräch zu gehen. Manche Vorgesetzte kommunizieren mit ihren Teammitgliedern ausschließlich in Zweiergesprächen. Sie verschenken dadurch die kreative Kraft der Gruppe. Die

Liste der weit verbreiteten dysfunktionalen kollektiven Handlungsmuster ließe sich weiter fortsetzen.

Es ist also die Frage, ob die Teilnehmenden lernen, die Arbeitsfähigkeit einer Gruppe im Arbeitsalltag zu pflegen und zu fördern, während sie gleichzeitig fachlich unter enormem Leistungsdruck stehen. Lernen sie das Macht- und Rollengefüge zu erkunden und zu prüfen, ob es den gemeinsamen Aufgaben dienlich ist? Und wenn nicht: Können sie es thematisieren? Haben sie erkannt, dass Mikropolitik zum Gruppengeschehen unweigerlich dazugehört und mitnichten eine Form des schlechten Benehmens ist? Kluge mikropolitische Handlungsmuster können außerordentlich nützlich sein, wenn sie im Interesse einer produktiven Gruppenentwicklung genutzt werden. Kurz gesagt: Werden sie über ihre persönliche Entwicklung hinaus auch auf der Gruppenebene handlungsfähig?

Unser Ziel ist es, dass unsere Teilnehmer_innen nach einem gruppendynamischen Seminar häufiger den Mut fassen, solche Muster zu unterbrechen und zusammen mit Kolleg_innen nach produktiveren Arbeitsformen zu suchen. Dazu gehört Zivilcourage, Konfliktbereitschaft und die Erfahrung, dass man in gemeinsamen Gesprächen zu besseren Lösungen kommen kann. Die Ergebnisse von Jonas Claußen sind auch in diesem Punkt ermutigend. Sie lassen vermuten, dass eine erhebliche Anzahl der Teilnehmenden nach einem solchen Seminar besser weiß, was es zu analysieren gilt, wenn die Zusammenarbeit in einem Team gestört ist.

Man muss aber auch ganz sicher davon ausgehen, dass nicht alles in fünf Tagen gelernt werden kann. Die Ergebnisse der Studie weisen darauf hin, dass diejenigen, die an einem solchen Training zum zweiten Mal teilnehmen, die Gruppenkompetenzen, die im politischen Kontext einer Demokratie „Zivilcourage" genannt werden, mit deutlich größerer Wahrscheinlichkeit entwickeln. Sie scheinen beim zweiten Besuch eines solchen Trainings entschlossener auf der Gruppenebene ihren Einfluss geltend zu machen. Das heißt, sie sind weniger ängstlich und haben persönlich deutlich an Freiheitsgraden gewonnen, sich mit den anderen Gruppenmitgliedern in Diskussionen und Auseinandersetzungen zu begeben.

FAZIT

Man kann mit einiger Sicherheit davon ausgehen, dass die Freiheitsgrade für das eigene soziale Handeln, die man in gruppendynamischen Trainings gewinnt, dazu führen, dass man sich im internen Kräftespiel von Teams und Abteilungen großer Unternehmen unabhängiger und angstfreier bewegen kann. Man riskiert unter Umständen mehr und kann somit mutiger auf die Entwicklungen in den eigenen Teams und Projektgruppen Einfluss nehmen. Die im Training gewonnene Freiheit, das „Hier-und-Jetzt“ einer Gruppe ergründen zu können, ermöglicht es den Teilnehmenden, Spielräume für alltägliches Handeln zu erkennen und zu nutzen. Diese größeren inneren Freiheiten und sozialen Fähigkeiten sind es auch, die im Kräftespiel einer Gruppe Spielräume für kollektives Wachstum und Kreativität schaffen. Sie sind für die Innovationskraft von großen Unternehmen ebenso bedeutsam wie für eine lebendige Demokratie: „Demokratie besteht im Kern daraus, dass die Bürger_innen, die sie betreffenden Angelegenheiten in der Öffentlichkeit aussprechen, miteinander ausstreiten und Lösungen aushandeln.“ (Plößner & Sturzenecker, 2019)

Die im gruppendynamischen Training dazu gewonnenen inneren Freiheiten und Handlungskompetenzen kann man nicht am Werkstor abgeben. Man nimmt sie mit in die private Lebenswelt, in der sie ebenfalls nützlich sind. Sie erweisen sich langfristig unter Umständen auch im gesellschaftlichen Umfeld als nützlich: Für jede Art von zivilgesellschaftlichem Engagement sind sie dringend erforderlich. Demokratisches Handeln ist nur denkbar mit Hilfe von Gruppen und Gruppierungen, in denen die Mitglieder neben ihren manifesten politischen Ideen auch das Gruppengeschehen gemeinsam so regulieren können, dass sie demokratisch handlungsfähig bleiben, auch wenn sie in ihren politischen Ideen vielleicht Differenzen haben. Jede Art von gesellschaftspolitischer Aktivität – und sei es als Vorstandsmitglied eines politisch aktiven Vereins – ist in ihrer Wirkung davon abhängig, dass die entsprechenden Gremien und Gruppierungen gemeinsam in demokratischer Weise handlungsfähig sind.

LITERATUR

Brosius, K. (2015). Soziales Lernen in Gruppen. In C. Edding & K. Schattenhofer (Hrsg.), *Alles über Gruppen* (S. 258). Weinheim: Beltz.

Claußen, J. (2016). *Kompetenzentwicklung auf dem Prüfstand: können Schlüsselkompetenzen durch die Gruppendynamische Trainingsgruppe entwickelt werden*? Klagenfurt: Dissertation, Alpen-Adria Universität.

Edding, C. & Schattenhofer, K. (2012). *Einführung in die Teamarbeit.* Heidelberg: Carl-Auer.

Plößner, M. & Sturzenhecker, B. (2019). Differenz und Demokratie. In B. Sturzenhecker & T. Glas (Hrsg.), *Förderung demokratischen Engagements von Kindern und Jugendlichen – aus der Kinder- und Jugendhilfe hinein in die Kommune.* Hans 3 zur GEBe-Methode, Gütersloh: Bertelsmann (i. E.).

Mechtild Erpenbeck

Auf dem Weg zu einem neuen Autoritätsverständnis
Gruppendynamik und Hierarchie in der Führungskräfte-entwicklung

> „Neue Autorität bedeutet: statt eines (...) Führers, der ‚Autorität kraft Rang und Amtes' fraglos ausübt, gilt jene initiierende und leitende Funktion, die eine Gruppe dem jeweils in der Situation Geeignetsten erschließt und durch ihren Konsens diese Autorität trägt." (Däumling, 1973, S. 24)

Man könnte meinen, dieser Satz aus der frühen Gründerzeit der deutschen Gruppendynamik markiere, wie durch eine Zeitmaschine geschickt, haargenau den Kurs des aktuellen fundamentalen Umbruchs im organisationalen Führungsverständnis: die pyramidale Linienorganisation scheint über kurz oder lang ausgedient zu haben. Das ergibt sich aus den Kontextzwängen der sich in rasanter Geschwindigkeit verändernden Märkte. Allenthalben wird nach Strukturen und Regelwerken gesucht, die die vertraute hierarchische Ordnung ersetzen könnten. Neue Modelle der Zusammenarbeit tauchen auf, allesamt tragen sie schicke englische Namen und verheißen anstatt Hierarchie nun Kollektivität und Selbstorganisation – mithin in jedem Fall mehr Partizipation.

Erleben wir am Ende heute die Reinszenierung eines gesellschaftlichen Diskurses – in anderem Gewande auf anderer Bühne und in einem neuen Drama – der vor rund 50 Jahren schon einmal das Zusammenleben und -arbeiten radikal neu denken und „von der Basis her" neu organisieren wollte? Gewiss ist derzeit bei allen Ungewissheiten eines: das Rollenbild der Führungskraft wird neu erfunden. Die Macht, die sich in erster Linie aus einem formalen Mandat ergibt, die Positionsmacht also, wird hinter eine aufgabenbezogene personale Autorität in Gestalt von Kommunikationsmacht zurücktreten.

Einige Unternehmen haben früh erkannt, dass ein struktureller Umbau der Organisation nur in dem Maße tragfähig ist, in dem sich das Führungsverständnis verändert. Vor dem Hintergrund dieser Entwicklung kamen wir, mein Kollege und ich, vor einigen Jahren zu dem Auftrag, für ein großes Industrieunternehmen mit internationaler Konzernstruktur ein mehrmoduliges *Executive Development Program* (im folgenden EDP) zu entwickeln und durchzuführen. Das Progamm sollte wegweisend *„Partners in*

Leadership" heißen.[1] Die Anfrage ging in der Annahme an uns, dass wir mit unserem gruppendynamisch-systemischen Ansatz am ehesten geeignet sind, Führungskräfte auf dem Weg der sich verändernden Anforderungen zu begleiten. Es war vonseiten des Unternehmens so geplant, dass in den Lerngruppen Personen unterschiedlicher Ranghöhe aus der bestehenden Linien- und Projektorganisation zusammen kommen. Das hieß, Geschäftsführer, Bereichsleiter, Abteilungsleiter, Gruppenleiter, Meister[2] und Projektverantwortliche würden miteinander in der Runde sitzen. Auf diese Weise sollte die Möglichkeit der wertschätzenden Verständigung untereinander, der kritischen Rollendistanz und Reflexion der Organisationsdynamik geschaffen werden.

Wir waren zunächst skeptisch. Aus unseren vorangegangenen Erfahrungen mit hierarchieübergreifenden Gruppen kannten wir neben den Chancen auch die Risiken: Wie sollen sich die Teilnehmenden in den Trainings öffnen, wenn da Ranghöhere in der Runde sitzen? Wie können sich die „Silberrücken" des Unternehmens vor den Projektionen und Aggressionen der Nachgeordneten schützen? Schließlich haben wir uns darauf geeinigt, das Experiment unter folgenden Bedingungen zu wagen: a) freiwillige Teilnahme, b) keine Führungskräfte in direkter Linienabhängigkeit oder kollegialen Kooperationszwängen in der Gruppe, und c) Einbeziehung des Management Boards.

Das Programm findet heute in diesem und mittlerweile einem weiteren großen Unternehmen immer noch statt, da sich fortgesetzt Führungskräfte dafür anmelden. Feste Lerngruppen mit zwischen zehn und sechzehn Teilnehmenden durchlaufen über eine Zeit von max. eineinhalb Jahren fünf Module von jeweils drei Tagen. Die Themen der Bausteine sind landläufiger Standard: Rolle und Selbstverständnis – Führung als Interaktionsgeschehen – Konflikt und Teamdynamik – Persönlichkeit – Changemanagement. Inhalte und Vorgehensweise haben wir im Laufe der Jahre immer wieder neu angepasst. Meinen Kollegen und mich haben diese Jahre kontinuierlicher Zusammenarbeit und immer wieder neuer Suche nach den angemessenen Designs, Interventionen und gruppendynamisch orientierten Arbeitsformen tief geprägt und unser Lernen im Berufsfeld lebendig gehalten.

[1] Die Trainings haben wir im deutschsprachigen Raum und in Deutsch durchgeführt.

[2] Die männlichen Bezeichnungen sind in diesem Falle bewusst gewählt. In diesem technikgetriebenen Unternehmen waren die Führungskräfte traditionell meist Männer. Allerdings änderte sich auch das in den letzten Jahren, bemerkenswerterweise insbesonders im höheren Management.

Im Folgenden möchte ich mich einer ersten Reflexion des Projektes nähern, indem ich hier den Fragen noch einmal nachgehe, die uns selber auf unserem Weg begleitet haben.

Was machen wir als gruppendynamisch orientiertes Trainertandem anders – und wie leisten wir damit einen Beitrag zu einem neuen Autoritätsverständnis in der Organisation?

Haltung und Rolle

In der Tradition des gruppendynamischen Trainer-Rollenverständnisses stehend, sehen wir uns auch in der Arbeit mit einer Weiterbildungsgruppe von Führungskräften weniger als Fachexperten, denn als Prozessbegleitende. Wir geben maximal viel Raum für den Gruppenprozess und stellen uns mit jeglichem Tun auf das ein, was in der Gruppe entsteht. Nach einigem Ausprobieren gelang es uns recht gut, den Aufmerksamkeitsfokus bei der Begleitung des Gruppenprozesses mit dem jeweiligen Thema in Verbindung zu bringen und es so für die unmittelbare Erfahrung und deren gemeinsame Reflexion aufzuschließen.

Am einfachsten ist dies vielleicht am Beispiel des Themas „Konflikt" zu skizzieren: Hier geht es darum, zu ermöglichen, dass die in der Gruppe schwelenden Konflikte exemplarisch „auf den Tisch kommen". Wenn dies gelingt, ist der Ertrag für die Teilnehmenden ein veritabler Quantensprung, verglichen mit einem herkömmlichen „Konfliktmanagement"-Seminar, in dem Instrumente und Methoden der Konfliktbewältigung vorgestellt, und bestenfalls in Rollenspielen geübt werden. Wenn sich reale Konflikte im Hier-und-Jetzt der Gruppe zeigen, reagieren Gruppendynamiker_innen diametral entgegengesetzt zu anderen Trainingsleitenden: Erstere reagieren mit weniger Struktur, letztere mit mehr Struktur. Einfach gesagt: wir schweigen und lassen erst einmal „kommen", die Kolleg_innen anderer Schulen stehen sofort am Flipchart und legen einen Themenspeicher an. Bezogen auf unser Thema ist der Unterschied dies: Das eine Trainerverhalten ist ein Signal zur Verortung von Verantwortung in der Gruppe, das andere ist das Signal der Steuerungsübernahme.

Der Lernraum des EDP wird durch unsere Haltung als Leitung geprägt. Diese lässt sich anhand von folgenden Leitgedanken skizzieren[3]:

- Die Teilnehmenden stehen im Zentrum, nicht die Trainer_innen
- Beobachten und erforschen, nicht bewerten
- Erfahrung ermöglichen
- Kompetenz statt Wissen[4]
- (Selbst-)Reflexivität
- Anteilnehmender Kontakt (Empathie)
- Persönliches Sich-zur-Verfügung-stellen für Beziehungsklärungen
- Konfrontation und Konflikt sind willkommen
- Transparenz von Entscheidungen und eigenen emotionalen Vorgängen
- Allparteilichkeit
- Kommunikation auf Augenhöhe

Wir als Trainingsleitende haben in diesem System formal die Führungsrolle. Da das Metathema des Curriculums ein sich in Richtung Partnerschaftlichkeit veränderndes Führungsverständnis ist, wollen wir eine Rollenauffassung vorleben, die die Verflüssigung von starren hierarchischen Zuschreibungen möglich macht. Dass damit immer auch Erwartungen frustriert werden – erwartet wird der klassische Referent als Fachexperte, der vorne steht, vorträgt und anleitet[5] – ist im Rahmen des gruppendynamischen Prozesses bereits eine reflexive Steilvorlage für den Einstieg in das Thema des ersten Bausteins: „Rolle und Selbstverständnis“.

Staffarbeit

Mit unserem Arbeitsansatz ist eine prozessorientierte Staffarbeit verbunden, die ausgesprochen aufwendig ist, da sie in jeder Pause und oft sogar während des laufenden Geschehens stattfindet. Da geht es um Abgleich der verschiedenen „Lesarten“ des aktuellen Gruppenprozesses, Reflexion und Abstimmung von Interventionen, vor allem aber um gegenseitiges Feed-

[3] Diese Leitgedanken sind u. a. inspiriert durch Oliver König (1998, S. 154 ff.)

[4] Zur inhaltlichen Unterscheidung sei auf den erhellenden Briefwechsel zwischen Rolf Arnold und John Erpenbeck (2014) hingewiesen.

[5] Manche Teilnehmende sind schon durch das für sie ungewöhnliche Setting des Stuhlkreises aus der Bahn geworfen. Allein die Situation, immer von Kopf bis Fuß gesehen werden zu können, kann Verunsicherung und diffusen Widerstand auslösen.

back. Prozessorientierung in der Arbeit ist ein wenig wie segeln: die Winde können wir nicht bestimmen, entscheiden können wir aber, wie wir im Verhältnis zum Wind die Segel setzen.

Im Rahmen unserer Tandemarbeit haben wir einige Stürme auf hoher See erlebt, ich würde behaupten, wir haben in diesen Stürmen eigentlich das Segeln gelernt. Immer wieder tauschten wir uns über die Bewegungen des Gruppengeschehens aus, immer wieder zogen wir in Zweifel, ob wir auf einem guten Weg sind. Das Pendeln zwischen Prozess- und Inhaltsorientierung kostet viel Improvisationskraft. Der Umgang mit unserer Rollenmacht bedurfte der stetigen Reflexion, immer auch mit Bezug auf die Frage, wie sich die organisationale hierarchische Struktur im Gruppenprozess widerspiegelt. Ohne Unterlass haben wir in diese Hinterbühne hineinleuchten müssen, um uns zu orientieren und interventionsleitende Ideen zu entwickeln.

Im Trainertandem mit einer Gruppe zu arbeiten, bedeutet auch immer, als Kooperationsmodell gesehen zu werden. Den eigenen Entscheidungsfindungsprozess, ggf. einen Dissens untereinander und unseren Umgang damit in der Gruppe offen zu machen, ist letztlich die Blaupause für ein partnerschaftliches und dynamisches Kooperationsverständnis.

Interventionen

Das zentrale gruppendynamische Prinzip ist die Arbeit im Hier–und–Jetzt. Die Aufmerksamkeit aller richtet sich auf die Gegenwart der Gruppeninteraktionen. Es gilt dabei, die entsprechenden Beobachtungen und Bedeutungszuschreibungen einander mitzuteilen (Metakommunikation), danach das Interaktionshandeln entsprechend neu auszurichten, und so eine neuerliche Grundlage zur Beobachtung, Beschreibung, Erkenntnis und Veränderung zu schaffen. Und immer so weiter, bis die Umsetzung und Fortschreibung in der Alltagswelt der Teilnehmenden beginnt.

Aus dieser zirkulären Lernschleife heraus generieren wir als Trainingsleitende unsere Interventionen. Eine Frage wird dabei gewissermaßen zur ersten Bürgerpflicht, da sie aus unserer Sicht das Lernen in den EDP-Gruppen maßgeblich vorantreibt: „Und was geschieht hier gerade zwischen Ihnen?“. Damit wird die Möglichkeit eröffnet, über all die verborgenen Dynamiken zu sprechen, die das Gruppengeschehen maßgeblich, aber unerkannt, organisieren. Nur auf diese Weise wird es möglich, die unbewussten Hintergründe von individuellem Interaktionsverhalten in den Blick zu nehmen und z. B. offen zu legen, welchen Einfluss die aus der Organisation „mitgebrachte“ Rangdynamik auf die Interaktionen in der Gruppe hat.

So stellen wir diese Frage immer dann, wenn wir vermuten, dass die ungleiche Verteilung von Positionsmacht im Unternehmen zu einer Dynamik im Hier-und-Jetzt der Gruppe führt, die sich aus Angst oder Aggression speist. Wenn z. B. nach einer unserer Einladungen zum Handeln oder Sprechen ein lastendes Schweigen entsteht, weil alle abwarten, was der Ranghöchste in der Runde macht: niemand will sich bewegen, bevor nicht der Mächtigste die Richtung vorgibt. In einer solchen Situation[6] *wird auch deutlich, dass nicht unsere situative Rollenmacht als Trainingsleitende ausschlaggebend ist, sondern diejenige der organisationalen Hierarchen, denn jene wird als dauerhafter und real gefährlicher wahrgenommen. Inwieweit diese Phantasien zurecht bestehen, lässt sich – wenn überhaupt – nur dann ausloten, wenn sie der Reflexion in der Gruppe zugänglich gemacht werden. Und so kommt es jedes Mal einem kleinen Erdbeben gleich, wenn jemand sich traut, zu sagen: „Ich halte mich zurück, weil ich erst einmal abwarten will, was die Geschäftsführung (oder Bereichsleitung oder...oder...) so vorgibt." Geschieht das, kann begonnen werden, Macht und ihre interaktionell gestaltgebende Funktion in und außerhalb der Gruppe zu beleuchten.*

Weiterhin erwächst aus dem Hier–und–Jetzt Prinzip die mithin wichtigste Intervention sozialen Lernens: „Feedback“, eine unmittelbare Auskunft über die Wirkung, die das Verhalten einer Person auf ihr Gegenüber hat. Leider ist dieser Begriff in Unternehmenskontexten weitgehend „verbrannt“: kein Unternehmen, das was auf sich hält, lässt es sich nehmen, in seinen Leitbildbroschüren eine „Feedback-Kultur“ für sich zu reklamieren. In der Praxis des Führungsalltags ist dann jedoch mit „Feedback“ meist „Leistungsbeurteilung“ oder „Kritik“ gemeint.[7] Im EDP tragen wir dafür Sorge, dass Feedback für die teilnehmenden Führungskräfte als eine persönliche Rückmeldung erfahrbar wird, die eine Wahr*nehmung* und deren Wirkung offenbart, keine Wahr*heit*. So wird diese Form als Instrument einer partnerschaftlichen Beziehungsgestaltung etabliert und von Leistungsbeurteilung, als Führungsinstrument im herkömmlichen asymmetrischen Sinne, unterschieden. Darüber hinaus ist die Fähigkeit, auf die be-

[6] Auch hier gilt es, in bewährter gruppendynamischer Trainingsmanier Schweigen auszuhalten, nicht mit weiteren Erläuterungen „nachzusetzen“, sondern einfach zu warten, was kommt – und das dann vorsichtig und achtungsvoll aufzunehmen.

[7] Dazu mehr in meinem Buch „Wirksam werden im Kontakt“ (Erpenbeck 2017, S. 87ff.).

schriebene Weise Feedback zu geben, bereits die Grundvoraussetzung für jedwede Konfliktklärung.

Selbstverständlich stellen wir uns auch immer wieder selber Auseinandersetzungen. Interessant wird die Sache besonders dann, wenn es dabei um die Aushandlung von „Deutungshoheit" zwischen einem der Ranghöchsten der Gruppe und uns geht. Verschiedene Male mussten wir uns Belehrungen über Managementbelange anhören, deren vermutete Absicht es war, uns in unserer Kompetenz zu schwächen. Ich erinnere mich, dass tatsächlich einmal einer der „Silberrücken" in der Runde nach quälend langem Schweigen seine wohltönende Stimme erhob, um beginnend mit dem Satz „Ich will Ihnen das jetzt mal erklären, damit Sie ansatzweise verstehen, worum es hier eigentlich geht ..." eine längere Rede zu halten. Diese Sequenz war insofern Gold wert, als dass wir uns zum einen für die uns damit zur Verfügung gestellten Informationen bedanken, zum anderen die Art und Weise der Äußerung zum Anlass nehmen konnten, unsererseits ein persönliches Feedback zu geben. Der daraus entstandene klassische Autoritätskonflikt machte im Verlauf seiner Verarbeitung die Interdependenz von Macht und Machtzuschreibung deutlich, was die Kooperation auf Augenhöhe in der Gruppe nachhaltig gestärkt hat.

Bereits in den ersten Jahren erwuchs aus unserer EDP-Arbeit ein unternehmensweites Projekt der Verständigung über eine gewünschte Konfliktkultur, an welchem die Führungskräfte, die das Curriculum durchlaufen hatten, maßgeblich mitgestaltend beteiligt waren.

Thesen zum Umgang mit der „mitgebrachten" hierarchischen Rangdynamik im Hinblick auf ein sich veränderndes Autoritätsverständnis

- *Ohne Akzeptanz der hierarchischen Asymmetrie keine Arbeit auf Augenhöhe in der Gruppe*
  Es ist aus unserer Erfahrung ausgesprochen wichtig, den vorhandenen hierarchischen Rangunterschieden in der Gruppe prinzipiell respektvoll zu begegnen. Es gilt, anzuerkennen, was ist. Die formale Hierarchie ist das wichtigste Instrument der organisationalen Unsicherheitsabsorption – für alle Unternehmensangehörigen, „oben" wie „unten". Es ist paradox: nur, wenn wir als Trainingsleitende dieser Ordnung für alle spürbar Respekt zollen, entsteht das zu ihrer kritischen Reflexion notwendige Vertrauen in der Gruppe. Dies

wiederum öffnet den Weg zu einem partnerschaftlichen Umgang, und damit zur Verflüssigung eines an die Positionsmacht gebundenen Führungsstils.

- *Die informelle Machtdynamik der Gruppe nutzen*
  Indem die informelle Machtdynamik der Gruppe forschend in ihrer ganzen abenteuerlichen Unwägbarkeit reflektiert werden „darf", ohne die entsprechenden Vorgänge als richtig oder falsch zu bewerten, kann Macht als ein Phänomen betrachtet werden, das auch situationsgebunden und flüchtig sein kann. Damit wird der Zugang zur Einflussnahme in der Organisation leichter und die damit verbundenen Risiken einschätzbarer. Denn es wurde in jeder Gruppe deutlich, dass die einflussreichen „Player" im Gruppenprozess nicht mit den Hierarchen identisch sein müssen.[8]
- *Perspektivwechsel: die Rolle ist nicht die Person*
  In einem festen Rollengefüge ist Perspektivwechsel als Instrument der Annäherung aneinander der Königsweg. Rolle und Person trennen zu können, ist Voraussetzung jeglicher gedeihlicher (Führungs-) Kommunikation. Auf diese Weise kann sich ein Verständnis für die Organisationsdynamik und Achtung vor der Handlungslogik einer anderen Person in einer anderen Rolle innerhalb dieser Dynamik entwickeln.

Im letzten Baustein des EDPs (Changemanagement) verdichtet sich die Arbeit mit Perspektivwechseln in einer Unternehmenssimulation: hier bekleiden alle Teilnehmenden Rollen, die von ihren realen Unternehmensrollen und -positionen maximal entfernt sind. So werden die Bereichsleitenden schon mal zu Mitarbeitenden, Projektleitende übernehmen eine Linienfunktion, die Geschäftsführung findet sich z. B. im geplagten Middle-Management wieder, und natürlich alles auch umgekehrt. Wer welche Rolle in der Simulation übernimmt, wird in einem selbstorganisierten Gruppenprozess zur „Unternehmensgründung" zu Beginn ausgehandelt.[9] *Die so entstehende Orga-*

[8] Der Versuch, die komplexe und sehr spezielle Dynamik zwischen diesen beiden sich überlagernden Rangordnungen angemessen zu beschreiben, würde den Rahmen dieses Beitrags sprengen.

[9] Als Anregung geben wir dazu lediglich zwei Hinweise: 1. „Perspektivwechsel ermöglicht Lernerfahrung" und 2. „Entscheiden Sie sich entlang der Erfahrungen miteinander im Rahmen Ihres Gruppenprozesses hier im EDP".

nisationsdynamik ist Grundlage einer abschließenden Erfahrung mit Veränderungsprozessen.

- *Offenheit heilt: Mut zum Konflikt*
  In allen Rückmeldungen der Teilnehmenden wird eine große Dankbarkeit für die Erfahrung ausgedrückt, wie sehr die Offenheit in der Gruppe einander Sicherheit geben kann, und wie daraus die Gestaltbarkeit von Kooperation deutlich wird – auch und ganz besonders, wenn der Weg durch Konflikte führte. Durch unsere gruppendynamische Arbeitsweise wird die Erfahrung möglich, dass Auseinandersetzung zusammenführt.
- *Organisationsdynamik verstehen*
  Indem wir den Gruppenprozess immer wieder als Reflexionsfläche nutzen, um den größeren Kontext der Organisationsdynamik zu beleuchten, wächst das „Kohärenzgefühl" der teilnehmenden Führungskräfte, also die Verbindung von Verstehbarkeit, Handhabbarkeit und Sinnhaftigkeit (Antonovsky, 1997), und damit die Handlungssicherheit in Bezug auf ihren jeweiligen organisationalen Auftrag. So entsteht Verantwortung für das Gesamt anstelle von formalem Positions- und „Silodenken".
- *Fehler bringen voran*
  Die im gruppendynamischen Prozessverständnis sowohl explizit, als auch implizit enthaltene Einladung, auszuprobieren, sich vorzuwagen, ein persönliches Risiko einzugehen, kurz: das Lernen in der beschriebenen zirkulären Lernschleife, ist ein wesentlicher Faktor auf dem Weg in eine flexiblere und offenere Organisation der Zusammenarbeit im Unternehmen. Wer sich aus der alten Linienorganisation kommend z. B. in die Arbeitsweise der agilen Organisation einfinden will, braucht eine solide Fehlertoleranz bei Entscheidungsfindungen. Das Denken in „Good enough for now" und „Safe enough to try" erfordert einen Paradigmenwechsel im Kooperations- und Führungsverständnis (siehe u. a.: Buck & Villiness, 2007), der den Führungskräften durch die Erfahrung im EDP ein wenig leichter gemacht wird.

Eigenverantwortung und Fähigkeit zur *Selbstorganisation* sind nicht nur die Buzzwords der Stunde. Sie beschreiben recht exakt die erforderlichen Kernkompetenzen der Personen, die die zukünftigen Organisationen lenken und tragen sollen. Was könnte da hilfreicher sein, als die Erfahrung mit einem gruppendynamisch orientierten Weiterbildungscurriculum? Nirgendwo sonst ist die Möglichkeit so radikal gegeben, sich in *Führung im Unge-*

wissen zu üben. Das heißt, zu lernen, Verantwortung für das eigene Tun und Lassen zu übernehmen, ohne sich dabei in erster Instanz auf eine Ordnung der Positionen mit klar umrissenem Machtrahmen stützen zu können. Hier wird also allmählich ein neues Autoritätsverständnis Realität. Eines, das Däumling bereits 1973 so verblüffend heutig formuliert hat[10]. Die Gruppendynamik hat augenscheinlich – mit ihren traditionell verankerten und in vielen Jahren der Theoriebildung und Praxis entwickelten Denkfiguren und Arbeitsformen – für den demokratisierenden Kultur- und Strukturwandel, der die Unternehmen und Organisationen derzeit erfasst, etwas Einzigartiges und Passgenaues zu bieten.

LITERATUR

Antonovsky, A. (1997). *Salutogenese. Zur Entmystifizierung von Gesundheit.* Tübingen: dgvt.

Arnold, R. & Erpenbeck, J. (2014). *Wissen ist keine Kompetenz. Dialoge zur Kompetenzreifung.* Baltmannsweiler: Schneider Verlag Hohengehren.

Buck, C. & Villiness, S. (2007). *We the people: Consenting to a deeper Democracy.* Washington. URL: https://www.sociocracy.info/we-the-people-2/. Abgerufen am 1.9.2018).

Däumling, A. M. (1973). Sensitivity Training. In A. Heigl-Evers (Hrsg.), *Gruppendynamik* (S. 7–24). Göttingen: Vandenhoeck & Ruprecht.

Erpenbeck, M. (2017). *Wirksam werden im Kontakt.* Heidelberg: Carl-Auer.

König, O. (1998). *Macht in Gruppen. Gruppendynamische Prozesse und Interventionen* (2. Aufl.). München: J. Pfeiffer.

Laloux, F. (2015). *Reinventing Organizations.* München: Franz Vahlen.

Martin, P. (2018) Aufbruch ins Unbekannte. Agile Führungskräfteentwicklung bei Bosch. *ManagerSeminare*, 240, S. 60–66.

[10]Die Formulierungen bei Laloux (2015) und seinen Adepten hören sich wenig anders an. Viele Formate, die im Moment in der Management-Literatur als ultimativ innovativ gehandelt werden, tragen auf verblüffende Weise die Grundzüge gruppendynamischer Interventionen. (Siehe u. a. Martin 2018)

Klaus Antons & Monika Stützle-Hebel

Eine Schule für demokratisches Verhalten
Das Rahmencurriculum „Weiterbildung Gruppendynamische_r Leiter_in von Gruppen" der DGGO[1]

DEMOKRATIE WILL GELERNT SEIN

Wer schon einmal versucht hat, mit anderen einen Diskurs zu mit Interessen aufgeladenen Fragen zu führen oder wer gar versucht hat, zu einer gemeinsamen und von allen als verbindlich erachteten Entscheidung zu kommen, hat damit Erfahrung: Es ist ganz schön herausfordernd und erfordert Können.

Darauf hat schon Kurt Lewin mehrfach in seinen späteren Arbeiten zur Sozialpsychologie hingewiesen: „Autokratie wird dem Individuum auferlegt. Demokratie hat es zu lernen." (1939a, S. 125)[2]. Dazu braucht es, so Lewin weiter, auch Gelegenheiten, wo das gelernt werden kann. Noch 2016 (!) haben Rademacher & Wintersteiner betont, wie dringend notwendig das sei, und verschiedenste Ansätze unter dem Begriff „Demokratiepädagogik" zusammengefasst, deren gemeinsames Ziel es ist, die Kompetenz der Menschen für ein demokratisches Miteinander zu befördern.

Lewin hat auch nachdrücklich darauf hingewiesen, dass ein Gemeinwesen nur dann auf Dauer demokratisch geführt bzw. regiert werden kann, wenn die Menschen in ihren wesentlichen Lebensvollzügen, zu denen zuvorderst auch die Arbeit gehört, einen demokratischen Umgang erleben und praktizieren können.

In der Nachfolge Lewins haben etliche seiner jüngeren Kolleg_innen verschiedenste Studien, Experimente und Actionresearch durchgeführt, die sich mit dieser Frage befassen und die letztlich darauf hinauslaufen, dass selbstreflexive Gruppen besonders gut geeignet sind, die wesentlichen Prinzipien einer demokratischen Gruppenkultur und einer diese Kultur fördernden Führung zu erfahren und einzuüben.[3]

[1] https://www.dggo.de/de/gruppendynamische-ausbildung/ausbildung-zum-zur-gruppendynamiker-in (abgerufen am 27.10.2018)

[2] Vgl. auch seine Arbeiten im Auftrag der US-Regierung zur (Re-)Demokratisierung Deutschlands (Lewin, 1943 a, b).

[3] Vgl. dazu Steinkamp, H. (1973) und das Interview mit ihm in diesem Band

Das Anliegen „Erziehung zur Demokratie" ist uns bei unserem intensiven Befassen mit Lewin in den letzten Jahren (Antons & Stützle-Hebel, 2015, Stützle-Hebel & Antons, 2017) immer wieder begegnet. Die Rückbesinnung der DGGO auf den politischen Kontext, aus dem einmal die Gruppendynamik hervorgegangen ist, ermutigt uns, eine spezielle Aktivität der früheren Sektion Gruppendynamik, der heutigen DGGO, das Weiterbildungsangebot „Gruppendynamische_r Leiter_in von Gruppen" unter dem Aspekt anzuschauen, inwiefern es eine Schule der Demokratie ist bzw. sein kann.

Ein kleiner historischer Exkurs

Lewins Impuls, Deutschland aus seiner autokratisch–totalitären Denkweise zu befreien, kam über die Person von Traugott Lindner zunächst nach Österreich (vgl. Schwarz et al., 1993), und danach seit dem berühmten Schliersee-Seminar (Rechtien, 1992, S. 69f.) nach Deutschland, fünf Jahre vor der Gründung der Sektion Gruppendynamik im Symboljahr 1968. In den Anfangsjahren, schon vor der Gründung[4] bemühte man sich in Deutschland Trainer_innen für Gruppendynamik auszubilden, die das spezifisch gruppendynamische Lernen im Format des Gruppendynamischen Laboratoriums und der gruppendynamischen Trainingsgruppe anbieten und durchführen konnten. Diese Formate waren auch der zentrale Ort für diese Ausbildung. Zu diesen Veranstaltungen kamen aber auch immer mehr Personen, die nicht Trainer_innen werden wollten, sondern die das, was sie in diesen Trainings lernten, in ihre eigene Berufspraxis als Leiter_innen, Führungskräfte und/oder Berater_innen integrieren wollten. So entstand die Idee eines Curriculums und Zertifikats, das heute den Titel „Weiterbildung Gruppendynamische_r Leiter_in von Gruppen" trägt.

Ein weiterer Anstoß für diese Konzeptentwicklung war ein ideengeschichtlicher: Bald hatte sich Kritik an den überzogen erscheinenden politischen Ansprüchen (Horn, 1972; Fritz, 1974; Bachmann, 1981) der Gruppenbewegung gemeldet, die zwei gegenläufige Bewegungen zur Folge hatte: eine in die Richtung der humanistischen Psychologie (vgl. Bachmann, 1981) und eine in die der "angewandten Gruppendynamik", die sich

[4] Die Sektion Gruppendynamik im Deutschen Arbeitskreis für Gruppenpsychotherapie und Gruppendynamik (DAGG) wurde am 6. Dezember 1968 als zweite Sektion dieses Verbandes gegründet. Ich, K. A., möchte meinem damaligen Chef, Helmut Enke, einem der Mitbegründer des DAGG, von Herzen danken, dass er mich auf diese Gründungsversammlung mitgenommen hat.

ab Mitte der Siebzigerjahre in Institutionen als Weiterbildungsmethode etablierte.[5]

Im Sinne dieser angewandten Gruppendynamik ereignete sich am 6. Juni 1980 folgendes: Am ersten Abend einer Sektionstagung im Haus Humboldtstein in Rolandseck, saßen im Wohnwagen des Sektionsmitgliedes Albert Bickel dicht gedrängt ein knappes Dutzend Mitglieder der Sektion und redeten sich bei Rotwein die Köpfe heiß – wie damals noch recht üblich. Es ging um einen bereits laufenden Lehrgang des Bundesverbandes der Arbeiterwohlfahrt unter der Leitung von Fritz Thürnau, in dem leitende Mitarbeitende das Arbeiten mit und Leiten von Gruppen lernen sollten; sowie das in Österreich entwickelte und praktizierte Konzept einer Fortbildung des ÖAGG zum Group Worker. Daraus erwuchs die Idee, ein Konzept in der Sektion zu verankern, das neben der Ausbildung zum/r Trainer_in für Gruppendynamik eine zweite, für den beruflichen Alltag hilfreiche Qualifizierung in Gruppendynamik gewährleistete. Von der am nächsten Morgen folgenden Mitgliedersammlung wurden Kurt Kolvenbach, Bert Voigt und ich, K. A. beauftragt, einen Entwurf für ein Rahmencurriculum zu verfassen, der tatsächlich am 9. November 1980 in Frankfurt verabschiedet wurde.

Das Konzept hat sich als durchschlagender Erfolg erwiesen; in den nunmehr fast vierzig Jahren haben über 1500 Personen das Curriculum durchlaufen. (vgl. Antons, 2009 anlässlich der ersten 25 Jahre).

Das Konzept der Weiterbildung

Die Grundgedanken des Konzepts, denen sich alle durchführenden Trainer_innen der DGGO verpflichtet fühlen, sind:

- Grundlegendes Ziel ist der Erwerb von Kompetenzen für den Umgang mit Gruppen, insbesondere deren Leitung. Für Demokratie-Lernen ist dabei die Gestaltung von einvernehmlichen Konfliktklärungs- und Entscheidungsprozessen von großer Bedeutung.
- Methodisch geht das gruppendynamische Lernparadigma davon aus, dass soziale Kompetenzen nur durch Erfahrungslernen als Erleben und Reflektieren realer sozialer Gegebenheiten erworben und erwei-

[5] Über diese Entwicklung ist von Mitgliedern der Sektion vieles geschrieben worden, vor allem auch unter dem Aspekt der Gefährdung ursprünglicher Werte – insbesondere des Beitrags der Gruppendynamik zur Demokratisierung der Gesellschaft – durch Anpassung an die Erfordernisse der Wirtschaft (Doppler & Voigt, 1977, 1981; Dorst, 1982; Edding, 1988 a,b; Fengler, 1981; Nellessen, 1977, 1987; Schmidt, 1987, 1989; Schmidt, Doppler & Voigt, 1982).

tert werden können. Dem entspricht der Mix aus drei gruppendynamischen Trainings, mit dem Schwerpunkt auf Selbsterfahrung in Trainingsgruppen, drei Workshops, die der kognitiven Durchdringung verschiedener Aspekte von Gruppenprozessen und -steuerung dienen.

- Leiten, Führen und Beraten werden als besondere, auf Ziele gerichtete (funktionale) personale Beziehungsereignisse verstanden, wobei die Person selbst ihr wichtigstes „Instrument" ist. Persönlichkeitsentwicklung erfordert ein längeres, mehr-moduliges Curriculum (das eineinhalb Jahre dauert und mindestens 34 Tage umfasst).
- So effektiv Gruppenerfahrung im Hier-und-Jetzt auch ist, es stellt sich auch dabei – wie bei allen Formen des Lernens außerhalb des unmittelbaren Anwendungskontextes – die Transfer-Frage: Wie kann das Gelernte in den eigenen Arbeitskontext übertragen werden? Das soll eine begleitende Gruppensupervision gewährleisten.
- Im Alltag sind Gruppen stets in einen größeren, meist organisationalen Zusammenhang eingebettet und interagieren auch mit anderen Gruppen. Deshalb sollen auch Intergruppenprozesse im Trainingskontext erfahren und Organisationsdynamiken bearbeitet werden.
- Die meisten Gruppen im Alltag bestehen über längere Zeit. In einer konstanten Kursgruppe kann unmittelbar erfahren werden, wie die Veränderungen im Entwicklungsprozess einer Gruppe und die Veränderungen im Verhalten der Teilnehmenden untrennbar miteinander interagieren. Deshalb wurde das Konzept eines geschlossenen Curriculums für diese Fortbildung gewählt.

Dieses Rahmencurriculum erlaubt den anbietenden Instituten unterschiedliche inhaltliche und methodische Schwerpunkte. Ein Mal wird die Nähe zur Systemtheorie und familiengeschichtlich erworbenes Rollenverhalten oder der Ansatz der Selbstorganisation betont oder (basierend auf der humanistischen Psychologie) die Persönlichkeitsentwicklung oder die Spiritualität von Gruppengeschehen fokussiert. Dies schlägt sich auch in den Titeln nieder: Leiten und Beraten von Gruppen – Gruppendynamik, und Selbstorganisation; CAS Teamdynamik unter Change – Gruppen führen und beraten; Leiten und Beraten von Gruppen und Teams; Leiten und Beraten in Christlichen Organisationen; Leitungskompetenz – Steuern und Beraten von Gruppen in Organisationen.

Eine Stärkung demokratierelevanter Kompetenzen

Welche Wirkungen haben nun diese eineinhalbjährigen Weiterbildungen? Spontane Berichte vieler ehemaliger Kursteilnehmer_innen decken sich mit den Ergebnissen, die mehrere Evaluationsstudien[6] erbracht haben.

Ganz allgemein halten fast alle die Kurserfahrung für sehr wichtig. In zum Kurs assoziierten Bildern klingen Wachstum, Unterschiedlichkeit, Tiefgründigkeit und Risiko an. Rückmeldungen aus dem je eigenen sozialen Umfeld sind durchweg positiv. Sämtliche berichteten Veränderungen gehen in Richtung entwickelter Persönlichkeit und Wahrnehmungsfähigkeit, Stärkung der Auseinandersetzung mit sich selbst und gleichzeitige Erhöhung der sozialen Kompetenz, was eine Vertiefung der Suche nach dem eigenen Weg zur Folge hat. Ein verändertes Leitungsverhalten wird positiv bewertet.

Wahrnehmungsfähigkeit und Reflexivität

Die Teilnehmenden sind ständig herausgefordert, ihre Gefühle und Impulse und die der anderen wahrzunehmen und zur Sprache zu bringen, was ihre Selbst- und Fremdwahrnehmung sensibilisiert und differenziert. Indem sie andere am eigenen Erleben teilhaben lassen (Feedback) und über das Beziehungsgeschehen in der Gruppe sprechen können (Mekakommunikation), tragen sie zur Reflexionsfähigkeit in ihren Gruppen bei. Sie trauen ihrer Intuition mehr und haben dadurch mehr Mut, Selbstreflexion (in) der Gruppe auch bezüglich ihrer Ziele anzustoßen.

Gefestigte Identität

Die Absolvent_innen erleben sich selbst klarer und achtsamer gegenüber den eigenen Bedürfnissen. Dadurch können sie ihren eigenen Standpunkt besser halten, ihr Verhalten anderen gegenüber ist eindeutiger und ihre Bereitschaft, Entscheidungen zu treffen gestiegen. So bieten sie ihrem Gegenüber einen klareren Kontakt und damit Orientierung und Sicherheit an.

Das gesteigerte Selbstvertrauen hilft überdies, offen zu bleiben für andere Sichtweisen, Neues auszuprobieren und die damit verbundenen Unsicherheiten und Spannungen erst einmal auszuhalten.

[6] Schwerpunkt der Darstellung sind meine eigenen Evaluationsstudien (Stützle-Hebel, 2010), die sich weitgehend mit jenen decken, die Karl Schattenhofer (2001) als Teil-Ergebnis der umfangreichen Forschungsarbeit von Antons, Amann, Clausen, König und Schattenhofer berichtet (in dem Band „Gruppenprozesse verstehen. Gruppendynamische Forschung und Praxis“)

Konfliktfähigkeit
Dies alles ermöglicht mehr Wachheit, einen größeren inneren Handlungsspielraum und mehr Risikobereitschaft. Mit Konflikten kann so souveräner umgegangen und Konfliktanzeichen können eher aufgegriffen werden. „Wenn ich Störungen wahrnehme, versuche ich diese auch vorsichtig ins Wort zu bringen" und „(ich) spreche mir nicht klare Situationen viel schneller offen an". Das bedeutet zwar, frühzeitiger und häufiger „unter Spannungen zu leiden". Doch zugleich können die Konfliktspannungen besser ausgehalten werden, was die Qualität der Konfliktklärungen deutlich steigert.

Gemeinschaftssinn
Bei einer verbesserten Balance zwischen Selbst und Anderen sowie zwischen Verstehen und Abgrenzen sind Gemeinschaftssinn und Selbstsorge keine Gegensätze mehr. Das fördert eine klare Identifikation mit der jeweiligen Gruppe – eine wichtige Voraussetzung für Leitung und das Anstoßen von Veränderungen.

Methodisches Handwerkszeug
Führen und Leiten erfordert neben dem gruppendynamischen Blick und der Fähigkeit zu Feedback auch, Prozesse strukturiert vorzubereiten, saubere Absprachen zu treffen, zu moderieren und zu intervenieren. In den vielen verschiedenen Kurseinheiten, in denen sie dazu herausgefordert sind, lernen die Absolvent_innen das offenbar.

Klarheit in der Führungsrolle
Vor allem in den Supervisionen geht es viel um das Ausgestalten der eigenen Führungsrolle – ihre Verantwortlichkeiten und wie delegiert werden kann. Dadurch wird Leitungshandeln selbstverständlicher, mutiger und angstfreier, ja manchmal sogar lustvoll.

Ein neuer Zugang zu Sinnfragen[7]
Die Fortbildung hat eine intensive Auseinandersetzung mit den Fragen des eigenen Weges, mit Bewahren und Verändern im konkreten eigenen Alltag angestoßen und den Blick für die Realitäten, z. B. von Führungskultur und Strukturen, geschärft. Sich den Realitäten zu stellen bedeutet für die Teilnehmenden auch, die eigenen Begrenztheiten in der Rolle wie in der Person zu sehen und ermöglicht ihnen, anzunehmen, was ist, sich damit zu versöhnen und darin Wachstum bei sich und den anderen zu erleben.

[7] Die evaluierten Kurse hatten explizit auch Spiritualität zum Thema.

Wirkfaktoren in der Weiterbildung

(Selbst-)Reflexion und Feedback

Besondere Bedeutung haben der kontinuierliche Lernprozess in einer vertrauten Supervisionsgruppe und in den gruppendynamischen Trainings, insbesondere die Ermutigung zur Auseinandersetzung mit der eigenen Person: „die existenziellen Erfahrungen in den Gruppentrainings und Übungen", „ich war eingeladen und herausgefordert (...), mich in meiner ganzen Wirklichkeit wahrzunehmen und einzubringen", „v. a. in vielen berührenden oder auseinandersetzungsreichen Begegnungen mit anderen und mit mir selbst". Dazu sind vor allem die Reaktionen und Rückmeldungen der anderen und der Trainer_innen, also Feedback, und die Reflexion von Verhalten, des eigenen und der anderen, wichtig: „Illusionen platzen, wodurch aber auch neue Visionen entstehen konnten"; „Rückmeldungen, die mich mir selbst mehr auf die Spur gebracht haben"; „die Wirkung von Verhalten zu reflektieren". Indem dies alles in gegenseitiger Achtung und Wertschätzung geschieht, kann dabei zugleich die Selbstachtung gestärkt werden.

Die Kursgruppe als Medium des Lernens

Das zentrale Charakteristikum dieser gruppendynamischen Weiterbildung ist, dass die Kursgruppe selbst fast ständig auch Gegenstand der Reflexion und des Lernens ist. Dadurch bietet alles, was während der Kursmodule (und auch dazwischen) geschieht, eine Erfahrungs- und Übungsmöglichkeit live, der kaum zu entgehen ist. Besonders hervorgehoben wurden

- der Raum für Austausch, vom Streiten bis zum Miteinander-Feiern
- mit sich und anderen in Kontakt kommen,
- der aktive Umgang mit Problemen,
- die Bedeutung der Entscheidungsfreiheit beim Entscheiden,
- das offene Ansprechen von Themen,
- die Bedeutung von Struktur für das Entstehen von Prozessen,
- die Bedeutung von Klarheit in Rollen und Beziehungen beim Leiten.

Verschränkung von Alltagspraxis und Kurs

Wesentlich dafür, dass die Veränderungen sich sogar nach Kursende noch weiterentwickelt haben, ist, dass während der eineinhalb Jahre die Alltags-Praxis der Absolvent_innen immer wieder von den Kursmodulen unterbrochen und dadurch durchwirkt wurde. Eine regelmäßige Wiederholung derartiger Erfahrungen trägt also offenkundig dazu bei, die Entwicklung zu verstärken.

Parallelen zur neueren Demokratiepädagogik

Es gibt deutliche Parallelen zu einem Ansatz, der als „Demokratiepädagogik“[9] bekannt geworden ist.

Ein Sammelband, herausgegeben von Rademacher & Wintersteiner (2016) fasst diesem Ansatz verpflichtete Projekte zusammen. Wir halten es für aufschlussreich, der Beschreibung des gruppendynamischen Konzepts konkrete Beispiele aus einem der Beiträge daraus (Beutel, 2016, S. 180–189) folgen zu lassen. An unterschiedlichen Schultypen fanden im Rahmen einer „Werkstatt demokratischer Schulentwicklung“ verschiedene „Projekte demokratischen Handelns“ statt.

Eines hatte „Bundestagswahlen erleben“ zum Thema, das mit (Rollenspiel-)Methoden angegangen wurde. Beutels Fazit: „In diesem Prozess lernten die Kinder, Meinungen zu äußern, zu begründen sowie Positionen anderer ‚Parteimitglieder‘ anzuhören und damit umzugehen. Sie mussten Entscheidungen treffen, Kompromisse finden und letztlich mit Mehrheitsentscheidungen umgehen lernen … Dabei mussten sie mit Meinungsvielfalt und Interessenskonflikten umgehen. Demokratische und politische Prozesse wurden durch diese Form der Themenbearbeitung altersgerecht mit den Kindern erarbeitet und lebendig“ (ebd. S. 181f.).

Bei einem anderen Projekt ging es um Gewaltprävention, mit folgender Wirkung: „Die Siebtklässler konnten Gewaltsituationen erkennen und unterscheiden lernen. Sie beschäftigten sich zudem mit dem „Eisberg-Modell“ der Konfliktmediation und anderen analytischen Zugängen zur Gewalt-Problematik. Anschließend erprobten sie in Rollenspielen die … Interventionsstrategien“ (ebd. S. 183).

Im dritten Projekt („Com-Scouts“) werden Schüler_innen als Ansprechpartner_innen für ihre Mitschüler_innen in schwierigen Situationen ausgebildet. Sie lernen Unterstützung anbieten, Gespräche moderieren und in Konflikten mediieren. „Die Beteiligten übernehmen dabei Verantwortung für sich und andere. Sie regen ein gewaltfreies und konstruktives Miteinander an. Sie reflektieren regelmäßig ihre Erfahrungen und arbeiten aktiv an der Stärkung der Wirksamkeit ihres Unterstützungsangebotes sowie an ihren Selbstkonzepten – beides in dieser Schulgemeinde besonders grund-

[9] Der Begriff „Demokratiepädagogik“ ist vor etwa 15 Jahren „als pädagogischer Dach- und Fachbegriff im Kontext des BLK-Programms Demokratie lernen und leben eingeführt worden … und als Eigenname mit der Deutschen Gesellschaft für Demokratiepädagogik seit 2005 eng verbunden“ (Fauser in Rademacher & Wintersteiner 2016, S. 218). Er fasst Initiativen zusammen, die sich darum bemühen, demokratierelevante Kompetenzen bereits in Vorschule und Schule zu fördern.

legende Voraussetzungen für soziale und demokratische Kompetenzen“ (ebd. S. 188).

Die zuvor aus gruppendynamischer Perspektive beschriebenen Kompetenzen und Wirkfaktoren finden sich recht deutlich in den Zielen und Methoden dieser Projektbeschreibungen wieder. Das in der Demokratiepädagogik explizit angestrebte demokratische Lernen hat implizit seine Entsprechung im Konzept der „Weiterbildung Gruppendynamische_r Leiter_in von Gruppen“ der DGGO. Mit ihrer entwickelten Gruppen- und Leitungskompetenz werden die Absolvent_innen zugleich fit für partizipativ-demokratische Organisationskulturen.

LITERATUR

Antons, K. & Voigt, B. (1982). Transferprobleme oder: Wie finde ich die selbst versteckten Ostereier? *Theorie und Praxis der sozialen Arbeit.* S. 189–194; auch in O. König (1995) (S. 158–165).

Antons, K., Amann, A., Clausen G., König, O. & Schattenhofer, K. (2001). *Gruppenprozesse verstehen. Gruppendynamische Forschung und Praxis.* Wiesbaden: VS.

Antons, K. (2004). Teamfähigkeit: Die Gruppe als Lernort und als Lernmethode. Das Beispiel der Gruppenleiterfortbildung der Sektion Gruppendynamik. In C. O. Velmerig, K. Schattenhofer & Ch. Schrapper (Hrsg.), *Teamarbeit. Konzepte und Erfahrungen – eine gruppendynamische Zwischenbilanz* (S. 59–73). Weinheim, München: Juventa.

Antons, K. (2009). *25 Jahre Gruppenleiter-Fortbildung der Sektion Gruppendynamik im DAGG.* Freising: Eigenverlag der DGGO.

Antons, K. & Stützle-Hebel, M. (2015) (Hrsg.). *Feldkräfte im Hier und Jetzt – Antworten von Lewins Feldtheorie zu aktuellen Fragestellungen in Führung, Beratung und Therapie.* Heidelberg: Carl-Auer.

Beutel, W. (2016). Demokratiepädagogik in der Praxis – Projekte demokratischen Handelns. In: H. Rademacher & W. Wintersteiner (Hrsg.), *Jahrbuch Demokratiepädagogik 2016/17* (S. 180–189). Schwalbach/ Ts: Wochenschau.

Doppler, K. & Voigt, B. (1977). Entwicklungen und Tendenzen angewandter Gruppendynamik in Deutschland. *Gruppenpsychotherapie und Gruppendynamik*, 12/1, S. 34–48.

Doppler, K. & Voigt, B. (1981). Gruppendynamik und der institutionelle Faktor. Dynamisierung und Stabilisierung von Verhaltens- und Systemstrukturen durch gruppendynamische Praxis. In C.H. Bachmann (Hrsg.), *Kritik der Gruppendynamik* (S. 340–362). Frankfurt a.M.: Fischer.

Dorst, B. (1982). Angewandte Gruppendynamik in Realgruppen. *Theorie und Praxis der sozialen Arbeit*, 5, S. 164–174.

Edding, C. (1988a). Die Domestizierung der Gruppendynamik. *Gruppenpsychotherapie und Gruppendynamik*, 23/4, S. 341–357; auch in O. König (1995) (S. 69–86).

Edding, C. (1988b). Verkaufte Gefühle. Balanceakte in der Trainerrolle. *Gruppendynamik*, 19/3, S. 339–349; auch in O. König (1999) (S. 314–327).

Fengler, J. (1981). Grenzen der Gruppendynamik. In C. H. Bachmann (Hrsg.), *Kritik der Gruppendynamik*, (S. 118–156). Frankfurt: Fischer.

Fritz, J. (1974). *Emazipatorische Guppendynamik. Erkenntnistheoretische und methodische Überlegungen*. München: List.

Horn, K. (1972). *Gruppendynamik und der „subjektive Faktor".* Frankfurt: Suhrkamp.

König, O. (1995, 1999) (Hrsg.). *Gruppendynamik. Theorien, Methoden, Anwendungen, Ausbildung.* München: Profil.

Lewin, K. (1939). Experimente über den sozialen Raum. In G. Weiß Lewin (Hrsg.), *Die Lösung sozialer Konflikte. Ausgewählte Abhandlungen über Gruppendynamik* (1968, 3. Ausg., S. 222–234). Bad Nauheim: Christian.

Lewin, K. (1943a). Kultureller Wiederaufbau. In G. Weiß Lewin (Hrsg.), *Die Lösung Sozialer Konflikte* (1968, 3. Aufl., S. 63–73). Bad Neuheim: Christian.

Lewin, K. (1943b). Der Sonderfall Deutschland. In G. Weiß Lewin (Hrsg.), *Die Lösung sozialer Konflikte* (1968, 4. Aufl., S. 74–91). Bad Nauheim: Christian.

Negt, O. (2010). *Der politische Mensch. Demokratie als Lebensform*. Göttingen: Steidl.

Nellessen, L. (1977). 12 Jahre Gruppendynamik. *Gruppenpsychotherapie und Gruppendynamik*, 12/1,2, S. 7–22.

Nellessen, L. (1987). Der Preis der Konsolidierung. *Gruppendynamik*, 18/2, S. 109–119; auch in O. König (1995) (S. 57–68).

Rademacher, H. & Wintersteiner, W. (2016) (Hrsg.). *Jahrbuch Demokratiepädagogik 2016/17*. Schwalbach/Ts: Wochenschau.

Rechtien, W. (1992). *Angewandte Gruppendynamik*. München: Quintessenz.

Schattenhofer, K. (2001). Lernergebnisse aus der Sicht der TeilnehmerInnen. In K. Antons et al., 2001, S. 349–358

Schmidt, J. (1987). Nur 20 Jahre später ... *Gruppenpsychotherapie und Gruppendynamik*, 22/3, S. 297–307.

Schmidt, J. (1989). Unspezifische Gruppendynamik – Zur Evolution eines Paradigmas. *Gruppendynamik*, 22/3, S. 297–312.

Schmidt, J., Doppler, K. & Voigt, B. (1982). Methodendogmatik und Feldorientierung. *Gruppendynamik*, 20/3, S. 247–258.

Schwarz, G., Heintel, P., Weyrer, M. & Staffler, H. (1993) (Hrsg.). *Gruppendynamik – Geschichte und Zukunft*. Wien: WUV.

Steinkamp, H. (1973). *Gruppendynamik und Demokratisierung. Ideologiekritische Studien zur empirischen und angewandten Kleingruppenforschung*. München: Chr. Kaiser, Mainz: Matthias Grünewald.

Stützle-Hebel, M. (2010). Führen lernen in Zeiten des Wandels. Was Ordensleitungen heute dringend brauchen und wie sie es erwerben können. *Ordenskorrespondenz*, 2010, Heft 2, S. 177–191.

Stützle-Hebel, M. & Antons, K. (2017). *Einführung in die Praxis der Feldtheorie*. Heidelberg: Carl-Auer.

Gruppendynamische Praxis in Unternehmen, Behörden und anderen Organisationen

Thomas Vogl

„Wohnsinn wagen“ – Demokratie und Wohnprojekte
Wie gruppendynamische Fähigkeiten die Demokratie in Wohnprojekten fördern

2008 lebten weltweit erstmals mehr Menschen in der Stadt als auf dem Land. Mit dieser global beobachtbaren Urbanisierung gingen im Nachkriegsdeutschland zwei demografische Entwicklungen einher, die unsere Demokratie maßgeblich geprägt haben: der Niedergang des Bauerntums und das enorme Wachstum der Studierendenzahlen. Das erste schadete dem Land. Das zweite nutzte der Stadt (vgl. Hobsbawm, 1995, S. 363–380). Cum grano salis kann man behaupten, der politisch-ökonomische Bedeutungsverlust der Provinz hat die Stadt im Gegenzug aufgewertet. Mit sehr ambivalenten Folgen. Blickt man nach der Wahl 2017 auf eine Karte Österreichs, sieht man drei grüne Inseln im blauen Meer: Wien, Linz und Graz. Das Bild in Deutschland ist ähnlich: Während die AfD in Gemeinden mit mehr als 50.000 Einwohner_innen kaum einen Fuß auf den Boden bekommt, geht es bei mehr als 500.000 Einwohner_innen für die Linke erst so richtig los. Es liegt nahe, zu sagen: Die Zukunft der Demokratie liegt in der Stadt. Ein Wohnbauprojekt in München kann als Beispiel dafür gelten, wie Städter_innen Stadt und Land zu verbinden versuchen: die weltoffene, demokratische Gesinnung der Großstadt mit der dörflichen Gemeinschaft im „Grünen“.

Der Trend zum Dorf in der Stadt

Zeitgemäße Städter_innen beschäftigen sich nach der Arbeit mit „urban gardening“, pflegen „Stadtäcker“ und Dachgärten oder gründen Initiativen, die aus einer modernen Großstadt eine zukunftsfähige, ökologische „Transition Town“ machen wollen. Der Verdacht liegt nahe, dass sich progressive Großstädter mit ihrer urbanen Überlegenheit nicht wirklich wohlfühlen. Wie sollten sie auch. Die Städte tragen unverhältnismäßig stark zum Klimawandel bei und sind in hohem Maße abhängig vom Zustrom an Lebensmitteln und Energie. Bei der Münchner Transition Initiative kann man deshalb Gruppen besuchen: „Sensenkurs“, „Streuobstwiese pflegen“, „Regionale Lebensmittelversorgung“, „Permakulturtreffen in Riem“, „Urbane-Gärten München“ u. a. m. Gleichzeitig wird „Wohnen“ professionalisiert und demokratisiert: Die WohnWerkstatt des Vereins „Urbanes Wohnen" in München bietet beispielsweise an: „Beratung", „Förderung von Selbstorganisation, Gemeinschaftsbildung, Partizipation", „Bürgerbeteiligung, Integrierte Ortsentwicklung", „Bildungsangebote" etc. Das Ziel ist klar: man will das Beste aus zwei Welten. Die Autarkie, Gemeinschaft und grüne Lebensqualität der Provinz, und dazu die urbane Selbstbestimmtheit und kulturelle Vielfalt der Großstadt. Wo kann es das geben? In kleineren städtischen Einheiten wie einem Kiez, einem Stadtviertel. Das ideale Stadtviertel funktioniert wie ein Dorf: Man kennt sich vom Sehen, hat ein reges Vereinswesen, intakte hilfsbereite Nachbarschaften, unerschöpfliche Ressourcen an ehrenamtlicher Mitarbeit, und eine noch verträgliche Mischung an Milieus und Einkommensgruppen. Gleichzeitig ist das ideale Stadtviertel eine klare Absage an das Dorf: Yoga-Gruppe statt Trachtenverein, LOHAS (Lifestyle of Health and Sustainability) statt ADAC, Dachauer Kartoffelkombinat statt BAYWA-Großbetriebe, think global buy local – der kritische Kiezler will Gesellschaft *und* Gemeinschaft. Das lässt er sich etwas kosten. In München liegt im Viertel „am Ackermannbogen" in Schwabing West die Erstbezugsmiete einer Neubauwohnung – Stand 2017 – bei 23 Euro pro Quadratmeter. Damit sind die wichtigsten Gründe genannt, die zur Entstehung von städtischen Wohnbaugenossenschaften führen. Man will ein bezahlbares Wagnis eingehen, zum Beispiel bei der Wohnbaugenossenschaft *wagnis e. G.* in München, die ihre Ziele als Akronym im Namen trägt: **W**ohnen und **A**rbeiten in **G**emeinschaft, **n**atürlich, **i**nnovativ und **s**elbstbestimmt.

Der Beitrag der Wohnbaugenossenschaften zur Demokratie

In dem geschilderten städtischen Selbstverwirklichungs-Milieu gedeihen Wohnbaugenossenschaften wie die wagnis e. G. in München. Sie sind durch ihre partizipative Struktur echte Keimzellen der Demokratie. Wer mit demokratischen Verfahren und Werten noch nicht ausreichend Kontakt hatte, braucht sich nur einem Wohnbauprojekt anschließen. Eine partizipative Baugruppe ist ein Crashkurs in Demokratie. Ein selbstverwaltetes Wohnprojekt ist eine demokratische Institution und eine Sozialisationsagentur für Demokraten. In Wohnbauprojekten staunen regelmäßig die Kinder darüber, wie gesittet ihre Eltern mit Nachbarn im Haus nach Lösungen suchen.

Ich möchte zunächst erläutern, was es braucht, um eine demokratische Haltung zu fördern, dann wird schnell klar werden, warum das in selbstverwalteten Wohnbauprojekten regulär der Fall ist. Danach erzähle ich, der ich selbst im vierten Wohnprojekt von wagnis lebe, ein wenig davon, wie sich die selbstgesteuerte Gruppendynamik in so einer Projekt- und Hausgemeinschaft praktisch darstellt und damit zur Demokratie-Kompetenz der Beteiligten beiträgt.

Ganz oder gar nicht – wie man Demokrat_in wird

In seinem Aufsatz „Das Verhalten, die Kenntnis und die Übernahme neuer Werte“ (Lewin, 1945) beschreibt Kurt Lewin, unter welchen Umständen sich die vom Nationalsozialismus geprägten Deutschen zu Demokrat_innen entwickeln könnten. Ein solcher Kulturwechsel müsste seiner Ansicht nach gleichzeitig die Denkstrukturen, die Valenzen und Werte, sowie die sozialen Handlungen der Menschen verändern. Die Paradoxie eines solchen Kulturwechsels besteht nun darin, dass Menschen die natürliche Anhänglichkeit an ihre Werte und ihre Denkweisen allenfalls freiwillig aufgeben. Die Umerziehung zum/r Demokrat_in muss scheitern, wenn die demokratische Kultur als konkurrierende Gesinnung dem Individuum aufgezwungen wird. Gelingen kann sie dagegen, wenn sich der Mensch freiwillig einer neuen Wir-Gruppe anschließt, in der die demokratische Kultur bereits selbstverständlich ist oder gemeinsam entwickelt wird.

> „Dieses Prinzip der Wir-Gruppen-Bildung macht verständlich, warum eine völlige Anerkennung bisher abgelehnter Tatsachen am besten dadurch erreicht werden kann, dass diese Tatsachen von den Angehörigen der Gruppe selber entdeckt werden.“ (Lewin, 1945, S. 109)

Genau das geschieht in einem genossenschaftlichen Wohnbauprojekt, in dem die Gruppe der Mitglieder bereits im Planungsprozess und später in der Selbstverwaltung des gemeinsamen Hauses Formen demokratischer Mitbestimmung einübt, testet und weiterentwickelt.

Hausgruppe, Plenum, Workshop – Wohnen als Gruppenaufgabe

Anders als die Mitglieder einer Baugruppe, die ihren Zweck mit dem Einzug im Wesentlichen erfüllt hat, denken Menschen, die sich einem Wohnprojekt anschließen wollen, in größeren Zeiträumen. Das Wohnprojekt endet für mich erst mit meinem Auszug oder meinem Tod. Deshalb ist es schlau, sich die Gruppe der Hausgemeinschaft von Anfang an genau anzusehen. Wer sich an eine Hausgemeinschaft bindet, integriert sich in die Gruppe, indem er oder sie auf drei Ebenen Bindungen zu den Nachbarn eingeht (vgl. König, 2016, S. 186ff.). Die erste Art der Bindung geschieht durch *Identifikation*. Gibt es in dieser Gruppe genügend Menschen, die so sind wie ich? Oder die so sind, wie ich sein möchte? Kann ich hier „Wir" sagen? Nur dann werde ich mich der Gruppe zugehörig fühlen. Die zweite Art der Bindung entsteht durch *Anerkennung*. Von wem in der Gruppe werde ich in bestimmten Hinsichten als kompetent und einflussreich anerkannt? Wen erkenne ich in der Gruppe an, sodass ich ihm oder ihr Einfluss zugestehe? Drittens gehe ich *libidinöse Bindungen* ein. Wer ist für mich attraktiv? Mit wem möchte ich näher zu tun haben? Wen halte ich lieber auf Distanz? Diese drei Bindungsqualitäten werden vom ersten Kennenlern-Abend an im „gruppendynamischen Raum" der Projektgemeinschaft verhandelt (vgl. König & Schattenhofer, 2012). Dabei geht es vor dem Einzug im Wesentlichen um die Fragen der Zugehörigkeit und der Macht, nach dem Einzug dann auch vermehrt um Nähe und Distanz. Diese Bindungen wollen sich entwickeln und gepflegt werden. Es gehört zur gruppendynamischen Kompetenz von Projektleiter_innen in Wohnbauvorhaben, Räume und Zeiten dafür zu schaffen, beispielsweise in wechselnden kleinen Gruppen bei Planungs-Workshops, auf gemeinsamen Festen und in regelmäßigen Plenen. Von besonderem gruppendynamischem Wert sind Partys mit Musik, informellen Gesprächen und Alkohol, beispielsweise als Richtfest. Feste bauen Spannungen ab und schaffen einen Ausgleich für die Arbeit und die vielen Konflikte, die den Prozess natürlicherweise würzen.

In der Projektgruppe wagnis4, der sich meine Frau und ich 2011 angeschlossen hatten, entschieden sich fast die Hälfte der anfänglichen Mitglieder, die Gruppe noch vor dem Einzug wieder zu verlassen. Vielen erschienen die Formen der partizipativen Planung als zu aufwendig. Sie konnten sich mit der demokratischen Kultur der Gremien, Kreise und Plenen nicht anfreunden. Andere gingen, weil sie die Hoffnung auf ihre ideale Wohnung aufgegeben hatten. Am Ende blieben die, die ein gemeinsames Haus bauen wollten und bei der Erfüllung ihrer individuellen Wohnwünsche kompromissbereit blieben.

In der Planungsphase konnten die Mitglieder selbst bestimmen, wie stark sie sich in den diversen Arbeitsgruppen engagieren mochten. Wer viel Zeit und Kraft in Arbeitsgruppen investierte, wurde mit größerem Einfluss und einem besseren Informationsstand belohnt. Außerdem lernte er/sie die anderen Gruppenmitglieder besser und früher kennen. Hier lag eine besondere gruppendynamische Herausforderung darin, die sehr unterschiedlichen Kenntnisse und Erfahrungen der Gruppenmitglieder zu integrieren. Ein eigener Workshop widmete sich der Frage: Wer will was zum Gelingen beitragen, wenn wir bald alle zusammen im Haus wohnen? Der Workshop an sich vermittelte schon die Botschaft „jeder Beitrag zählt". Außerdem wurde dabei ansatzweise verhandelt, aus welchen Motiven und mit welchem zu erwartenden Engagement die Mitglieder sich dem Projekt angeschlossen haben. Ein weiterer Workshop ließ drei Gruppen aus Pappkisten unterschiedliche Varianten des zu planenden Hauses basteln. Eine lustvolle Übung, die von vornherein einräumt, dass es konkurrierende Ideen dazu gibt und gleichzeitig dazu anleitet, sich über die unterschiedlichen Wünsche auszutauschen. Solche Prozesse funktionieren nur mit externer Moderation und im Umgang mit Gruppen erfahrenen Architektinnen oder Architekten gut.

Wurde die Gruppe in der Planungsphase noch von der Projektleitung der Genossenschaft durch den Prozess moderiert, war sie nach dem Einzug sich selbst überlassen. Vorausschauend hatte die Gemeinschaft neben den operativen Gruppen, die die Verwaltung des Hauses im engeren Sinne besorgen, auch eine Hausgruppe für Kommunikation vorgesehen. Sie kümmert sich seit dem Einzug darum, dass die Gruppendynamik im Haus der demokratischen Kultur zuträglich ist. Zu ihren Aufgaben gehören beispielsweise Neuzugänge, Konflikte und die regelmäßig stattfindenden Führungen durch das Wohnprojekt für externe Interessierte. Formal gesehen ist die Hausgemeinschaft eine Slow-open-Gruppe, die immer wieder einen Neuzugang zu integrieren hat, wenn jemand die Gruppe verlässt. Die wichtigste Aufgabe der Hausgruppe Kommunikation ist es, den Prozess der Großgruppe im Haus und – wo es nötig ist – auch der 17 kleineren Arbeitsgruppen im Blick zu behalten und sich um „die gute Luft“ im Haus zu kümmern. Dazu genügt es im Wesentlichen, bedarfsweise geschützte Orte für den Austausch unter Konfliktparteien zu gestalten, beispielsweise im Format des „Hausgespräches“, einer moderierten, thematischen Gruppe, zu der von den hauseigenen Moderatoren eingeladen wird. Die Hausgruppe Kommunikation trifft sich regelmäßig und „taucht den Finger“ in den Strom der vielen Interaktionen im Haus, soweit die Mitglieder diesen Fluss selbst erfahren. Gruppendynamiker_innen sind mit ihrer Ausrichtung an „rollenden Designs“ wunderbar auf diese nachfolgende Prozessbegleitung vorbereitet: laufend horchen und erspüren, was in der Gruppe los ist, und nötigenfalls reflektierend intervenieren. Die Hausgruppe Kommunikation übernimmt hier zum Teil eine ähnliche Funktion wie der Staff in gruppendynamischen Trainings. Doch dient die Selbsterforschung der Gruppe im Haus nicht wie im Training dazu, etwas über Gruppen zu lernen, sondern der Verbesserung der Zusammenarbeit und Kommunikation im Haus. Und anders als in einem Training entscheidet bei wagnis4 die Großgruppe der Bewohner_innen, welche Untergruppen sie bildet. Die Hausgruppe Kommunikation hat darauf keinen besonderen Einfluss, sie legt nicht – wie der Staff im Training – das Design der Selbstverwaltung fest. Es geht viel um Teamarbeit in der Hausverwaltung. Insofern gleicht die Hausgruppe Kommunikation einer internen Beratungsstelle mit hilfreichen gruppendynamischen Kenntnissen.

Eine besonders demokratienahe Aufgabe stellt sich der Hausgruppe Kommunikation, wo es darum geht, im Haus gemeinsame Entscheidungen zu treffen. Wenn ca. 75 Erwachsene im Plenum ihre Stimme geltend machen wollen und auf eine Zweidrittelmehrheit für ihr Anliegen hoffen, sind Machtkämpfe und Frustrationen zu erwarten. Wenig kann in diesem Rahmen wirklich ausdiskutiert werden, viele Ideen werden trotz langer Vorbereitung abgeschmettert. Deshalb hat die Hausgruppe Kommunikation für die ganze Hausgemeinschaft einen Workshop unter dem Titel „Wohnsinn wagen" veranstaltet: was läuft bereits gut in der Gemeinschaft? Was nicht? In einem weiteren Hausgespräch wird es unter anderem um die Frage gehen: Wie wollen wir in Zukunft zu Entscheidungen kommen? Alle, die daran interessiert sind, können so gemeinsam die demokratische Kultur im Haus weiterentwickeln. Gleichzeitig erlebt die Hausgemeinschaft ihr Zusammenleben als einen Prozess, den sie selbst beobachten, reflektieren und gestalten kann. Konflikte und Machtfragen werden eher als Anlass für Gespräche denn als Bedrohung empfunden. D. h. es entwickelt sich im Haus eine Atmosphäre, die sich Versuchen autoritärer Beeinflussung fast automatisch widersetzt und selbstbewusst das Mitbestimmungsrecht der Einzelnen einklagt. Eine „selbstgesteuerte Gruppe im urbanen Dorf", wenn man so will. Wie es zurzeit aussieht, wollen das immer mehr. Nicht nur in München.

Literatur

Gephart, H. (2012), Gruppendynamik in Baugemeinschaften. *Gruppendynamik und Organisationsberatung*, 44, S. 37–52, Wiesbaden: Springer Fachmedien.

Hobsbawm, E. (1995). *Das Zeitalter der Extreme. Weltgeschichte des 20. Jahrhunderts.* München & Wien: Carl Hanser.

König, O. & Schattenhofer, K. (2012). *Einführung in die Gruppendynamik.* Heidelberg: Carl-Auer.

König, O. (2016). *Macht in Gruppen. Gruppendynamische Prozesse und Interventionen.* Stuttgart: Klett Cotta.

Lewin, K. (1945). Das Verhalten, die Kenntnis und die Übernahme neuer Werte. In G. Weiß Lewin (Hrsg), *Die Lösung sozialer Konflikte* (1968). Bad Nauheim: Christian.

Asiye Balıkçı-Schmidt

Eine Mauer des Schweigens und der Umgang damit
Gruppendynamische Interventionen im Umgang mit einer interkulturellen Großgruppe

Im Frühjahr dieses Jahres führte ich gemeinsam mit einer Kollegin einen zweitägigen Workshop für eine Organisation durch, die Jugendaustausch in diversen europäischen Ländern anbietet. Im Prozess begegneten wir einem Tabu, das als „Elefant im Raum" bildhaft offen zutage trat und zu einer Mauer des Schweigens führte. Nachfolgend beschreibe ich den gruppendynamischen Umgang mit diesem Phänomen.

Die Organisation war seit vielen Jahren in der Türkei engagiert und führte dort zahlreiche Projekte durch. Bisher wurden die Angebote von deutscher und türkischer Seite sehr gut angenommen. In jüngster Zeit verschärfte sich jedoch in der Türkei das politische Klima. Dies hatte auch Auswirkungen auf die verschiedenen Austauschprogramme der Organisation. Erste Spannungen wurden bei den Zielgruppen, den Teilnehmenden sowie Kooperationspartner_innen deutlich. Die Zukunftsfähigkeit des Austausches war in Frage gestellt. Stellenweise kam es zu gewichtigen Auswirkungen, wie sinkenden Nachfragezahlen bei potenziellen Teilnehmenden im Jugendbereich oder Schwierigkeiten beim Visaerhalt für Teilnehmer_innen.

Die Organisation hatte bereits Erfahrungen mit anderen Ländern in denen innenpolitische Konflikte dazu führten, dass der Länderaustausch zeitweise beendet wurde. Aufgrund der politischen Spannungen in dem Austauschland und den unterschiedlichen politischen Meinungen der Teilnehmenden liefen diverse Veranstaltungen in der Vergangenheit aus dem Ruder und die Trainer_innen konnten die hitzigen Konflikte zwischen Teilnehmer_innen aus Deutschland und dem Austauschland nicht mehr einfangen. Es kam zu gegenseitigen Vorwürfen innerhalb der unterschiedlichen politischen Lager. Diese führten zu einer Eskalation der Situation und beeinträchtigten die Arbeitsfähigkeit der Gruppe.

Aus diesem Grund sollten Workshops für deutsch-türkische Multiplikator_innen entwickelt und durchgeführt werden, in denen diese auf den Umgang mit Konflikten vorbereitet wurden. Ziel der Veranstaltung war, dieser Zielgruppe eine Plattform für Austausch zu bieten und in der aktuellen

Situation eine gemeinsame Strategie im Umgang mit Konflikten zu finden. Die Ausschreibung ging an Multiplikator_innen aus der Türkei und Deutschland (z. B. Trainer_innen, Lehrkräfte, Mitglieder von Kooperationsorganisationen usw.). Die Nachfrage war auf beiden Seiten sehr stark und die Plätze waren schnell besetzt.

Der erste Workshop wurde von meiner Kollegin und mir durchgeführt. Es waren ca. 30 Teilnehmende anwesend, hälftig aus beiden Ländern. Einige Teilnehmer_innen kannten sich bereits aus vorherigen Austauschen, die überwiegende Mehrheit begegnete sich zum ersten Mal. Der Workshop wurde von zwei Simultandolmetscher_innen begleitet. Es war Teil des Konzeptes, dass die beiden Teilnehmer_innengruppen sich in ihren Herkunftssprachen austauschen sollten. Die jeweilige Übersetzung konnte durch das Anlegen von Kopfhörern gehört werden.

Am Anfang war ausreichend Zeit für Ankommen gegeben, dadurch entwickelte sich eine gute Atmosphäre in der Gesamtgruppe. In der Mitte des ersten Tages stellten wir eine Gruppenaufgabe, die die Herausforderungen der Teilnehmer_innen aus beiden Länden beleuchten würde. Diese hatte eine besondere Bedeutung für die Gruppendynamik und den Fortgang des Workshops. Die Teilnehmer_innen sollten zwei Gruppen bilden: Es galt das Kriterium „ähnliche/gleiche Arbeitsfelder". Die Aufgabe war, die Stolpersteine aus ihren Arbeitsgebieten zu diskutieren und die Ergebnisse auf Flipcharts zu schreiben. Dieses Designelement war von uns bewusst konzipiert worden, denn bei der Auftragsklärung hatten unsere Auftraggeber_innen als Hauptanliegen benannt, dass in der Gesamtgruppe offen und wertschätzend über die aktuellen Herausforderungen sowie mögliche Lösungen für die Zukunft gesprochen werden sollte.

Es ging bei dieser Methode darum, dass ein gemeinsames Bild der Situation der Multiplikator_innen in ihren Ländern und Arbeitsgebieten geschaffen wurde. Dadurch sollten Stolpersteine, also aktuelle Schwierigkeiten aufgrund der politischen Situation besprochen werden. Gleichzeitg wollten wir über diesen Weg zu eventuellen Tabus hinführen und diese besprechbar machen.

Das Thema Tabus spielte bereits in der Designentwicklung eine wichtige Rolle und zog sich wie ein roter Faden durch den gesamten Prozess hindurch. Die Auftraggeber_innen hatten von den deutschen Kooperationsparter_innen seit einiger Zeit immer mehr Rückmeldungen über Schwierigkeiten im Austausch in der Türkei erhalten. Die Situation in der Türkei führte zu Ängsten, Irritationen und Schwierigkeiten, die eine ernsthafte Herausforderung für den Jugendaustausch darstellten. Im Vorfeld war den

Auftraggeber_innen jedoch nicht ganz klar, ob und wie diese aktuellen Irritationen mit den türkischen Teilnehmenden besprechbar waren.

Unser Design war so konzipiert, dass eventuelle Tabus ob der Auswirkungen der politischen Situation in der Türkei auf die Programme der Organisation besprechbar werden sollten. Bei der Auswertung der Gruppenaufgabe fingen die Teilnehmer_innen aus der Türkei an und berichteten von ihren Stolpersteinen. Diese waren von allgemeiner Natur und bezogen sich auf die Zukunftsfähigkeit der Austauschprogramme, die Zukunft der Förderung usw. Keine der türkischen Teilnehmenden ging auf die Auß(en)wirkung der politischen Situation in ihrem Heimatland für den Jugendaustausch ein. Die Ausführungen waren nach kurzer Zeit beendet. Damit wurde deutlich, dass diese Thematik tatsächlich ein Tabu für die Teilnehmenden aus der Türkei darstellte. Dann waren die Teilnehmer_innen aus Deutschland an der Reihe. Diese brachten die aktuellen Konflikte direkt auf den Punkt. Sie berichteten offen von den Herausforderungen, Irritationen und Ängsten, die sie und ihre Kooperationspartner_innen in jüngster Zeit erlebten. Das Tabu war gelüftet. Der „Elefant im Raum“ wurde benannt. Die türkischen Gruppenmitglieder verfielen in eine Art „Mauer des Schweigens“, ein betretenes Schweigen. Eine unheimliche Stille nahm den ganzen Raum ein, und erfasste auch die deutschen Gruppenmitglieder.

Auch wir Trainerinnen wurden erst einmal still, zumindest äußerlich. Innerlich kamen viele Prozesse in Gang und Fragen schwirrten uns im Kopf herum. Was tun wir jetzt? Welche Bedeutung hat das Schweigen? Sofort ansprechen, ja oder nein? Wenn ja, wie, direkt oder mit einer Metapher? Oder lieber laufen lassen? Unser Anliegen war es, achtsam mit der Gruppe zu sein und die Teilnehmenden in ihrer Heterogenität wertschätzend mitzunehmen. Bei diesem offensichtlichen Tabubruch brauchte es eine klare Intervention, eine Gruppenintervention, die die Aufmerksamkeit aller Teilnehmenden auf die Situation in der Gruppe richtete. Wir entschieden uns für das direkte und wertschätzende Ansprechen. Die Intervention lautete: „Was ist hier los?“

Die Dolmetscher_innen, die die Stille im Raum auch erfasst hatten, waren schnell wieder aktiv. Die Stille war dahin. Irritierte Gesichter blickten zu uns Trainerinnen. Wir wiederholten die Frage und ernteten weiterhin Irritation.

Daraufhin beschrieben meine Kollegin und ich unsere Beobachtungen des Prozesses, und wie das Schweigen, einer Lawine gleich peu à peu die ganze Gruppe erfasst hatte. Wir beschrieben, wie verschieden die beiden Gruppen ihre Stolpersteine benannt hatten: Direkt versus blumig, konfrontativ versus harmonisch, allgemein versus tiefgehend usw. Gleichzeitig benannten wir unsere Hypothese, dass es ein Tabu bei den türkischen Teilnehmer_innen gab, über die Folgen der politischen Situation in der Türkei für den Jugendaustausch zu sprechen.

Diese Beobachtungen aus der Vogelperspektive auf das Gruppengeschehen brachten Bewegung in die Gesamtgruppe. Durch das Lüften des Tabus von deutscher Seite wurden einzelne Teilnehmer_innen aus der Türkei zum ersten Mal damit konfrontiert, welche Auß(en)wirkung die aktuelle Sitation in ihrem Heimatland auf die Kooperationspartner_innen hatte. Das führte zu einer Betroffenheit, die u. a. das Schweigen auslöste. Als erste wagte eine türkische Teilnehmerin, das Schweigen zu brechen, und ergriff das Wort. Damit war der Bann gebrochen. Immer mehr türkische Teilnehmer_innen meldeten sich und beschrieben ihre Gefühle.

Auf dieser Metaebene konnten die türkischen Teilnehmenden wieder anfangen zu kommunizieren. Die als konfrontativ erlebte Art der deutschen Teilnehmer_innen war für die türkischen Teilnehmer_innen mehrheitlich als Vorwurf erlebt worden. Dabei kamen Eindrücke auf wie „abgestempelt werden", „unter Generalverdacht gestellt" sowie „in Sippenhaft genommen werden" ob der politischen Lage, mit der man doch persönlich nichts zu tun habe.

Auf der deutschen Seite war die kurze Abhandlung der Stolpersteine durch die türkischen Teilnehmer_innen als harmonisierend, realitätsfremd sowie als wenig selbstreflexiv gewertet worden. Das brachte sie dazu, die Schwierigkeiten, mit denen sie konfrontiert waren, noch direkter und pointierter zu benennen. Das kollektive Schweigen der türkischen Teilnehmer_innen in Reaktion darauf, warf bei den deutschen interessanterweise wiederum die Themen Schuld und Täterschaft auf.

Die gemeinsame Behandlung des Tabus führte dazu, dass die aktuellen Stolpersteine zwischen den Teilnehmenden aus beiden Ländern besprochen werden konnten. Der gegenseitige Austausch brachte Verständnis für die jeweils andere Seite und führte zu einer Annäherung der beiden Gruppen. Das Befremden über die jeweiligen nationalen Zuschreibungen löste sich auf und Kränkungen konnten geklärt werden. Auf der Ebene der beiden Gruppen entstand ein wertschätzender Dialog. Ein neues Klima in der Zusammenarbeit bildete sich durch den Prozess heraus. Die beiden Gruppen gaben an, dass sie sich durch die intensive Arbeitseinheit mehr miteinander verbunden fühlten, da sie das gemeinsame Anliegen einte, den Austausch erfolgreich weiterzuführen. Auch rückwirkend haben die Teilnehmer_innen aus beiden Ländern in ihren Feedbacks die Wichtigkeit dieser Einheit betont. Der Prozess wurde als wesentlich für das Entstehen einer offeneren

Kommunikation und das Entstehen eines Vertrauensverhältnisses in der Gesamtgruppe empfunden.

Die Intervention „Was ist hier los?“, verbunden mit den Rückmeldungen zum Prozess, haben eine hitzige und offene Diskussion in Gang gebracht. Themen, die vorher ein Tabu darstellten, und nicht besprechbar waren, konnten durch diese Interventionen an die Oberfläche kommen.

FAZIT

Die Fähigkeit zur Metakommunikation ist eine Conditio sine qua non aller erfolgreichen Kommunikation (vgl. Watzlawick & Beaven, 1969, S. 56). Es scheint kaum eine kommunikative Verhaltensklasse zu geben, die die meisten Menschen so ungewohnt finden, so scheuen und doch so befreiend erleben können, wie explizite Metakommunikation (vgl. Mandel et al., 1971, S. 127).

Die wichtigsten Funktionen von Metakommunikation sind im Entdecken und Beheben von Störungen in aktuellen Kommunikationsabläufen zu sehen. Metakommunikation hat zudem eine präventive Wirkung; regelmäßig betrieben verhindert sie auch, dass Missverständnisse und Konflikte, die in Gruppen natürlich immer wieder auftreten, eskalieren. Im vorliegenden Prozess war unklar, welche Bedeutung das kollektive Schweigen der türkischen Gruppe hatte. War es Zustimmung, Ablehnung oder Teilnahmslosigkeit? Hier hat die Metakommunikation eine Klärung gebracht.

Die Frage „Was ist hier los?” hat den Weg zum Verstehen, auch der eigenen Beteiligung am Prozess geöffnet. Die möglichen blockierenden Auswirkungen des Offenlegens des Gruppen-Tabus wurden durch die Metakommunikation für eine anschließende offene und wertschätzende Verständigung aufgehoben. Das Tabu wurde besprechbar. Eine demokratische Teilhabe aller konnte damit wieder stattfinden.

Metakommunikation erweist sich also bei Konflikten als zuverlässiges Instrument, aus der interaktionellen Verstrickung herauszukommen (Christen et al., 2001). Dies gilt für Gruppen jeglicher Art und in jeglichem Feld, auch dem politischen. Metakommunikation ist der Schlüssel zur wirklichen Beteiligung aller Beteiligten und sie ist damit unerlässlich für Prozesse, die der demokratischen Idee gerecht werden sollen. Doch will dieser Schritt in die Metakommunikation gelernt sein. Lernen kann man ihn u. a. in gruppendynamischen Trainings.

LITERATUR

Watzlawick, P. & Beaven, J. H. (1969): *Menschliche Kommunikation*. Bern & Stuttgart: Hans Huber.

Mandel, A., Mandel, K. H., Stadter, E. & Zimmer, D. (1971). *Einübung in Partnerschaft durch Kommunikationstherapie und Verhaltenstherapie*. München: Pfeiffer.

Christen, J., König, O. & Schattenhofer, K. (2001). *Angewandte Gruppendynamik und die Sektion Gruppendynamik im DAGG*. URL: https://psychologischesforum.eu/Grundlagentext.pdf. Abgerufen am 31.8.2018.

Stefanie Husi-Giessmann

Führen ohne Vorgesetztenfunktion (Lateral Leadership)

Ich bin neugierig. Ich will wissen, was Menschen denken und warum sie das denken, was sie denken. Ich möchte verstehen, warum sie handeln, wie sie handeln. Ich bin neugierig, wie Menschen aufeinander wirken. Warum sie sich streiten oder Konflikte vermeiden. Was es ausmacht, dass sie sich nicht leiden können oder warum sie sich mögen. Ich will begreifen, wie sich das, was zwischen den Einzelnen geschieht, in einer Gruppe auswirkt.

Neugier sei Dank! Sie hat mich letztlich zur Gruppendynamik gebracht. Und sie hat mir den Mut und die Risikofreude gebracht, in meine eigene Identität von experimenteller und forschender Haltung der gruppendynamischen Trainerin zu finden. Eine Haltung, die auch in meine Arbeit als Teamcoach, Trainerin für Management-Workshops und Organisationsberaterin übergeht.

Im vorliegenden Beispiel geht es um die Anfangssequenz eines Management-Workshops, der gut 6 Jahre zurückliegt. Er fand in einem Schweizer Medienunternehmen statt, welcher unter anhaltendem Wandel und veränderten Führungsanforderungen stand.

Der Workshop war ausgeschrieben als „Führen ohne Vorgesetztenfunktion" (Lateral Leadership). Ich war für eine ausgefallene Leitung eingesprungen und frei in der Konzeption. Aufgrund der Schwerpunkte des Workshops entschloss ich mich zu einem Design, das an das gruppendynamische Arbeiten angelehnt ist, um die Kernthemen erlebbar zu machen.

Es war ein Risiko, denn erstens war es mein erster Auftrag in diesem Unternehmen und zweitens hatte ich keine Idee, wie diese Gruppe mit beauftragter, demokratischer Selbstorganisation umgeht.

Management-Workshop mit gruppendynamischen Elementen

Ausgangslage

Basierend auf seiner Geschichte, steht das Medienunternehmen für Pioniergeist und Individualität, für Unabhängigkeit sowie für Meinungsfreiheit und Informationsvielfalt. Ein starker Wandel der Mediennutzung hat dazu geführt, dass sich die Medienlandschaft massiv verändert hat. Das Unternehmen ging mit der Zeit und wandelte sich zu einem diversifizierten Konzern.

Das Unternehmen bietet seinen Fach- und Führungskräften verschiedene Entwicklungs- und Weiterbildungsangebote an.

Mein Auftrag

Mein Geschäftspartner hatte gemeinsam mit der internen Personalentwicklung zum Thema „Führen ohne Vorgesetztenfunktion" (Lateral Leadership) einen eintägigen Workshop angedacht und ausgeschrieben. Der Workshop wurde sehr gut nachgefragt. Meine Begeisterung einzuspringen hielt sich in Grenzen, weil mir die Kultur der Medien-Kaderleute eher als egoistisch, leistungs- und resultatorientiert, statusbewusst und in der Zusammenarbeit als „sich-verdeckt-haltend" und misstrauisch beschrieben worden war. Das Verhalten innerhalb des Workshops wurde mir grundsätzlich als konsumierend geschildert, mit einem Verlangen nach effizienzsteigernden Rezepten im Umgang mit Menschen und wenig Bereitschaft zur Selbstreflexion. Die Kadermenschen würden sich als Stars fühlen, sich in Prominenz-Kreisen bewegen – und dabei vergessen, dass die Aufmerksamkeit ihrer Position nicht ihrer Person gilt. Insgesamt empfand ich diese Beschreibung im ersten Moment nicht so anziehend.

Auftragsklärung

Der Workshop war intern wie folgt ausgeschrieben:

> ***Führen ohne Vorgesetztenfunktion (Lateral Leadership)***
>
> *Ein immer größer werdender Teil der Führung in modernen Organisationen wird heute durch sogenannte Fachspezialisten geleistet. Diese sind gegenüber der Linie oft in matrixähnliche Strukturen eingebunden und haben in der Regel keine Positionsmacht. Sie sind darauf angewiesen, andere durch ein gewinnendes Auftreten zu beeinflussen und damit ihren Auftrag zu erfüllen. Die Teilnehmer lernen in diesem Workshop die Grundprinzipien der lateralen Führung kennen und sind dadurch in der Lage, die eigene Kommunikation und das persönliche Verhandlungsgeschick so zu verändern, dass die Linie ihnen konstruktiver und wohlwollender begegnet. Zudem lernen sie Mechanismen kennen, um sich nicht in kräftezehrenden Machtspielen zu verlieren.*

Der Workshop richtete sich an: Fachspezialist_innen, Projektleiter_innen und erfahrene Führungskräfte, welche ihre eigene Wirksamkeit und Überzeugungskraft verbessern wollen.

Ich hatte das Gefühl, dass ich in diesem Workshop innerhalb eines Tages möglich machen sollte, was sonst in einem halben Leben an Persönlichkeitsentwicklung erfolgt.

Deshalb klärte ich mit der Auftraggeberin in einem ersten Schritt das Kernziel des Workshops. Aufgrund des anhaltenden Wandels standen die veränderten Erwartungen an die Haltung der Führungskräfte im Fokus. Der gewünschte Schwerpunkt des Workshops sollte auf der Entwicklung der individuellen Persönlichkeit sowie der Beziehungsfähigkeit der Teilnehmenden liegen, wie auch auf dem Bewusstwerden des eigenen Verhaltens und dessen Wirksamkeit.

Design des Workshops

Aufgrund der oben beschriebenen Auftragsklärung wollte ich für die Teilnehmenden eine Plattform schaffen, ihre eigenen Verhaltensweisen zu erkennen, um für sich selber erarbeiten zu können, wo ihr individuelles Entwicklungspotenzial lag.

Deshalb entschloss ich mich, ein Design zu entwickeln,

- das an das gruppendynamische Arbeiten angelehnt ist, d. h. im aktuellen Gruppenprozess die Kern-Themen erfahrbar zu machen und darüber das persönliche Entwicklungspotenzial herauszuarbeiten
- in welchem ich die Teilnehmenden gleich zu Beginn des Workshops in eine ungewohnte Situation führen wollte, um sie für eine Reflexion zu öffnen, die ihnen die Weiterentwicklung ihres Führungsverhaltens ermöglichen könnte.

So plante ich eine irritierende Anfangssequenz, die den Teilnehmenden ein risikohaftes Handeln abverlangte. Durch eine Minimalstrukturierung der Anfangssituation und eine vergleichsweise hohe Abstinenz von mir als Trainerin, wollte ich eine solch ungewohnte und unkonventionelle soziale Atmosphäre schaffen.

Gleichzeitig wollte ich diese Sequenz im Anschluss für eine Auswertung zum Thema „Macht und Einfluss" nutzen, mit dem Ziel, den Teilnehmenden die Gelegenheit zu einem Abgleich von Selbst- und Fremdbild zu ermöglichen und dadurch zu erkennen, wie sie Einfluss nehmen, wie das gelingt (oder nicht) und wie ihre Verhaltensweise bei anderen ankommt.

Weiter versprach ich mir durch diese Vorgehensweise, die erwähnte Resistenz zur Selbstreflexion aufzuheben. Aufgrund der Branchen- sowie der

Unternehmenskultur hatte ich den Eindruck gewonnen, dass u. a. Konkurrenz, Status, Einfluss, Rolle, Ehrgeiz eine große Bedeutung im Unternehmen spielte. Deshalb war ich zuversichtlich, durch die Macht-Thematik, hinter der ich gleichzeitig ein Tabu-Thema vermutete, das Interesse der Teilnehmenden zu wecken.

DER WORKSHOP

Die Teilnehmenden

Zum Workshop hatten sich 8 Kaderpersonen angemeldet, davon 2 Frauen und 6 Männer. Die Altersspannbreite lag zwischen 30 und 55 Jahren. Die Teilnehmenden kannten sich untereinander zu Beginn des Workshops nicht. Alle leiteten verschiedene, abteilungsübergreifende Projektgruppen und einige hatten darüber hinaus auch eine Führungsposition in der Linie.

Die Durchführung

Dem klassischen gruppendynamischen Setting entsprechend, hatte ich mich für einen Stuhlkreis entschieden – ohne Tische. Beim Eintreten der Teilnehmenden in den Raum sorgte dies bei einigen sogleich für Kommentare wie: „Oh, was ist denn hier los?“, „Bin ich im richtigen Kurs?“ „Diese Sitzordnung erinnert mich an den Kindergarten“. Ich nahm die Aussagen wortlos zur Kenntnis und reagierte nicht darauf.

Nachdem alle Teilnehmenden anwesend waren, begrüßte ich und eröffnete den Workshop mit einer kurzen Vorstellung meiner Person, der Tageszeitstruktur und Themen sowie der Arbeitsweise. Danach leitete ich die geplante Anfangssequenz ein, mit den Worten: „Sie haben eine Übersicht zur Vorgehensweise und Tagesstruktur des Workshops erhalten. Ich weiß nicht, was Sie noch benötigen, um hier im Workshop gut anzukommen und als Gruppe arbeitsfähig zu sein. Sie haben nun genau 1 Stunde Zeit, ihren gemeinsamen Anfang zu gestalten. Wunsch meinerseits, bitte bleiben Sie im Raum.“

Mein Herz klopfte über die nicht voraussehbare Reaktion der Teilnehmenden – die dann auch prompt von einer Teilnehmerin kam: „ Frau Husi, ich habe die Aufgabe nicht verstanden“. Daraufhin meldete sich umgehend ein anderer Teilnehmer und wiederholte meine Einleitung.

Dann herrschte ein paar Sekunden Stille. Die Gruppe beschloss eine Vorstellungsrunde und war sich schnell darüber einig, was man voneinander erfahren wollte: Funktion, Dienstalter, Aufgabe, Führungsaufgaben.

Die Zeit bis zum Ende der Vorstellungrunde nahm eine dreiviertel Stunde in Anspruch. Dabei erzählten einige Teilnehmende sehr lange und ausführlich und andere wiederum eher spärlich und zurückhaltend von sich. Dann herrschte wieder Stille. Die Teilnehmenden rutschten unruhig auf ihren Stühlen hin und her. Nach kurzer Zeit wendeten sich die Teilnehmenden an mich – bis dahin war ich nicht mehr angesprochen worden; „Wir sind fertig. Sie können nun weitermachen". Ich antwortete: „Sie haben noch 15 Minuten Zeit übrig, schauen Sie mal, wie Sie diese noch nutzen können." Kurze Stille. Dann Verhandlung zwischen 4 Teilnehmenden auf eine Austauschrunde zum Thema:" Weshalb habe ich mich zu diesem Workshop angemeldet?" Das Einverständnis der wortstillen Teilnehmenden wurde eingeholt und mit der Austauschrunde gestartet.

Reflexion: Austausch über die Anfangssequenz

Nach Ablauf der vorgegebenen Zeit unterbrach ich die Teilnehmenden und ging mit ihnen in den Austausch über die Anfangssequenz:

- Wie geht es Ihnen jetzt gerade?
- Was haben Sie in dieser Anfangssituation gedacht oder gefühlt?
- Was hat es schwierig gemacht? Was einfach?
- Was war an Ihrem Verhalten in dieser Übung typisch oder untypisch?
- Woran erinnert Sie das Verhalten in Ihrem Alltag?

Rückwirkend betrachtet, war die erste Frage für mich persönlich wichtig, um wieder in Kontakt mit den Teilnehmenden zu kommen und die Überleitung in die Reflexionsrunde machen zu können. Diese hatten gemeinsam den für sie schwierigen Anfang geschafft. Sie hatten das entstandene Führungsvakuum gefüllt, demokratisch und selbstorganisiert den Anfang gestaltet.

Die Teilnehmenden hingegen nutzten die zweite Frage, um sich über die Emotionen der ungewohnten Einstiegssituation Luft zu verschaffen, ihre Meinung darüber kund zu tun und ihren Ärger mir gegenüber.

Der Austausch war erst stockend und dann sehr angeregt. Die Teilnehmenden referenzierten in diesem Austausch auf sich selber sowie auf andere Gruppenmitglieder, die eine positive Wirkung auf sie gehabt hatten. Kritische Äußerungen gegenüber anderen Teilnehmenden fanden hier noch nicht statt. Das Glück eines Gruppengefühls wurde erstmalig genossen.

Reflexion: Selbst- und Fremdbild zu Macht und Einfluss

Alle Teilnehmenden erhielten eine Moderationskarte, mit der Aufforderung darauf zu notieren:

- Wer hat in dieser Anfangssequenz am meisten Einfluss genommen?
- Wodurch? (Wie hat die Person das gemacht?)
- Gefühlt hat mich das dieser Person näher / weiter weg gebracht...
- Absender

Nachdem alle Teilnehmenden ihre Karte beschrieben hatten, bat ich sie, diese für den Moment noch verdeckt bei sich zu behalten und sich erst ihrem Selbstbild entsprechend auf einer Skala von 0 = „ich hatte keinen Einfluss“ bis 10 = „ich hatte am meisten Einfluss“ schweigend aufstellen.

Bei dieser Aufstellung wechselten sie immer wieder die Positionen, bevor sie irgendwann still standen. Einige Teilnehmende meldeten zurück, dass es nicht möglich sei, sich abschließend aufzustellen, weil das eigene Bild der Einflussnahme nicht mit dem Selbstbild anderer Teilnehmenden übereinstimme, bspw. ob man auf der Skala vor oder nach einem anderen Teilnehmenden steht. Deswegen würden sich alle immer wieder umstellen und dass es vielleicht einfacher ginge, wenn man reden dürfte.

Ich öffnete die Sequenz. Nach einigen Minuten meldeten die Teilnehmenden zurück, dass das Selbstbild trotzdem nicht einfach aufzustellen sei. An dieser Stelle ging ich in den Austausch mit der Gruppe über die Situation. Der Mehrwert für die Teilnehmenden lag schlussendlich im Besprechen der unterschiedlichen Wahrnehmung und Wirkung zwischen uneinigen Teilnehmenden – wodurch bereits ein Abgleich von Selbst- und Fremdbild passierte. Gleichzeitig wurde auch der Einfluss anderer auf das eigene Verhalten erstmals angesprochen.

Im Anschluss blieben die Teilnehmenden auf der Skala stehen und wurden gebeten, die Fremdbilder über die Einflussnahme aus der Anfangssequenz zu veröffentlichen. Hierzu wurden die Karten jeweils vor die adressierten Teilnehmenden gelegt. Ein Teilnehmender erhielt 5, drei Teilnehmende jeweils eine und die Restlichen keine Karten.

Mit Fragen wie

- Wie geht es Ihnen mit Ihrer erhaltenen Anzahl Karten (viele bis keine)?
- Was überrascht am Selbst- und Fremdbild? (Standort vs. Anzahl Karten)
- Wie zufrieden sind Sie mit dem Fremdbild Ihrer Einflussnahme auf diese Anfangssequenz?

- Wenn Sie vom Thema der Einflussnahme über Ihr persönliches Selbst- und Fremdbild einen Link in den Alltag machen, welche Gedanken kommen Ihnen dabei in den Sinn?

regte ich die Gruppe zum Austausch über die Rückmeldungen dazu an.

Reflexion der Beziehungskonsequenzen
In einem letzten Schritt bat ich die Gruppe, die Feedback-Karten an der Pinnwand aufzuhängen und zwar nach dem Kriterium: „Hat mich die Art und Weise der beobachteten Einflussnahme, der entsprechenden Person gefühlt näher oder weiter weggebracht?" Mein Ziel war, dass für die Teilnehmenden daraus sichtbar wurde, dass das gezeigte Verhalten einer Person in einer Gruppe ganz unterschiedlich empfunden werden kann.

Der Teilnehmer mit den 5 Karten, hatte bspw. die längste Gesprächsdauer während der Vorstellungsrunde beansprucht und dabei sehr ausführlich über seine erfolgreiche Tätigkeit gesprochen. Dieses Verhalten wurde von einigen als dominant und aufdringlich und von anderen als orientierend empfunden.

Resümee der Übungsanlage

Mit dem ungewöhnlichen Einstieg war es gelungen, die Teilnehmenden aus ihrem routinierten Workshopverhalten zu locken – weg von einer konsumierenden und „reflexionsscheuen" Haltung. Das war meine ganz persönliche Freude.

Die Gruppe hat sich gewissermaßen in eine klassische Vorstellungsrunde „gerettet", welche ihr in dieser irritierenden Situation ein ausreichendes Maß an gewohnter Organisation und Struktur geboten hat. Damit hat die Gruppe die Verunsicherung in Grenzen gehalten, welche in einem gruppendynamischen Training durchaus erwünscht ist, um Reflexion von Verhaltensmustern anzuregen, und in der gleichzeitig genügenden Zeit ist, um neues Verhalten auszuprobieren. Insofern ist eine zeitlich so kurze Übungssequenz in ihren Möglichkeiten doch sehr begrenzt.

Dennoch bietet dieses gruppendynamische Element in der Anfangssituation ein Führungsvakuum, wodurch die Gruppe in die Notwendigkeit gerät, die Führungsfunktion selbst zu übernehmen, und Einzelne dazu aktiv werden müssen. Die Teilnehmenden werden dadurch in eine wesensgleiche Situation versetzt, die ihnen in der Lateralen Führung obliegt. Nämlich diejenige, ohne direkte Weisungsbefugnis, ohne hierarchische Macht in Führung zu gehen. Diese Situation birgt immer ein gewisses Konfliktpotenzial. Ziel- und Interessenskonflikte, aber auch unterschiedliche Denk- und Verhaltensweisen der beteiligten Personen können nicht ausgeschlossen werden. Im Projektmanagement stellt deshalb der Umgang mit Konflikten einen Hauptbestandteil in der Tätigkeit der Projektleitung dar. Es kommt folglich darauf an, ob die Führungskraft dieses Konfliktpotenzial erkennt und wie sie damit umgeht. Verständigungs-, Vertrauens- und Machtprozesse sind dabei die zentralen Mechanismen des lateralen Führens. Diese laufen in einer Organisation immer gleichzeitig parallel oder ergänzend, jedoch häufig im informellen Rahmen ab.

Inwieweit hier schon ein „demokratisches Prinzip" erlebt und als solches verstanden wurde, kann ich rückblickend nicht sagen. Hierzu hätte es weitere Auswertungen zu dieser Sequenz gebraucht, wie bspw. dazu, wie die Entscheidungen getroffen wurden. Einen großen Mehrwert hingegen, empfanden die Teilnehmenden durch den Abgleich ihres Selbst- und Fremdbildes. Einige entdeckten wiederkehrende Verhaltensmuster in ihrem Führungsverständnis, mit welchem Sie im Alltag auf Widerstand gestoßen waren.

LITERATUR

Haubl R. & Dasser B. (2007). *Macht und Psyche in Organisationen.* Göttingen: Vandenhoeck & Ruprecht.

Heigl-Evers, A. (1978). *Konzepte der analytischen Gruppenpsychotherapie.* Göttingen: Vandenhoeck & Ruprecht.

Hüther, G. (2007). *Bedienungsanleitung für ein menschliches Gehirn.* Göttingen: Vandenhoeck & Ruprecht.

Hüther, G. (2007). *Biologie der Angst, Wie aus Stress Gefühle werden.* Vandenhoeck & Ruprecht.

Krainz, E. (2011). Wozu braucht man im Management Gruppendynamik? In aeB Schweiz (Hrsg.): *Leadership: Führung der Zukunft – Zukunft der Führung* (S. 11–18). Bern: hep.

Almut Aeppli

Im Spannungsfeld zwischen autoritärer und demokratischer Führung
Das Dilemma von Führungskräften

> „So wie die Freiheit eine Voraussetzung für die Demokratie ist, so schafft mehr Demokratie erst den Raum, in dem Freiheit praktiziert werden kann." (Brandt)

In hierarchischen Strukturen, in denen autoritär bestimmend geführt wird, befinden sich Führungspersonen häufig in einem Dilemma, wenn sie im Gegensatz dazu ihre Abteilung partizipativ und demokratisch führen wollen. Das erzeugt ein Spannungsfeld, mit dem sich die Führungskraft bewusst auseinandersetzen muss. Anhand eines Fallbeispiels zeige ich im Folgenden auf, wie in einer gruppendynamischen Supervision diese Spannungen bearbeitet werden können und welche Lösungen sich dadurch im Umgang mit dem Dilemma ergeben.

Ausgangslage: Supervisionsanfrage einer psychiatrischen Beratungsstelle

Von der Leitenden Ärztin einer Psychiatrischen Beratungsstelle (PBS) wurde ich für Teamsupervision angefragt. Das 16-köpfige Team wollte seine Kommunikation und Zusammenarbeit verbessern. Zu gegenseitigem Kennenlernen und Auftragsklärung vereinbarten wir ein Vorgespräch. Das Team berichtete, dass die PBS bis vor vier Jahren in der Trägerschaft eines Vereins gewesen war. Mit einer Privaten Psychiatrischen Klinik vor Ort bestand ein Kooperationsvertrag. Durch den Verkauf der Privaten Psychiatrischen Klinik an eine Psychiatrische Klinik-Kette (PKK, eine Aktiengesellschaft), wurde die PBS nun eine Abteilung derselben. Einige Mitarbeitende verließen daraufhin die PBS, unter anderem der Leitende Arzt. Es folgten weitere Personalwechsel durch alle Berufsgruppen hindurch.

Seit einem Jahr führte die Leitende Ärztin, gemeinsam mit einem Psychologen und einer Oberärztin, die Abteilung. Zwischen Leitungsteam (LT) und Mitarbeitenden (Team) kam es häufig zu Spannungen, insbesondere bezüglich verordneter Beschlüsse seitens der Geschäftsleitung (GL), die für das Team nicht nachvollziehbar waren. Diese Spannungen bewirkten einen Kommunikationsabbruch zwischen Team und Leitung. Die Zusammenarbeit war dadurch erschwert.

Der Auftrag für die Teamsupervision lautete:

- Die angespannte Situation besser verstehen und eine Form des Umgangs mit von der GL verordneten Beschlüssen finden.
- Die Kommunikation und Zusammenarbeit des Teams mit dem LT verbessern.

Insgesamt wurden dafür zwölf Supervisionssitzungen zu 90 Minuten kontraktiert.

ANALYSE: CHANGE IN DER BERATUNGSSTELLE

In den ersten beiden Supervisionssitzungen standen die Klärung und das Verstehen des Organisations- und Strukturwechsels der PBS im Vordergrund.

In der *ehemaligen Vereinsstruktur* (Abb. 1) war der Vorstand für die strategische Ausrichtung zuständig. Der leitende Arzt der PBS war dem Vorstand direkt unterstellt. Das Team, das sich aus Pflegefachkräften, Sozialarbeiter_innen, Psycholog_innen und Assistenzärzt_innen zusammensetzte, war personell und fachlich dem leitenden Arzt unterstellt. Ausbildungsbedingt wechselten die Assistenzärzt_innen alle zwei Jahre. Ansonsten waren kaum Personalwechsel zu verzeichnen. Innerhalb dieser Vereinsstruktur wurde ein eher demokratisch-partizipativer Leitungsstil gepflegt.

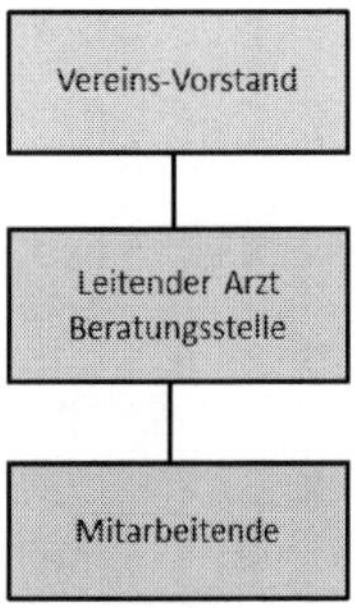

Abb. 1: Vereinsstruktur

Die Integration der PBS in die PKK wurde in der *neuen Klinikstruktur* (Abb. 2) festglegt. Nun obliegt einem Verwaltungsrat die strategische Führung der Geschäfte. Diesem wiederum ist die Geschäftsleitung (GL) unterstellt. Ihre Aufgabe ist die operative Führung der PKK, welche verschiedene Bereiche umfassen. Den Bereich PBS führt ein/e Chefärzt_in. Ihm/ihr sind die dort tätigen Leitenden Ärzt_innen unterstellt, die für die personelle und fachliche Führung Kaders[1] (Psycholog_in und Oberärzt_in) sowie des

[1] Bei der Kaderfunktion handelt es sich um Funktionen im Bereich von Führungskräften oder Spezialist_innen, welche höhere und leitende Aufgaben wahrnehmen. Sie werden in der Regel frühzeitig mit vertraulicheren Firmeninformationen ausgestattet und müssen diese dann zum gegebenen Zeitpunkt den unterstellten Mitarbeitenden weitervermitteln. In der direkten Führungsaufgabe dem Team gegenüber liegt die Haupt-

Teams zuständig sind. Die Leitenden Ärzt_innen bilden mit dem Kader ein Leitungsteam (LT).

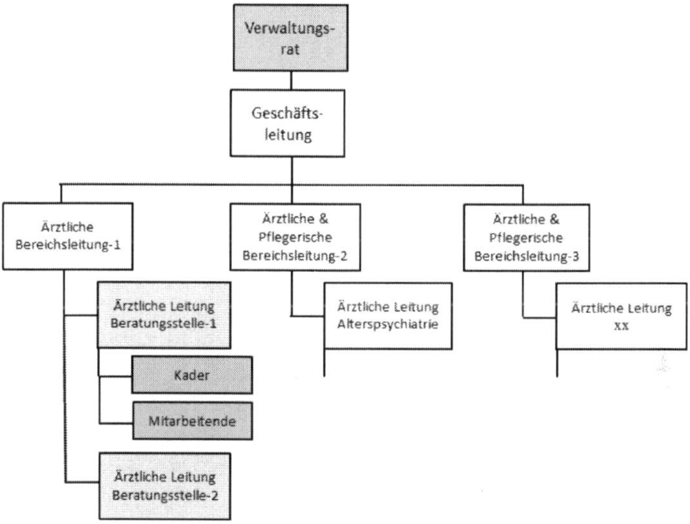

Abb. 2: Klinikstruktur mit integrierten Beratungsstellen

Die Heterogenität der Berufsgruppen der PBS blieb in gleicher Weise bestehen. Der Leitungsstil der GL wurde von den Mitarbeitenden als eher autoritär und bestimmend beschrieben.

In der PBS, in der die Supervision stattfand, formulierte ein Mitarbeiter die Situation so: „Wir sind hier machtlos und müssen uns allen Beschlüssen unterwerfen. In unserem Leitbild wird die Partizipation ‚großgeschrieben'. Aber letztendlich ist unsere Meinung bei denen da oben (GL und LT) nicht gefragt". Eine andere Mitarbeiterin meinte: „Wir arbeiten hier als Individualisten. In einigen Klienten-Fällen müssen wir zusammenarbeiten, was uns einigermaßen gelingt. Aber ich bin mir unsicher, ob es sich lohnt, in die Zusammenarbeit von LT und Team zu investieren".

---

aufgabe darin, eine gute Arbeitsatmosphäre und Leistungskultur zu schaffen, damit die Ziele erreicht werden können.

Fazit: Das Team fühlte sich durch die Eingliederung der PBS in die PKK von dieser vereinnahmt und nicht mit in den Prozess einbezogen. Die daraus resultierende Ohnmacht verursachte Spannungen im Team, die sich in der Verweigerung der Kommunikation und in der Zusammenarbeit zeigten.

Das LT befand sich führungsmäßig in einem Dilemma. Es war sich bewusst, dass die angeordneten Beschlüsse der GL umgesetzt werden mussten, wünschte sich jedoch gleichzeitig das Team an Entscheidungen zu beteiligen. Durch den Druck von „oben" und „unten" befand sich das LT in einer Spannung, die sich in der Unklarheit seines Leitungsstils niederschlug und dazu führte, dass sich das Team nicht getragen fühlte.

AUFTRAGSBEARBEITUNG: NACHDENKEN ÜBER LÖSUNGEN

VERSTEHEN: Durch die Übernahme der PBS in die PKK erfuhr das Team einen eklatanten Wechsel seiner Mitwirkungsmöglichkeiten. Kündigungen von langjährigen Mitarbeitenden sowie leitendem Arzt verunsicherten das Team, das sich nun wieder neu finden und positionieren musste. In dieser neuen Konstellation erlebten sie sich als sehr harmoniebedürftig. Der Prozess der gegenseitigen Erwartungsklärung, der jedem Gruppenprozess zu eigen ist – forming, storming, norming, performing –, stand noch ganz am Anfang. Stattdessen richtete sich die gesamte Aufmerksamkeit aller auf die GL und deren Beschlussfassung. Hier war sich das Team einig, konnte sich gegen die GL solidarisieren, ohne sich gegenseitig „weh zu tun". Dadurch vermied das Team die notwendige interne Differenzierung und Klärung und konnte sich partiell immer wieder entlasten. In der Bearbeitung ihrer Themen, wie z. B. der Zusammenarbeit, war diese Vermeidungsstrategie wenig hilfreich. Untergründig war eine große Angst vor konflikthaften Auseinandersetzungen und dem damit verbundenen Risiko des „Rauswurfs" aus dem Team zu erkennen.

Aufgrund meiner gruppendynamisch geprägten Arbeit als Supervisorin, wie auch meinem Verständnis von Demokratie und Partizipation weiß ich, dass es nur im gemeinsamen Gespräch gelingen kann, sich über Zusammenhänge und Dynamiken der zu bearbeitenden Themen bewusst zu werden. Sich selbst und sich als Gruppe immer wieder zu reflektieren ist eine Voraussetzung, Lösungen für anstehende Probleme zu finden und handlungsfähig im Sinne der Selbstorganisation zu werden. Diese Haltung und mein Vertrauen, dass solche Prozesse gelingen können, stellte einen Gegenpool zur Haltung des Teams dar. Um die Gesprächsbereitschaft untereinander zu fördern, begann ich in der Supervision mit dem Aufzeigen und Visualisieren der Organisationsstrukturen. So wurde es möglich, die Geschichte der PBS auf dem Hintergrund der Vereinsstruktur und der neuen PKK-Struktur zu besprechen und zu bearbeiten.

Das LT und das Team erkannten, dass die Abhängigkeiten in hierarchischen Organisationen ungleich gegenseitig sind.

> „Besteht innerhalb des Ganzen eine Hierarchisierung, dann kann man im Sinne Lewins von *Interdependenz der Organisation* sprechen. Hier sind die verschiedenen Teile voneinander nicht in gleicher Weise abhängig. Der hierarchisch höhere Teil muss sich nicht notgedrungen in gleichem Ausmaß verändern, wenn ein darunter stehendes Teil sich verändert." (Soff & Stützle-Hebel, 2015, S. 88)

Dem LT wurde bewusst, dass es trotz einer eher autoritären Führung durch die GL, durchaus seinen eigenen demokratischen, partizipativen Führungsstil anwenden kann, um das Arbeitsklima und die Zusammenarbeit zu verbessern. Das bedeutete aber nicht, dass sich der Leitungsstil der GL gleichzeitig dahingehend veränderte.

> „Im Gegensatz zu Vorgesetzten zeichnet sich die Führungskraft durch eine eigene Professionalität aus. In der Realität beschränken sich Führungskräfte unsinnigerweise immer noch darauf, Vorgesetzter / Vorgesetzte zu sein. Nehmen sie aber ihre neue Herausforderung an, so kann es nicht mehr ihre Aufgabe sein, alles im Griff zu haben, sondern brauchbare feedbackgesteuerte Impulse zur Beeinflussung komplexer Prozesse zu geben. Führen heißt nun, soziale Prozesse zu steuern, deren Teil der Steuernde selbst ist". (Buchinger, 2008, S. 114)

KOMMUNIKATION: Im Fishbowl wurde es dem LT und Team möglich, gegenseitige Erwartungen anzusprechen und zu klären. In der Diskussion erkannten sie, dass eine Veränderung ihrer Zusammenarbeit nur zu erreichen war, wenn sie die Verantwortung für ihr Handeln übernahmen und anerkannten, dass sie in diesem Prozess in gleicher Weise voneinander abhängig waren.

Das LT dachte im Weiteren darüber nach, an welchen Entscheidungen das Team partizipieren konnte, welche Freiräume innerhalb der PBS dafür zur Verfügung standen und wie sie genutzt werden sollten. LT und Team wurden sich darin einig, dass Partizipation und Demokratie nur gelebt werden konnte, wenn sie miteinander über die Geschäftsvorgänge und ihre daraus resultierenden Befindlichkeiten sprachen.

> „In der Gruppendynamik kommt es vor allem darauf an, verschwiegene und unbesprochene Geschehnisse in Gruppen besprechbar zu machen. Wichtig dabei ist, dass die prozessbezogenen Themen, Beobachtungen, Einschätzungen, Bewertungen, Erwartungen und Befürchtungen, in der Gruppe zur Sprache kommen und nicht aus dem Diskurs ausgeschlossen bleiben. Die Arbeitsfähigkeit einer Gruppe erhöht sich, wenn sie Abgespaltenes, Tabuisiertes, Unkommuniziertes in den formellen Raum mit einbeziehen kann, und dies nicht im informellen Gespräch zwischen einzelnen Mitgliedern verbleibt.“ (Schattenhofer, 2004, S. 43)

Diese gruppendynamische Erkenntnis stellte ich LT und Team anhand des Eisbergmodells vor. Auf dieser Grundlage erarbeitete ich mit ihnen das Feedback, das sich in der alltäglichen Arbeit und Auseinandersetzung darüber als hilfreich und unterstützend erwies. So gewannen sie mehr Sicherheit, lernten konflikthafte Situationen anzusprechen und Lösungen zu suchen.

ZUSAMMENARBEIT: Ein demokratischer Führungsstil wirkt vor allem auf die Gruppenatmosphäre. Von Bedeutung ist hier das Experiment der Untersuchung über autokratisches und demokratisches Führungsverhalten von Kurt Lewin und Ronald Lippitt im Jahr 1937, als Wegbereiter der theoretischen und angewandten Gruppendynamik.

> „Die Überlegenheit des demokratischen Führungsstils betrifft vor allem die Gruppenatmosphäre …, die sich durch ein hohes Maß an Kooperation und einen deutlich geringeren Grad an Aggressivität der Mitglieder untereinander auszeichnet“. (Soff & Stützle-Hebel, 2015, S. 86)

Im weiteren Verlauf der Supervision definierten LT und Team gemeinsam, welche Anliegen und Aufgaben sie verändern wollten, damit sie gewinnbringend für das Team genutzt werden konnten. Genannt wurden die Organisation des gemeinsamen Team-Tages sowie die Teamsitzung.

UMSETZUNG: KONKRETE LÖSUNGEN

Die Organisation eines Teamtages mit inhaltlicher und struktureller Planung oblag bislang der Leitenden Ärztin. In der Supervision wurde überlegt, wie und durch wen der Tag gestaltet werden könnte. Folgende Lösung wurde erarbeitet: In einer Teamsitzung sollte das Thema des Tages gemeinsam festgelegt und eine Arbeitsgruppe (AG) gebildet werden, in der alle Berufsgruppen vertreten waren. Die AG wurde beauftragt, einen Entwurf des Team-Tages zu erarbeiten, der in der Teamsitzung vorgestellt und über den dann abgestimmt wurde. Im Anschluss daran sollten die jeweiligen Rollen und Aufgaben verbindlich verteilt werden.

Nach dem gleichen Prinzip der AG wurde die Teamsitzung neu strukturiert. Statt der Leitenden Ärztin, die bislang die Sitzungen leitete, wurde die Leitung abwechselnd von verschiedenen Mitgliedern der Leitung und/oder des Teams wahrgenommen. Die Tagesordnungspunkte wurden nach Wichtigkeit sortiert. Daraus resultierend bereiteten sich LT und Team wieder besser auf die Teamsitzungen vor. Beschlüsse und Entscheidungen der GL wurden nach Relevanz für die Beratungsstelle durch das LT vorgängig sondiert. Es wurden Zeitfenster reserviert, um Beschlüsse zu besprechen und ein einheitliches Vorgehen abzustimmen. Bei Fragen und Rückmeldungen zu den Beschlüssen wurde das LT vom Team beauftragt, diese in die GL-Konferenz einzubringen.

Fazit

LT und Team der PBS ist es gelungen, in einem gemeinsamen und partizipativen Entscheidungsprozess eine Änderung der Organisation des Team-Tages sowie eine Neustrukturierung der Teamsitzung, herbeizuführen. Dies gelang, weil sie in der Supervision erkannten, dass sie die Freiräume, die die autoritäre Führungskultur der Organisation doch auch zuließ, aktiv und konstruktiv für ihr Interesse nutzen konnten, die teaminternen Prozesse partizipativer und demokratischer zu gestalten. Darüber hinaus wurde ihnen bewusst, dass die Spannungen, die von den unterschiedlichen Führungskulturen innerhalb derselben Organisation herrührten, weiterhin bestehen bleiben würden. Mit dem Wissen darum, konnten LT und Team aber zunehmend besser mit den GL-Vorgaben umgehen und den Blick auf die gemeinsame Arbeit lenken.

Literatur

Brandt, W. (ohne Datum). URL: https://www.zitate.eu/author/brandt-willy/zitate/38307. Abgerufen am 31. 8 2018.

Buchinger, K. (2008). Teamarbeit und der Nutzen für heutige Organisationen. In P. Heintel, *betrifft: Team. Dynamische Prozesse in Gruppen* (S. 93–125). Wiesbaden: VS.

Schattenhofer, K. (2004). Gruppendynamik als Ausdruck manifester und latenter Prozesse. In K. Antons, A. Amann, G. Clausen, O. König & K. Schattenhofer, *Gruppenprozesse verstehen* (S. 39–50).Wiesbaden: VS.

Soff, M. & Stützle-Hebel, M. (2015). Die Feldtheorie – Einblick und Überblick. In K. Antons, & M. Stützle-Hebel, *Feldkräfte im Hier und Jetzt* (S. 65–95). Heidelberg: Carl-Auer.

Kristina Hermann

Von Angst, Wut und Ohnmacht zu Selbstermächtigung und Selbststeuerung

Hinführung

In demokratischen oder organisationalen Aushandlungsprozessen werden häufig Werthaltungen wie z. B. Verteilungsgerechtigkeit und andere ethische Themen verhandelt, bei denen es kein „richtig" oder „falsch" gibt, sondern es darum geht, in einem bestimmten Spannungsfeld eine tragfähige Entscheidung zu finden. Sobald das in Gruppen stattfindet, wirkt die Gruppendynamik und ermöglicht, verhindert, lähmt oder beschleunigt. Vielfach finden die Aushandlungsprozesse in großen Gruppen statt und haben schon viel fachlichen und emotionalen Vorlauf. Wenn man in einer Moderationsfunktion mit der Ausgestaltung einer bereits im Vorfeld emotional aufgeladenen Situation beauftragt ist, steht man quasi mitten in einem „Minenfeld" aus unterschiedlichen Interessen und Befindlichkeiten.

Dieser Beitrag dient der Reflexion solcher Situationen aus einer gruppendynamischen Haltung heraus. Dazu sollen die Entwicklung und der Ablauf eines Workshop-Designs dargestellt werden, das der Gruppendynamik in solchen Aushandlungsprozessen und dem notwendigen Zusammenspiel mit der beauftragenden Organisation Rechnung trägt.

Kurz gesagt geht es um: Wie aus Angst, Wut und Ohnmacht durch einen Großgruppenworkshop Selbststeuerung entstanden ist. Dabei sollen die gruppendynamischen Prinzipien in der Vorbereitung und der Designgestaltung des ersten Tages herausgearbeitet werden, die ermöglicht haben, dass die Gesamtgruppe eine ausreichende Arbeitsfähigkeit erreichte, um selbstgesteuert offene Punkte im Changeprojekt zu adressieren und tragfähige Entscheidungen herbeizuführen.

Das Praxisbeispiel und die angewendeten Prinzipien

Die Rahmendaten

Der Auftrag für den Workshop kam aus einer Organisation (>20.000 Mitarbeiter_innen), die inmitten einer großen Umstellung im Personalwesen steckte, welche alle Mitarbeitenden betraf. Es ging dabei um die Logik der Eingruppierung und darum sicherzustellen, dass die Entlohnung einer bestimmten Funktion über alle Bereiche hinweg vergleichbar und damit gerecht ist. Das Projekt lief bereits seit ca. 1,5 Jahren. Die Beauftragung kam durch die Projektverantwortlichen in der Zentrale.

Im Workshop sollten alle HR-Verantwortlichen (55 Personen, aus 8 Bereichen, zwei Hierarchiestufen) dabei sein. Diese würden zukünftig die Entscheidungen gegenüber den Mitarbeitenden vertreten und umsetzen müssen. Auf die Inhalte der Umstellung haben diese nur wenig Einfluss gehabt, aber sie können die Art und Weise der Kommunikation und Details in der Anwendung mitbestimmen.

Die ursprüngliche Anfrage war der Wunsch nach einem zweitägigen Seminar zum Thema Change (Veränderungsphasen, Kommunikation und Gesprächsführung), damit die HR-Verantwortlichen mit Widerständen besser umgehen könnten. In der Auftragsklärung kamen wir auf folgende Ziele:

- Abholen und Eingehen auf Bedenken, um ggf. Anpassungen im Projekt vornehmen zu können.
- Die Rolle der HR-Verantwortlichen im Umsetzungsprozess klären und Handlungsspielräume abstecken.
- Unterstützung geben, wie HR-Verantwortliche mit Widerstandssituationen besser umgehen können.
- Gemeinsam einen abgestimmten Kommunikations- und Umsetzungsprozess trotz unterschiedlicher Bereichsprozesse sicherstellen.
- Raum geben, damit die eigene Betroffenheit der HR-Verantwortlichen adressiert werden kann.

Die Phase der Vorbereitung und der Designentstehung

Im ersten Telefonat stand die Anfrage nach einem Seminar im Vordergrund, das in 1,5 Monaten stattfinden sollte und bereits vororganisiert war. Sofort stellten sich Fragen ein, wie: Warum kam die Anfrage so kurzfristig? Woher die Not? Wieso brauchen sie plötzlich Externe?

Insgesamt wirkte alles etwas wirr zu Beginn (was sich im Laufe des Prozesses immer wieder wiederholte). Somit war relativ schnell klar, dass es nicht nur um ein Seminar gehen konnte, sondern dass es sich um einen Workshop im Rahmen eines Changeprojektes handelte und wahrscheinlich auch eine hohe Betroffenheit herrschte. Mein Vorschlag war, am Beispiel der eigenen Betroffenheit und Widerstandsgefühle der HR-Verantwortlichen etwas darüber zu vermitteln, wie sie selbst Widerständen und Ängsten in ihren Bereichen begegnen könnten. Das heisst es wäre ein Workshop, der auch prozessorientierte Elemente beinhalten sollte, um auch die Projektinhalte und -umsetzung zu hinterfragen und so ggf. noch Klärungen herbeizuführen.

Prinzip 1: Eigene Irritationen im Erstkontakt wahrnehmen und ernst nehmen, aber Klärungen und Diagnose erst nach weiterem Beziehungsaufbau und im direkten Gespräch herbeiführen: In diesem Fall hat bereits das erste Telefonat viele Phantasien und zugleich Irritationen ausgelöst. Diese habe ich ernst genommen, um bereits erste Hypothesen zu bilden.

Im ersten Gespräch (Auftraggeber_in und beide Moderator_innen), zeigte sich eine komplexe Ausgangslage. Als wir unsere Vermutungen zu verborgenen emotionalen Themen (Angst vor Fehlern, Überforderung, Ablehnung des Projektes) ansprachen, wurde bestätigt, dass es tatsächlich neben dem Aspekt der Qualifizierung auch um Eingehen auf die Bedenken ginge und eine Einbindung derjenigen, die letztentschliedlich in der Umsetzungsverantwortung stehen werden. Die hohe Emotionalität bei den HR-Verantwortlichen gründete einerseits auf deren eigener Betroffenheit, denn sie waren ja schließlich auch Mitarbeitende. Andererseits mussten sich die HR-Verantwortlichen durch diese Umstellung plötzlich auch mit alten, ungelösten Konflikten oder Widersprüchen auseinandersetzen (z. B. vergleichweise zu hoch entlohnte Personen aufgrund vorangegangener Reorganisationen).

Prinzip 2: Klären des verdeckten Kontrakts mit Fragen wie: Welche indirekt ausgedrückten und unausgesprochenen Erwartungen hat der/die Auftraggeber_in? Dazu gilt es eigene Vermutungen und Thesen zu bilden und Sichtweisen abzugleichen, um weitere, tiefere Informationen vom System zu gewinnen. Zum relativ frühen und direkten Ansprechen und Abgleichen von Vermutungen gehört meines Erachtens auch der Mut, sich dem/der Auftraggeber_in mit seinen Hypothesen zuzumuten und ihm/ihr „näher" zu kommen, auch wenn man damit ggf. Abwehrreaktionen hervorruft. Das Registrieren von Abwehrmustern wie Vermeidung, Projektion, Abspaltung oder Übertragung hilft wiederum, eine Idee von Tabus in der Organisation zu bekommen. Der/die Auftraggeber_in kann also mit ihrer/seiner Art den Auftrag zu schildern, als Repräsentant_in der Organisation angesehen werden. Ein wichtiger Teil in der Vorbereitungsarbeit ist es, mit den Auftraggebenden an einer höheren Bewusstheit über die Situation zu arbeiten und damit einen Teil des Konfliktes zum Beispiel durch Hineinversetzen in die Betroffenen etc. bereits zu klären.

Nach dem ersten Gespräch entwarfen wir ein Design, das wir telefonisch mit der Auftraggeberschaft besprachen.

Im nachfolgenden Termin wurde nochmals deutlicher, welch ein Druck hinter diesem Projekt stand und welche Ängste bei dem/der Auftraggeber_in mit der prozessorientiert geplanten Veranstaltung verbunden waren. Vor allem ging es um die Angst vor dem „Versagen", wenn sich die HR-

Verantwortlichen überhaupt nicht darauf einlassen würden und wir stattdessen in Konflikten und einer hohen Unzufriedenheit stecken bleiben könnten. Es wurde immer wieder aufgebracht, wie man den Teilnehmer_innen noch etwas „mitgeben“ könnte. Das bezog sich auf Handwerkszeug, Tools oder Handouts. Aber beim genauen Hinschauen stellten sich all diese Elemente als banal heraus. Innerhalb des Treffens kristallisierte sich auch heraus, dass das einzige gemeinsame und direkt anschließende Thema die Abstimmung der Kommunikation bei der Umsetzung in den Bereichen betraf.

> **Prinzip 3: Es gilt, wahrzunehmen bzw. zu erschließen, was das zentrale Gefühl der Organisation bezogen auf das Veränderungsprojekt ist und wie die Verantwortlichen und Betroffenen versuchen mit diesem Gefühl umzugehen.** Dabei sind persönliche von organisationalen oder gruppendynamischen Anteilen zu differenzieren und zumindestens teilweise mit dem/r Auftraggeber/in vorab zu bearbeiten. Die Auftraggeberschaft schwankte zwischen zwei Polen, zwischen Angst einerseits und Vertrauen andererseits. Die Angst vor totalem Widerstand ging einher mit einer Verteidigungshaltung und dem Wunsch die Teilnehmenden zu „bedienen“. Der Vertrauenspol ging mit einer Klarheit einher, dass das Projekt gut genug aufgegleist war und mit dem Workshop ein Rahmen zur weiteren Klärung entstehen würde. Wir haben immer wieder den zweiten Pol bestärkt und die Verteidigungsimpulse in der Designerarbeitung eher beruhigt und unterbunden.

Das Ermöglichen von Selbststeuerung

Raum als Rahmen:
Da wir offene Positionen und flexible Räume schaffen wollten, in denen jede/r sichtbar werden konnte, ließen wir alle Tische aus dem Plenum und den Räumen, wo wir in Halbgruppen arbeiteten, herausnehmen. Dies stieß bei den Teilnehmenden zunächst auf Widerstand und Verwunderung, markiert aber eben auch eine andere Arbeitsweise. Tische böten bei der Gruppengröße vielerlei Versteckmöglichkeit und hätten vor allem eine feste und fixierte Sitzordnung gefördert, die so immer wieder neu zu finden war. Dies lässt sich als räumliches Element einer Kontextsteuerung betrachten, die bewusst gewohnte Strukturen aufbricht und bei Teilnehmer_innen zugleich die Selbststeuerung forciert.

Tag 1 – der Start:
Beim Start legten wir Wert darauf, dass die Teilnehmer_innen einerseits aktiviert wurden und andererseits angeregt wurden, in den offenen Austausch zu gehen, ohne dass es in dieser großen Gruppe zu langwierig wür-

de. Außerdem wollten wir die Gesamtlage sichten und die Zusammensetzung der Teilnehmer_innengruppe sichtbar machen. Dazu gestalteten wir nach einer Einführung durch die Projektverantwortlichen eine Kennenlernrunde, in der die TN[1] in wechselnden 3er-Gruppen über Motive und Bedenken reden konnten und nachher in Aufstellungen die Zugehörigkeiten nach Dauer, Verwaltungseinheiten und der Einschätzung der Gesamtlage abbildeten. Bei der Positionierung zur Gesamtlage fragten wir nach den Gründen für die Positionierung, um so bereits die Differenzen sichtbar zu machen und ihnen eine Geltung zu verleihen.

In der darauffolgenden Phase sollten die TN inhaltlich zum Thema Widerstand abgeholt werden. Die Art und Weise der Vermittlung sollte dazu anregen, Widerstand als etwas Normales und Gesundes anzusehen und seinen eigenen Widerstandsmustern auf die Spur zu kommen. Dazu gab es zwei Vorträge zu Widerstand und Rolle der TN als den HR-Verantwortlichen.

> **Prinzip 4: Berücksichtigen, wie zu vermittelnde Inhalte für die TN lebendig und in der aktuellen Situation relevant werden, um daraus ein Arbeiten und kollektives Lernen im „Hier und Jetzt“ zu ermöglichen.**
> Der Umgang mit Widerstand und Ängsten war das zentrale Thema und beherrschte auch eine Reihe der TN. In der Designplanung machten wir daraus für den ersten Tag einen sog. „methodischen Doppeldecker“. Das heißt, dass die TN neben inhaltlichen Inputs selber ihren eigenen Widerstand spüren und Klärungen mit der Projektleitung einleiten könnten. Auf diese Weise würden sie am eigenen Beispiel erleben, wie Widerstand sich anfühlt und was hilft, um aus der Widerstandsposition in eine aktive Klärungsposition zu gehen. Dies sollte sie unterstützen, auch in ihrer folgenden Arbeit in ihren Bereichen mehr offenen Dialog zu fördern, damit eventuelle Fronten sich nicht verhärten.

Anschließend sollten die TN in gemischten Gruppen auf die Gesamtorganisation schauen und die Frage diskutieren: „Wenn ich auf unseren Changeprozess schaue: Was spiegelt sich da von den eben dargestellten Phänomenen?“ Jede Gruppe sollte drei zentrale Fragen an das Change-Projekt mitbringen. Diese zu klärenden Fragen wurden nur kurz vorgestellt und der Gesamteindruck abgeholt. Daraufhin folgte die Mittagspause.

[1] Im Weiteren wird „TN“ an Stelle von „Teilnehmer_innen“ geschrieben – eine unter Gruppendynamiker_innen übliche Abkürzung.

Tag 1 – der Nachmittag:
Danach gab es zunächst eine Stellungnahme seitens der Projektleitung zur Klärung wesentlicher Fragen. Anschließend wollten wir mit den Gruppen die aktuellen emotionalen Befindlichkeiten herausarbeiten. Dies machten wir in zwei von uns moderierten Gruppen ohne die Beteiligung der Projektverantwortlichen. Die Gruppenbildung überließen wir der Gesamtgruppe und teilten uns dann als Moderator_innen intuitiv den Gruppen zu. In diesen Gruppen sollte die Frage bearbeitet werden: „Wie geht es mir persönlich als Vertreter_in der Organisation und was bedeutet das für die Organisation?“. In der Moderation war unser Ziel, dass die Mitarbeiter und Mitarbeiterinnen sich über ihre Gefühlslage hinsichtlich des Projektes klar wurden und in den Austausch darüber gingen. Interessanterweise verliefen die Diskussionen innerhalb der beiden Gruppen vollkommen unterschiedlich.

Der Großteil der HR-Verantwortlichen in der einen Gruppe äußerte, dass sie viel „Respekt“ vor dem Projekt hätten, sich aber gut vorbereitet fühlten. Ängstlich besorgt waren sie vorrangig aufgrund des Bedürfnisses, die Umsetzung sehr gewissenhaft, zeitgerecht und fehlerfrei erledigen zu wollen.

In der zweiten Gruppe war die Stimmung vollkommen anders – fast wütend. Es wurde viel kritisiert, Fehler wurden aufgezählt und Unzufriedenheit sowie Überforderungsgefühle benannt. Nicht alles wurde dem Projekt zugeordnet, da es sich zum Teil um Offenes oder Überschneidendes aus Parallelprojekten handelte. Die Gesamtlage wurde hier jedoch viel negativer eingeschätzt. Als uns diese sehr unterschiedliche Beurteilung und insbesondere die kritische Haltung der zweiten Gruppe bewusst wurde, entschieden wir uns für eine Programmänderung.

Ursprünglich wollten wir es bei dem Austausch in den Halbgruppen belassen. Da wir nun aber den Eindruck bekamen, dass hier eine Integration wichtig war, ergänzten wir nun doch noch einen Austausch in der Gesamtgruppe. So sollten die verschiedenen Einschätzungen der Gesamtsituation sichtbar werden und die kritischen Urteile nicht in den Untergrund abwandern. Nach einer gruppeninternen Abstimmung und Entscheidung darüber, was von den Diskussionsinhalten, von wem und wie nach außen kommuniziert werden sollte, stellten die Gruppen ihre Sichten vor. Die kritische Gruppe war dabei in der direkten Ansprache zwar nicht mehr ganz so radikal wie zuvor, blieb aber klar und doch konstruktiv und benannte Bedenken, Informationsdefizite oder die Ressourcenengpässe. Zugleich war es wichtig, dass demgegenüber die eher positiv gefärbten Einschätzungen der zweiten Gruppe und des Projektteams standen. Die gegenseitigen Standpunkte wurden hier nicht ausdiskutiert, sondern markiert, dass es anscheinend unterschiedliche Sichten auf das Projekt gäbe und es wichtig war, dass diese deutlich ausgesprochen wurden. Zusätzlich wurde vereinbart, dass die Projektleitung am nächsten Morgen nach einer internen Besprechung der Kritikpunkte etwas ausführlicher zu bestimmten Informationsbedarfen Stellung nehmen würde.

Prinzip 5: Setze einen Rahmen, der ausreichend irritiert, um gewohnte Strukturen zu unterbrechen und trotzdem genug Sicherheit und Raum für Selbstorganisation gibt. Ein Design soll Musterunterbrechung forcieren, aber trotzdem die Form der Organisation beachten. In diesem Workshop haben wir dazu versucht, das Relevante aus dem Informellen ins Formelle zu holen und als Diagnose für das Projekt zu nutzen: In solch einer Organisation wird im formellen Rahmen kaum über Gefühle geredet, während sie im Informellen „hochkochen". Wir näherten uns diesem Ziel, indem im Kennenlernen bereits die vielschichtigen Gefühle hinsichtlich des Workshops angefragt, aber zunächst noch untereinander besprochen wurden.

Prinzip 6: Gefühlsausdrücke, Widerstände und andere gruppendynamische Phänomene als Ausdruck des Systems betrachten, auf dieser Ebene behandeln und nicht individualisieren. Dieses Prinzip geht auf die Denkweise von Lewin zurück, der Gruppen als „Felder" mit Kräften und Spannungen ansah. Das Verhalten Einzelner ist demnach nicht isoliert zu betrachten, sondern untrennbar mit dem aktuellen Gruppengeschehen oder der Umfelddynamik verbunden. Dieses Prinzip beschreibt eine Haltung, die auch das Interventionsverhalten prägt. Durch das Ansprechen der Personen in ihrer organisationalen Rolle haben wir deren Gefühle nicht personalisiert sondern als diagnostische Beiträge zum Stand des Projektes betrachtet. Im besten Falle können darüber Organisationskonflikte und unterschiedliche Perspektiven integriert werden. Den verschiedenen Positionen sollte dabei ein Raum gegeben werden, in dem sie neben einander stehen können.

Der nächste Schritt im Programm war, wie vorab geplant, dass die HR-Verantwortlichen jedes einzelnen Bereiches die konkrete Situation besprachen. Die Leitfragen dafür waren: „Wie radikal ist der Wandel für uns? Wo stehen wir in der Veränderungskurve? Wie einheitlich bzw. wie unterschiedlich? Wie viel krisenhafte Stimmung / Angst erleben wir bei uns?". Als Ergebnisse brachte jede Einheit die zwei Aspekte mit, die am kritischsten für den Bereich eingeschätzt wurden. Die detaillierteren Diskussionsinhalte sollten aus Vertraulichkeitsgründen und der möglicherweise vorhandenen Konkurrenz zu anderen Bereichen der Organisation nicht veröffentlicht werden. In den anschließenden kurzen Berichten aus der Arbeit wurde erstaunlich offen berichtet. Es wurde deutlich wie unterschiedlich die Voraussetzungen, Arbeitsweisen und Projektfortschritte in den verschiedenen Bereichen waren. Der Tag endete nach dem Abendessen mit der Bildung von frei wählbaren Reflexionsgruppen (3–4 Personen).

> **Prinzip 7: Designs sollten Verbindung und Durchmischung an nötigen Verbindungsstellen schaffen und zugleich Schutz an relevanten Systemgrenzen sicherstellen, um die Organisationslogik zu respektieren und die Perspektiven zu erweitern.** Verbindung und Durchmischung stellten wir vor allem am ersten Vormittag her (Kennenlernen, Austausch zu gruppendynamischen Phänomenen in der Organisation und dann die Runde zur Befindlichkeit hinsichtlich des Projektes). Zugleich war uns in der Designerstellung wichtig, dass die heiklen Themen, die innerhalb eines Bereiches existierten und ggf. durch diese Diskussion berührt waren, zwar bearbeitet wurden, aber zugleich auch einen Schutzraum hatten. Das führte zu einer größeren Offenheit und weniger Widerstand, als wenn wir von vornherein verlangt hätten, dass die Problempunkte und der Umgang damit offen zurück zu melden wären.

Kurzer Ausblick auf Tag 2:
Das Programm wurde ergänzt mit dem Auftritt der Projektleitung am Tagesbeginn, um den Rahmen mit den wesentlichen Meilensteinen und Informationen nochmals ganz klar zu machen und dem Bedarf zu entsprechen. Dann wurden eine beispielhafte Kommunikationsarchitektur aufgezeigt und mögliche Kommunikationsgefäße vorgestellt.

Die Teams der Bereiche arbeiteten daraufhin in getrennten Räumen an ihren jeweils eigenen Kommunikationsarchitekturen und entwickelten, diskutierten und visualisierten ein passendes Vorgehen, welches sie später in der Gesamtgruppe vorstellten. Innerhalb der Präsentationen wurde deutlich, dass alle auch ohne vorangehende Vereinbarung zu einem relativ ähnlichen Vorgehen kamen und die vorhandenen Abweichungen für alle tragbar waren. Es entstand quasi eine Einigkeit ohne Einigung. Bedingung war meines Erachtens, dass im Vorfeld ein gemeinsames Grundverständnis erarbeitet worden war. Im Anschluss an die Präsentationen wurden noch kurz einige offene Aspekte und nächste Schritte besprochen. In einer abschließenden Aufstellung wurde deutlich, wie sehr die TN die konstruktive Arbeit an dem Thema geschätzt hatten und nun viel klarer und gestärkter in die Projektumsetzung gingen. Die Arbeitsatmosphäre und die tatsächlichen Ergebnisse wurden besonders hoch geschätzt.

Prinzip 8: Die Gruppe das selbst organisieren lassen, was die Gruppe selbst machen kann. Am zweiten Tag war die Gruppe weitestgehend selbstorganisiert und konnte Einigungen herbeiführen. Wir stellten nur noch einen Rahmen zur Verfügung. Während man anfangs mitunter genau prüfen muss, was man der Gruppe wie zumuten kann, um den Prozess stringent zu halten, geht es im weiteren Verlauf darum, Vertrauen zu haben in die selbstorganisierenden Kräfte und die Verantwortung an die TN abzugeben. Das bedeutet für die Leitung: Zulassen, dass man nicht gebraucht wird.

ZUSAMMENFASSUNG

Die angewandten gruppendynamischen Prinzipien verdeutlichen, wodurch es möglich wird, aus Angst, Wut, Ohnmacht und Vorwurfshaltung heraus zu kommen und stattdessen offene Punkte zu adressieren und tragfähige Entscheidungen herbeizuführen. Damit entspricht der Ablauf des Workshops in weiten Teilen einem Prozess mit demokratischem Charakter.

Im Nachhinein schien der erfolgskritische Schritt an der Stelle gewesen zu sein, wo die zwei Untergruppen sich gebildet hatten, und ihre aktuellen Gefühle bezogen auf die Situation reflektierten. Der nachfolgende Schritt war ein Austausch im Plenum. Dort wurde es möglich, zum ersten Mal im formellen Rahmen offen über die Bedenken der Betroffenen gegenüber der Projektleitung zu reden. Dass öffentlich klar, direkt und trotzdem konstruktiv eine Position bezogen wurde, ohne dass Angst vor Gesichtsverlust und weiterer Konflikteskalation bestand, stellte eine hohe Differenzierung in einer so großen Gruppe dar und schien unterstützend für die spätere selbstgesteuerte Arbeit.

Zusammengefasst ergibt sich, dass es wichtig ist, die typischen, aktuellen Muster in der Gruppe/Organisation zu erfassen und im Umgang damit angebunden und trotzdem abgegrenzt zu bleiben. Diese Spannungen, Muster oder zentralen Gefühle in Organisationen werden durch die Betroffenen repräsentiert bzw. ausgedrückt und zeigen sich oft schon in der Vorbereitung von Workshops. Wenn schon innerhalb der Vorbereitung eine angemessene Klärung mit den Auftraggebenden stattfindet, ist die Wahrscheinlichkeit höher, dass ein Workshopdesign auch stimmig für die Gruppe ist und dort ebenso Klärung möglich wird.

Die eigenen Gefühle können als Indikatoren genutzt werden. Um diese Gefühle ernst zu nehmen und auszusprechen, braucht es immer wieder neu den Mut, die innere Resonanz gegenüber den Kolleg_innen oder im System zur Verfügung zu stellen. Dies macht für mich das Gruppendynamische auch in der Arbeit mit Organisationen aus und ist aufgrund der Menschlichkeit in der Begegnung zugleich eine Wertschätzung gegenüber den Betroffenen, die hier positiv wirksam wird.

Für demokratische Klärungsprozesse braucht es meines Erachtens genau diese existenzielle Auseinandersetzung mit menschlichen Belangen. Dazu kommt Mut, sich und andere immer von Neuem zu hinterfragen – nicht als Machtspiel, sondern als ernsthaftes Bemühen um eine tragfähige Verständigung und Lösung innerhalb eines bestehenden Spannungsfeldes.

Lutz Lyding

Anschlussfähige Gruppendynamik für die Wirtschaft
Implementierung und Design eines Ultrakurzformats mit „Depotfunktion“ – ein Praxisbericht zum Nachmachen.

Dieser Beitrag schildert den Prozess der Einführung eines gruppendynamischen Ultrakurz-Trainings in einem internationalen Konzern. Der Konzern war gruppendynamisch bis dahin „unbeleckt“. Im Rahmen der internen Akademie wurden in den letzten 10 Jahren ausschließlich klassische Classroom-Trainings angeboten (25 Teilnehmer_innen, Powerpoint, frontal). Die Zielgruppe der Trainings ist das mittlere Management. Die gruppendynamische Arbeitsweise liefert zentrale neue Impulse, die Organisationen von heute brauchen und deshalb aktiv anfragen.

Dass klassische, fünftägige gruppendynamische Trainings ihre Wirkung nach und nach freisetzen, ist bekannt. Dass diese Freisetzung auch weit über das Training selbst hinausgeht, wissen wir ebenfalls. Gleichzeitig geben fünftägige Formate in Vollklausur mit formellem und informellem Teil ausreichend Möglichkeiten, erste „Freisetzungen“ zu bearbeiten. Aber wirkt Gruppendynamik auch an einem Tag?

Diese Frage wird im Folgenden anhand von konkreten Erfahrungen in einem Konzern untersucht. Im ersten Teil werden die Auftragsklärung und erfolgreiche Kontraktion dieses neuartigen Trainingsangebots aufgezeigt. In einem zweiten Teil wird das Design einer eintägigen Trainingsveranstaltung mit Gruppengrößen von zehn Teilnehmer_innen vorgestellt. Zum Abschluss wird die Erfahrung mit diesem kurzen Format gruppendynamischen Arbeitens reflektiert und mit ausgewählten Elementen von Demokratie in Verbindung gebracht.

Anfrage, Auftragsklärung und Kontraktion

Die Anfrage der Weiterbildungs-Akademie des Konzerns nach einem gruppendynamischen Seminar geht in einer Zeit des Kulturwandels ein. Das Unternehmen verabschiedet sich gerade von steiler Hierarchie, Vorgesetzter-entscheidet-Mentalität und Personalentwicklung als „Management von Defiziten“ und reduziert langjährige, autoritär geprägte Personalprozesse: Fast zeitgleich mit der Anfrage nach einem gruppendynamischen Format finden u. a. folgende Prozesse im Konzern statt (Auswahl):

- Die Krawattenpflicht für Führungskräfte wird aufgehoben. Ebenso das Bartverbot für Männer. Es gibt plötzlich ein Recht auf freie Wahl des äußeren Erscheinungsbildes.
- Über alle Ebenen hinweg wird das „Du“ als Anrede eingeführt – als Option, nicht als Pflicht. Die Nähe zum „Volk“, zu den Mitarbeitenden soll möglich und verstärkt werden.
- Die Weiterbildungslogik soll umgekehrt werden von „Seminare machen Schwache“ auf „Seminare sind ein Incentive, das Absolvent_innen fordern und deren Themen ich wählen kann.“ Die Entpathologisierung der Teilnehmer_innen hat begonnen.

Das erste Konzept, dreitägig, an einem externen Seminarort mit der Möglichkeit des informellen Kontakts unter den Teilnehmer_innen wird von der Akademie abgewiesen. Das sei ein zu großer Schritt und „den Geschäftsführer_innen“ nicht vermittelbar, außerdem zu teuer. Am Schluss der Verhandlung steht ein Kontrakt über 2 x 1 Tag „Gruppendynamik“. Die beiden Tage gehören inhaltlich zwar zusammen, können aber einzeln gebucht werden. Am einen Tag soll es um die Reflexion der eigenen Person in der Gruppe gehen. Am anderen Tag steht die Untersuchung der eigenen Wirksamkeit in Gruppen als Führungskraft und Teil einer Gruppe im Fokus.

Dieser Kontrakt gelingt, weil er den Autokrat_innen im Konzern vermittelbar ist: Die Vorgabe „Alle Trainings sind maximal eintägig!“ ist erfüllt. Gleichzeitig gibt der Kontrakt den Teilnehmenden die Freiheit, „mit den Füßen zu entscheiden“ und beide Tage „zu buchen“. Genau diese Kombination erscheint nach zwei Jahren Erfahrung mit dem neuen Seminar-Duo einer der Wirkfaktoren zu sein: Teilnehmer_innen besuchen das erste Training, „kommen auf den Geschmack“ und melden sich unter Bezugnahme auf ihre guten Erfahrungen mit diesem ersten, „andersartigen Seminar“ zum zweiten Training erneut an.

Design des Ultrakurzformats „Gruppendynamik“

Wie sieht das konkrete Design aus? Was ist daran typisch gruppendynamisch? Was eher untypisch? Wenn ja, welche Grenzen hat so ein kurzes Format? Darum soll es in diesem Abschnitt gehen.

Beide Tage beginnen mit einem klassisch gruppendynamischen Einstieg (vgl. König & Schattenhofer, 2011, S. 64 ff.): Den Teilnehmenden wird die Logik des Prozesslernens erläutert und sie werden eingeladen, sich selbst zum Untersuchungsobjekt zu machen. Das Motto lautet: Wer etwas über Gruppen und sein Verhalten in Gruppen lernen will, kann bei der heute hier anwesenden Seminargruppe mit dem Lernen beginnen. Wie soll das gehen?

Indem man wahrnimmt, was im Hier und Jetzt passiert, diese Wahrnehmungen so mutig und authentisch wie möglich mit den hier Anwesenden teilt und schließlich auf dieser Basis gemeinsam eine neue Gruppenrealität erzeugt (Geramanis, 2017, S. 21 ff.). Die Arbeit mit Tableaus dient dazu, Gemeinsamkeiten und Unterschiede in der Trainingsgruppe besprechbar zu machen (Antons, 2011, S. 293). Oder die Teilnehmer_innen werden aufgefordert, durch den Raum zu laufen und – ohne zu reden – Eindrücke von möglichst vielen Personen zu gewinnen, um sich anschließend zunächst zu zweit und dann zu viert miteinander zu unterhalten – ebenfalls über Gemeinsamkeiten und Unterschiede (vgl. Antons, 2011, S. 31 ff.).

Dann ist Pause – informelle Zeit bei einer Tasse Kaffee. Meist stehen die im Alltag so angepassten und klar strukturierten Manager_innen mit roten Ohren eng beisammen und sind weiter vertieft in Gespräche darüber, was hier heute so anders ist, als man es aus den Powerpointseminaren bisher kennt.

Danach unterscheiden sich die beiden Eintäger. Im Folgenden werde ich den Trainingstag mit dem Titel „Persönlichkeit und Selbstreflexion der eigenen Person in der Gruppe" näher beschreiben, in dem es vor allem darum geht, sich über die gegenseitigen Fremdbilder auszutauschen.

Dazu erhält die Gruppe eine einfache und zugleich sehr komplexe Aufgabe: „Geben Sie sich jetzt so offen wie möglich Feedback darüber, was Sie zum jetzigen Zeitpunkt an den je anderen hier wahrnehmen und welche Wirkungen das bei Ihnen hat." Dieser Auftrag wird von den Gruppen nicht selten zunächst ausführlich diskutiert. Es entsteht in den meisten Gruppen ein partizipativer Entscheidungsprozess. Der/die Trainer_in hört zu und hält das Setting, indem er/sie dazu ermuntert, Unterschiede im Erleben des Arbeitsauftrags zur Verfügung zu stellen und zu untersuchen. Die Zusammensetzung der Seminargruppen ist eine Mischung aus stranger- und family-lab (Amann, 2004), d. h. einige Teilnehmer_innen kennen sich aus der Projektzusammenarbeit oder sind sogar Arbeitskolleg_innen am gleichen Standort, andere sehen sich heute zum ersten Mal. Deshalb kommen Fragen auf, wie die „Hierarchie- bzw. Funktions-Unterschiede der Teilnehmenden, die im Unternehmen gegeben sind, sich auf den Entscheidungsprozess und die Gruppenatmosphäre auswirken:

- Haben die älteren Manager_innen, wie im Arbeitsalltag der Organisation üblich, auch hier den Vorrang bei der Entscheidung darüber, ob der Arbeitsauftrag umgesetzt wird oder nicht? Und welches Klima entsteht dadurch hier?

- Oder darf eine/ein Jüngere_r ebenfalls Einfluss nehmen und mitbestimmen, ob die Feedbackrunde stattfindet?
- Wollen die älteren Manager_innen überhaupt offene Rückmeldungen zur eigenen Wirkung bekommen oder soll es wie „draußen“ laufen: Feedback hat eine Richtung von „oben“ nach „unten“?
- Und: Wie vertraulich und verantwortlich wird mit dem Gesagten im Kollegenkreis wohl umgegangen? Kann so eine Feedbackübung negative Auswirkungen auf die spätere Zusammenarbeit haben?

Es geht also um die Thematisierung von Macht und die Wirkung verschiedener Formen ihrer Gestaltung im Hier und Jetzt der Seminargruppe. Und es geht um die Sensibilität für ein demokratisches Grundprinzip: die gemeinsam geteilte Verantwortung – hier für das Gelingen des Lernprozesses der Seminargruppe, im Arbeitsalltag für die dortige Zusammenarbeit.

Bisher sind alle Gruppen schließlich dazu übergegangen den Arbeitsauftrag anzunehmen. Dafür bietet der/die Trainer_in eine Struktur an, die die Gruppen i. d. R. gerne annehmen (vgl. Übungen zu Feedback, Antons, 2011, S. 98 ff.): Eine Person beginnt und bekommt von allen anderen Personen einzeln gesagt, welche Wirkung sie bei diesen jeweils hat (Fremdbild). Währenddessen schweigt die Person. Anschließend schildert sie der Gruppe, welche Resonanz das Gehörte bei ihr erzeugt. Diese hohe Strukturiertheit des Feedbacks ist für fünftägige gruppendynamische Trainings untypisch, wird aber hier gezielt angeboten, um die kurze zur Verfügung stehende Zeit maximal nutzbar zu machen. Erstaunlich ist, dass die in dieser Form des Feedbacks i. d. R. ungeübten Manager_innen sich durch das gemeinsame Tun im Tun entwickeln. Das ist wieder typisch gruppendynamisch: Lernen beim Machen. Während die ersten Feedbackrunden pro Person zwischen 15 und 20 Minuten dauern, werden die späteren Feedbacks immer intensiver, persönlicher und zeitlich ausgedehnter. Nicht selten bekommen Manager_innen, die die Gruppe erst am Nachmittag um ein Feedback bitten, eine sehr persönliche Rückmeldung von bis zu 40 Minuten Länge. Die Teilnehmer_innen sind ergriffen davon, soviel „zu bekommen“ und erleben Kontakt und Sensibilität in der Gruppe.

Die Grenzen dieses Designs zeigen sich in der Schlussrunde: Durch den „Brandbeschleuniger“ der gruppendynamischen Arbeitsweise erreicht die Seminargruppe oft schnell eine bemerkenswerte Arbeitsfähigkeit, deren Früchte sie aber nicht mehr ernten kann, weil der Trainingstag vorbei ist. Nicht selten beziehen sich Teilnehmer_innen in ihrem Schlussstatement auf die „besondere Gruppe“, mit der dies alles hier möglich war. Dabei meinen sie, dass sie großes Glück damit hatten, wer alles in der Gruppe als Teilnehmer_in war. Die Teilnehmer_innen können selbst bei entsprechenden Hinweisen noch nicht erkennen, wie sehr die gruppendynamische Methode der Prozessreflexion die Gruppenentwicklung und –kohäsion befördert hat. Und so finden sie es schade, dass man jetzt nicht „ein Projekt gemeinsam stemme“, was sicher „sehr erfolgreich“ werden würde. In fünftägigen gruppendynamischen Trainings wäre natürlich genau dies möglich: Sich weiter auf den gemeinsamen Prozess einlassen und die erworbene Arbeitsfähigkeit genauer untersuchen, hinterfragen und erweitern.

Eine zweite Limitierung ist – bei aller Ergriffenheit der Manager_innen nach diesem Tag – die aus Sicht gruppendynamischer Trainer_innen eher oberflächliche Art der Feedbacks. Wer im Staff fünftägiger Trainings mitgearbeitet hat, versteht, dass das, was am Donnerstag passiert, eben nicht am Montag passieren kann, egal wie viel „Brandbeschleuniger“ Anwendung finden.

Schließlich gibt es eine ethische Frage, die selbst nach einem erfolgreichen Abschluss solcher Eintäger beschäftigt: Wie verarbeiten einzelne Manager_innen diejenigen Rückmeldungen, die sichtbar getroffen haben, bei denen aber der Raum gefehlt hat, in der Resonanz ausreichend verdauungsfördernd zur Bearbeitung beizutragen? Immer wieder sind solche Teilnehmer_innen am Ende des Trainingstages innerlich beschäftigt und auch verunsichert und fahren so nach Hause. In fünftägigen gruppendynamischen Trainings gibt es doch meist – nicht immer – ausreichend Raum dafür, solche Eindrücklichkeiten gemeinsam zu bearbeiten. Dafür ist nicht zuletzt auch der informelle Rahmen, den Teilnehmer_innen eines Vollklausurtrainings nutzen können, inkl. Reflexionsgruppen oder Lernpartnerschaften sehr nützlich. Hier – im Ultrakurzformat – fehlt dies.

Fazit zu Mehrwert & Anschlussfähigkeit für die Demokratie in Organisationen

Da, wo Gruppendynamiker_innen sich darauf einlassen, haben Ultrakurzformate, die für Organisationen mit bisher klassischer Weiterbildung anschlussfähig sind, neben den genannten Limitierungen sicher auch Nutzen – Ultrakurzformate, in denen nicht alles geht, aber eben etwas; in denen nicht alles vorab festgelegt und definiert ist, aber eine Struktur bereitgestellt wird, die vieles ermöglicht.

Vor allem in Bezug auf drei Aspekte, die für demokratisch handelnde Organisationen und auch für eine demokratische Kultur erfolgsrelevant sind, lohnt es sich, auch mit solchen Kurzformaten zu arbeiten:

1. Die Reflexivivät als zentrales Element von Selbststeuerung und demokratischem Handeln wird auch hier gefördert. Reflexiv sein erleichtert die Bewältigung steigender Komplexität in global agierenden Organisationen und ist deshalb ein Wettbewerbsvorteil.
2. Die Erfahrung von Kontakt, wie er in dem beschriebenen Training erlebt wurde, kann anregen, die Kontaktfähigkeit zwischen den Menschen in der Organisation weiter zu entwickeln. Gelingt es, diese Welle der nachmittäglichen Ergriffenheit im Arbeitsalltag weiter zu „reiten", verbessert das die Teamdynamik. Wer kontaktfähig ist, kann als Manager_in partizipative Prozesse leichter ermöglichen. Und Partizipation ist ein demokratisches Element.
3. Schließlich können solche Kurzformate ein Türöffner für eine intensivere Beschäftigung mit prozessorientierten, gruppendynamischen Seminarangeboten sein. Das zeigen diejenigen Teilnehmer_innen, die in den letzten zwei Jahren auch den zweiten Baustein des o. g. Formats buchen, freiwillig.

Sicher ist aber auch, dass die Wirkung solcher Kurzformate sich erst entfalten kann, wenn die Teilnehmenden anschließend im Arbeitsalltag so begleitet werden, dass die angestoßenen Kompetenzen weiter gepflegt und entwickelt werden.

Literatur

Amann, A. (2004). *Reflexive Vergemeinschaftung. Zu Struktur und Prozess gruppendynamischer Praxis.* Inauguraldissertation zur Erlangung des Grades eines Doktors der Philosophie im Fachbereich Gesellschaftswissenschaften/Schwerpunkt Soziologie der Johann Wolfgang Goethe-Universität zu Frankfurt am Main. (PDF: https://core.ac.uk/download/pdf/14502308.pdf; Abgerufen am 6.11.2018).

Antons, K. (2011). *Praxis der Gruppendynamik: Übungen und Techniken* (9. Aufl.). Göttingen: Hogrefe.

Geramanis, O. (2017). *Mini-Handbuch Gruppendynamik.* Weinheim: Beltz.

König, O. & Schattenhofer, K. (2011). *Einführung in die Gruppendynamik* (5. Aufl.). Heidelberg: Carl-Auer.

Gruppendynamik im politischen und gesellschaftlichen Kontext

Enrico Troebst

„Matrose oder Kapitänin?“ Interventionen mit Metaphern in einem Workshop der politischen Bildung

Mit Hilfe von Smartphones organisieren Gruppen spontane Demonstrationen. Auf Social-Media-Plattformen werden Wahlkämpfe mitentschieden. Crowdfunding im Internet ermöglicht die Finanzierung politischer Initiativen. Die Digital Communities sind zu einem Einflussfaktor für politische Entscheidungen und Prozesse geworden. Aber die Rekrutierung des politischen Personals und politische Aushandlungsprozesse finden weiterhin im analogen Raum statt – in Versammlungssälen, Sitzungsräumen und auch Hinterzimmern. Und alles spricht dafür, dass sich dies nicht ändern wird. Denn in der politischen Konkurrenz-Arena können sich letztlich nur jene Akteur_innen dauerhaft behaupten, die in persönlichen Kontakten Vertrauenskapital erwirtschaftet und einander Verlässlichkeit erwiesen haben.

Wer sich ernsthaft politisch engagieren will, dem/der wird daher der Weg zum Versammlungsort der Gleichgesinnten gewiesen: in den Ortsverein einer Partei, zur Sitzung einer Gewerkschaftsgruppe oder zum Treffen einer Bürgerinitiative. Politik wird in Gruppen „gemacht“.

Wir nehmen einmal vereinfacht an, dass dort die Aufnahme des oder der Neuen sehr freundlich ist. Doch alsbald könnten sich Irritationen einstellen. Beispielsweise weil in der Versammlung gar nicht von den nach außen hin vertretenen großen Zielen die Rede ist, derentwegen man sich zu einer Teilnahme entschlossen hat, sondern vom organisatorischen Alltagsgeschäft; oder weil sich herausstellt, dass die öffentlich solidarisch auftretenden Akteurinnen und Akteure in Wirklichkeit heftig miteinander streiten. Zudem mag die/der neu Hinzugekommene merken, dass es überhaupt nicht einfach ist, auf den Lauf der Beratungen wirksam Einfluss zu nehmen.

Zusammen mit einem Kollegen habe ich einen Tages-Workshop konzipiert, der sich an engagementbereite Menschen wendet, die nach derart frustrierenden Anfangserfahrungen nicht aufgeben wollen. Im aktuellen Ausschreibungstext werden „Anregungen für ein erfolgreiches Engagement“ im politischen Ehrenamt in Aussicht gestellt sowie Antworten auf die Frage „Wie finde ich für mein Anliegen Gehör?“.

Einladung zur Beobachtung der Beziehungsebene

Als Soziologe will ich meinen Teilnehmenden Einsichten in soziale Regeln ermöglichen, die in Kulturen des politischen Gruppenlebens gelten. Als Gruppendynamiker geht es mir folglich darum, alsbald den Blick auf die Beziehungsebene zu lenken und diese besprechbar zu machen. Meine erste Intervention ist daher die humorige Aufforderung, sich mit einer Metapher vorzustellen: Die Eintreffenden werden gebeten, sich auf einer Anwesenheitsliste in Plakatgröße mit Angaben zur Person einzutragen und den Satz zu ergänzen „Auf einem Schiff wäre ich ...".

Wer als „Matrose" oder „Matrosin" anheuern will, kann sich in der Regel schneller entscheiden als die Ambitionierteren. Von letzteren beantwortet kaum jemand die Frage ohne Zögern. Denn die Situation hier in der Seminargruppe ist die gleiche wie im Engagement-Feld: Man kann sich über die Konkurrenzsituation um einflussreichere Rollen und Positionen noch nicht sicher sein und sollte diese besser erst einmal erkunden. Auf der Liste gibt es schließlich eine Reihe von „Offizierinnen", „Lotsen", „Maschinenführerinnen" u. ä. m., auch „Kapitäne" geben sich zu erkennen – manchmal sogar mehrere zugleich.

Die Frage nach der angestrebten Position auf der „MS Politik-Engagement" kann unsere überwiegend linksliberal eingestellten Teilnehmenden auch kulturell vor eine Herausforderung stellen. Viele vertreten nämlich ein Demokratie-Ideal mit einer argwöhnischen Sicht auf Hierarchien, oder sie stellen deren Notwendigkeit sogar in Frage. Die Verwendung der Schiffsbesatzungs-Metapher hat im politischen Kontext allerdings auch Grenzen: Anders als in der Wirtschaft oder eben auf einem Schiff werden politische Funktionen und Mandate nur auf kurze Zeit erteilt, die Inhaber_innen von politischen Machtpositionen unterstehen einer fortwährenden Kontrolle durch ihre Basis und müssen sich in aufwändigen Prozessen immer wieder legitimieren.

Prozessanalyse

Zu einem fortgeschrittenen Zeitpunkt meines Workshops ist es dann aber hilfreich, wenn ich unter Gebrauch des eingeführten nautischen Vokabulars zu einer Prozessanalyse einlade. Die Teilnehmenden haben zuletzt in Kleingruppen kommunalpolitische Aktionen konzipiert, ihre Ergebnisse im Plenum vorgestellt und dort gemeinsam diskutiert. Jetzt stelle ich ihnen die Aufgabe, sich über die hier und heute gemachten Kooperationserfahrungen auszutauschen: „Eure Zusammenarbeit in den Kleingruppen lässt sich in mancher Hinsicht mit einer Bootsfahrt vergleichen. Erzählt doch bitte davon in einem Bild, das ihr gemeinsam malt unter dem Titel „Zusammen in einem Boot – das Wetter, die Crew, das Ziel“.

Im Laufe des Tages hatten die Teilnehmenden bereits mehrfach Gelegenheit, sich über ihre eigenen sozialen Erfahrungen beim Politik-Engagement gegenseitig Auskunft zu geben – so z. B. in einer Runde über „meine Eindrücke beim ersten Besuch einer politischen Versammlung“. Jetzt steht die Aufforderung im Raum, sich mit künstlerischen Mitteln Feedback zu geben bzw. dieses einzuholen, was in der Regel zunächst zögernd angenommen wird, bevor es dann aber in den Kleingruppen recht fröhlich zugehen kann.

Ich selbst bin stets gespannt, was sich von meinen eigenen Eindrücken in den farbigen Zeichnungen wiederfinden wird. Denn in der etwa halbstündigen Arbeitsphase, die jetzt dargestellt werden soll, habe ich den Kleingruppen wiederholt kurze Besuche abgestattet. Ich habe die Akteur_innen als unterschiedlich eifrig wahrgenommen, Wortführer_innen ausgemacht und mich gefragt, ob eine Sitzordnung wohl Aufschluss über den Kooperations-Modus geben kann. Bei Wiederholungsbesuchen habe ich oft eine veränderte Konstellation vorgefunden.

Die Bilder werden im Plenum vorgestellt, und ich habe Anlass zu Nachfragen, z. B.: „Wo ist denn hier der Kapitän oder die Kapitänin?“ Nicht selten ist die Antwort: „Wir waren alle Matrosen. Bei uns ging es ganz demokratisch zu.“ Begriffe aus der Seemannssprache helfen jetzt, näheres über die Differenzierungen herauszufinden, die ich bei meinen Kleingruppen-Besuchen sehr wohl ausgemacht habe: „Bei einer Gelegenheit habe ich die Konzentration der Gruppe auf eine Rednerin bemerkt und mich gefragt, ob ihr wohl die Kapitänsmütze aufgesetzt worden ist?“ „In einer anderen Gruppe ist mir jemand aufgefallen, der von Beginn an mit der Herstellung des Präsentations-Plakats beschäftigt war. Es könnte sich vielleicht um einen Steuermann gehandelt haben, mit dem Filzschreiber als Steuerpinne in der Hand.“

Meine Einlassungen zielen auf Beobachtungen, die ich nur im Vorübergehen machen konnte. Die Frageform oder der Konjunktiv zusammen mit der metaphorischen Sprache sind erkennbar meine Deutungsangebote und keine Behauptungen des Seminarleiters. Sie sollen die Beteiligten zu Reflexionen über ihr eigenes Handeln und über das Kooperationsgefüge in ihrer Kleingruppe anregen. Wenn mir die erstaunte Reaktion einer Teilnehmerin dazu Anlass gibt, kann ich direkter werden: „Ja, nach meinem Eindruck hast du deiner Gruppe eine wichtige Orientierung gegeben – oder wie sehen das die anderen Beteiligten?“ Ich stelle meine Beobachtung zur Verfügung und erfrage gleichzeitig die der Gruppenmitglieder. Wenn ich richtig gelegen habe, dann fühlen sich die Beteiligten vielleicht ermutigt, differenziertere Wahrnehmungen auszutauschen: „Ja, zwischenzeitlich kam es auch mir so vor, als ob wir hier eine Lotsin an Bord hätten.“ Das ist leichter gesagt als die Feststellung zu treffen, dass jemand unter uns Gleichen tatsächlich eine „Machtposition“ innegehabt hat. Gelegentlich sind Teilnehmende überrascht darüber, dass sie selbst in einer Führungsrolle wahrgenommen worden sind. So eine Entdeckung über die eigene Selbstwirksamkeit wird sie möglicherweise beim Politik-Engagement ermutigen.

Reden über „Macht“ und „Zugehörigkeit“

Die gruppendynamische Raumdimension „Macht“ und die Konkurrenz um Einfluss wird von mir am häufigsten thematisiert. Hier geht es um das Kerngeschäft politischen Engagements, um das Erringen von Zustimmung für die eigenen inhaltlichen Positionen und die Unterstützung der Gleichgesinnten. Neuankömmlinge sind allerdings oft darüber irritiert, dass die nach außen kommunizierte Konkurrenz der politischen Ideen und Protagonisten sich auch im Inneren politisch agierender Gruppen und Organisationen wieder findet. „Ich hab’s mir eigentlich solidarischer vorgestellt“, heißt es dann, wenn von zähen Antragsberatungen und Fraktionsstreitigkeiten berichtet wird. Andere Teilnehmende wiederum haben einen Arbeitszusammenhang mit „wirklich sehr netten Menschen“ kennengelernt, von denen sie viel Unterstützung und Orientierung erfahren. „Wer kann sich vorstellen, dass solche wegweisenden Lotsen auch Interessen bezogen handeln?“ Nirgendwo ist das Persönliche und Private so politisch wie hier, wo Freundschaften auch politische Bündnisse sind.

Wer sich neu in Gewässern des ehrenamtlichen Politik-Engagements orientieren will, kann in Navigationsschwierigkeiten geraten, wenn falsche Positionslichter gesetzt werden. „Hier geht es nur um die Sache“, heißt es bei einem offiziellen Appell. „Da verfolgt jemand seine ganz persönlichen Interessen“, wird dagegen unter Deck gemunkelt. Tatsächlich erfordern es die sozialen Rollenzwänge im Politikbetrieb, dass die Akteur_innen stets mit einer doppelten Agenda von inhaltlichem Anliegen und persönlicher Einflusssicherung agieren. Es ist Aufgabe der politischen Bildung, über solche organisations- und gruppendynamischen Zusammenhänge aufzuklären und somit Engagement-Bereite im Interesse ihrer eigenen Orientierungs- und Handlungsfähigkeit ins Bild zu setzen.

Wie wichtig ist es eigentlich, sich an den Beratungen und am informellen Austausch „unter Deck“ zu beteiligen, wenn ich politischen Einfluss gewinnen will? Teilnehmende, die diese Frage stellen, ahnen bereits, dass außerhalb der offiziellen Sitzungen und politischen Aktivitäten abends beim Bier wichtige Vorentscheidungen getroffen werden. Um im Bild zu bleiben: Im Politikbetrieb muss regelmäßig mit „Meutereien“ gerechnet werden. Deren Vorbereitung, ebenso wie die Vorkehrungen für deren Abwehr, findet naturgemäß im Verborgenen statt. Wenn ich diese drastische Metapher wähle, treffe ich eine Aussage über die Legitimität von Machtkämpfen in politikaktiven Gruppen, die selten unwidersprochen bleibt. Aber ich muss nicht insistieren, sondern kann mich auch darauf beschränken eine ggf. sich anschließende Diskussion zu moderieren, in der immer wieder facettenreich ganz unterschiedliche Erfahrungen und eigene Ansprüche zur Sprache kommen, worauf man denn bereit ist, sich einzulassen.

Bestimmte Antworten auf die Eingangsfrage („auf einem Schiff wäre ich ...“) können mir Anlass geben, um auf die gruppendynamische Raumdimension „Zugehörigkeit“ zu sprechen zu kommen. „Wer als zahlende ‚Passagierin‘ an Bord geht, die erwartet möglicherweise eine angenehme Überfahrt auf dem Sonnendeck. Sie braucht sich nicht am mühsamen seemännischen Handwerk zu beteiligen, geht allerdings auch leer aus, wenn die Mannschaft eine Prise unter sich aufteilt.“ „Wer im ‚Ausguck' sitzt, hat gewiss einen guten Überblick. Aber werden seine Zurufe auch auf der Brücke gehört, wo man mit modernen nautischen Instrumenten navigiert?“ Näher am Zentrum des Geschehens ist gewiss die „Redakteurin der Bord-Zeitung“ bei ihren Recherchen.

Wenn ich mir situationsbezogen bei einem/r bestimmten Teilnehmer_in sicher bin, dann kann ich eine direkte Frage zu Diskrepanzen zwischen den Beteiligungswünschen und der eigenen Positionierung stellen. Ein sechsstündiger Workshop mit zwölf bis zwanzig Personen setzt meinen Beobachtungsmöglichkeiten allerdings Grenzen.

Politische Gruppen, Initiativen und Organisationen müssen nach außen hin mit gewandten Rednerinnen und klug argumentierenden Diskussionspartnern überzeugen. Bei Engagement-Bereiten entsteht daher häufig das Missverständnis, dass sie selbst sich im rhetorischen Habitus der szenetypischen Vertreter_innen versuchen müssten, um Anschluss zu finden. Aber auf der politischen Hinterbühne hat nur das Wort derjenigen tatsächlich Gewicht, die über einen gewissen Zeitraum ihre Verlässlichkeit unter Beweis gestellt haben. Dazu gehört in den politischen Milieus, in denen die Teilnehmenden unserer Seminare aktiv sind, eine Bewährungszeit im „Matrosen“-Status. Für jene, die beruflich in einer Verbandsgeschäftsstelle oder dem Büro einer Mandatsträgerin arbeiten und sich dabei anstellig erweisen, kann freilich ein Karrierestart aus der Vorzugsposition einer „Kadettin“ in Frage kommen.

Ermutigung und Klärung

In der Abschlussrunde ist Gelegenheit, die Lernerfahrungen des Tages zu resümieren. Stets sind viele Teilnehmende ermutigt, sich mit ihren neuen Einsichten und frischem Schwung weiter auf ein Engagement draußen in ihrer politikaktiven Gruppe einzulassen. Andere sind jetzt darüber ins Nachdenken gekommen, ob sie sich auf die zeitlichen Beanspruchungen und sozialen Verpflichtungen einlassen wollen, die sie bei der Verfolgung ihrer politischen Ambitionen aufbringen müssten. Auch das ist recht, denn mein Orientierungsangebot ist keine Werbeverkaufsveranstaltung für das politische Ehrenamt; ich fühle mich auch jenen Teilnehmenden verpflichtet, die auf einem für sie falschen Kurs persönlich hätten Schiffbruch erleiden können.

Werner Zimmer-Winkelmann

Demokratie beginnt in Gruppen, aber wenn wir es dabei belassen, können wir genauso gut Fußball spielen gehen

DAS SEMINAR

Bei dem Training handelt es sich um eine Seminarreihe von insgesamt 6 Seminartagen, verteilt auf drei Wochenenden. An den ersten beiden Wochenenden arbeiteten wir uns an der „Kritik der Politischen Ökonomie des Kapitalismus“ von Karl Marx ab. Mit Hilfe seiner Kapitalismusanalyse wollten wir den realen Machtverhältnissen und deren Auswirkung auf demokratische und Beteiligungs-Prozesse auf die Spur kommen. Im dritten Teil wollten wir klären, wie eine Alternative zum Kapitalismus aussehen könnte, in der die Beschäftigten ihre Interessen kollektiv und wirksam durchsetzen können.

Gegenstand des Seminars

Demokratie verstehen wir als die Einheit von Struktur und Prozess. Das bedeutet, dass die Verfügungs- und Entscheidungsgewalt über die eigenen Angelegenheiten sowohl entsprechende gesellschaftlich-strukturelle Formen benötigt als auch die konkrete Gestaltung der Interaktionsprozesse zwischen den Akteur_innen.

Das Seminar sollte deshalb als grundlegendste Voraussetzung für das Verständnis demokratischer Strukturen und Prozesse zunächst unverzichtbares Wissen über die Kritik der Politischen Ökonomie, also die real vorhandenen Kernstrukturen des Kapitalismus vermitteln. Demokratie ist eine ganz praktische Frage und kein Abstraktum. Die Strukturen bestimmen, wie weit es möglich ist, im Sinne der eigenen Lebensinteressen und Bedürfnisse gesellschaftlich und kollektiv wirksam zu werden.

Demokratie benötigt aber auch bestimmte Formen des Umgangs miteinander, um sich innerhalb der Strukturen und Bedingungen real und wirksam bewegen zu können (und im Falle der Unzulänglichkeiten dieser Strukturen diese als Voraussetzungen echter Demokratie selbst zu verändern.)

Methodische Vorbemerkungen

Im Konzept waren nach Vorträgen von Fachexpert_innen anschließende kritische Auseinandersetzungen zunächst im Plenum und danach zur Vertiefung in Arbeitsgruppen vorgesehen.

Einen gemeinsamen Erfahrungsraum im Hier und Jetzt wollten wir mit einem Planspiel schaffen. Der Gesamtzusammenhang aus demokratischen Strukturen, gesellschaftlicher Macht, Einfluss durch Bürger_innen sowie demokratische und gruppendynamische Prozesse wollten wir in der Gruppe auswerten.

Die im Seminar und in den AGs je aktuell stattfindenden gruppendynamischen Prozesse sollten genutzt werden, um den Zusammenhang bewusst zu machen, wie die Art des Umgangs miteinander im Seminar sich auf die je aktuelle Bereitschaft und Fähigkeit zur Kooperation im Seminar auswirkte und damit auf die Fähigkeit, Interessen gemeinschaftlich wirkungsvoll durchsetzen zu können.

Verwahrloste Diskussionskultur

Im Seminar wurden wir – wie erwartet – schnell auf den Boden der aktuellen gesellschaftlichen Realitäten zurückgeholt. Wir wurden mit den psychischen Deformationen konfrontiert, die den modernen Menschen im verfallenden Kapitalismus auszeichnen: die übliche Verwahrlosung, mit der die Individuen häufig in Gruppen miteinander „kommunizieren“, also ihre Angelegenheiten besprechen und diskutieren.

Viele Teilnehmende konnten sich nicht verständlich ausdrücken und argumentierten umständlich, monoton und langatmig. Sie sprangen von Thema zu Thema, brachten nebensächliche Teilaspekte ein und verloren sich im thematischen Gestrüpp. Bei ihren Ausführungen bezogen sich die Teilnehmenden selten auf das, was die Vorredner_innen beigetragen hatten. Der eigene Wortbeitrag war eher Ausdruck persönlicher Befindlichkeiten und trug häufig nicht zur Weiterentwicklung der Diskussion um das eigentliche Thema bei.

Die Bereitschaft und Fähigkeit, in der Gruppe miteinander zu kooperieren war widersprüchlich, grundsätzlich aber unterentwickelt. Der/Die andere wurde oft nicht als Kolleg_in betrachtet, mit der die Realisierung eigener Interessen und Bedürfnisse möglich wurde, sondern als Besitzer_in einer Meinung, die als eher absurd, unbrauchbar und irrelevant zurückzuweisen war.

In dieser Diskussionskultur kam auch der subalterne Charakter der Teilnehmenden, der Geist der Untertanen zum Ausdruck. Diese waren es gewohnt, dass sie im Betrieb Befehl und Gehorsam unterworfen und ohnmächtig der Macht ausgeliefert waren. Im Seminar gab es endlich die Gelegenheit, Gehör zu finden. Das taten die Teilnehmenden in einer Weise, wie es ihrer betrieblichen Praxis in der Produktion entsprach: unreflektiert und wenig die unmittelbaren, sozialen Folgen des eigenen Redebeitrags beachtend.

Dass die Gruppe ohne Steuerung (also Interventionen) durch die formale Leitung innerhalb der vorgegebenen knappen Zeit nichts zustande bringen würde, war unübersehbar. Die notwendigen Interventionen mussten aber einem doppelten Ziel genügen. Sie durften nicht nur die reine und nackte Leistungsfähigkeit der Gruppe fokussieren. Die Interventionen selbst mussten in ihrem Inhalt (also Intention und Bedeutung der Intervention) und ihrer Form (sprachlicher Ausdruck, Auftritt des/r Leitenden) auch einen Beitrag leisten, den Zusammenhang aus demokratischer Form, Gruppenprozess und der Auswirkung des jeweils eigenen Verhaltens auf die demokratische Handlungsfähigkeit bewusst zu machen.

Grundsätze der Interventionen im demokratischen Geist

- Die persönlichen Motive des/r Leitenden, nunmehr den Diskussionsprozess zu unterbrechen, müssen offengelegt werden und sollten wahrhaftig sein, also tatsächlich mit der sprachlich formulierten Absicht übereinstimmen.
- Die Intention des/r Intervenierenden muss von einem Interesse an einer die Demokratie fördernden Diskussionskultur getragen sein und von dem Willen, zu dieser beizutragen.
- Die Motive und Gründe für die Intervention müssen für die Gruppe rational und verständlich begründen, warum gerade jetzt die inhaltliche Diskussion unterbrochen und der Gruppenprozess als solcher in den Fokus genommen wird.
- Die Interventionen müssen sich schlüssig immer aus dem je aktuellen Gruppenprozess und den für alle wahrnehmbaren Gruppenproblemen ergeben. Jedem Versuch der Pathologisierung von individuellem Verhalten ist zu widerstehen.
- Die Intervention darf nicht ausschließlich den aktuellen Gruppenprozess thematisieren. Sie muss auch den Zusammenhang zwischen aktuellem Prozess und dem großen Thema Demokratie so weit wie

möglich herstellen. Selbstverständlich ist das Mindeste, dass Wörter wie „Demokratie“ überhaupt verwendet werden.[1]

Beispielhafte Interventionen im Plenum

- „Auf welche Weise haben die von euch beobachteten Phänomene im Diskussionsprozess zur Stärkung oder zur Schwächung der Gruppe und ihrer demokratischen Handlungsfähigkeit beigetragen?“
- „Was glaubt ihr, welche demokratischen Prinzipien aber auch Strukturen, die ihr als demokratisch bezeichnen würdet, hat diese Gruppe in der letzten halben Stunde verletzt?“ „Was ist die Ursache dafür und was muss hier wer verändern, damit wir unserem Anspruch an Kooperation und Demokratie besser gerecht werden können?“
- „In welchem Zusammenhang seht ihr den bisher erlebten Gruppenprozess mit unserer Absicht, aus diesem Seminar gestärkt für den Kampf um gesellschaftlichen Einfluss draußen herauszugehen?“
- „Was hat das, was wir hier erlebt haben, mit Demokratie zu tun?“
- „Wo seht ihr Unterschiede im Verhalten hier und im Verhalten draußen in Eurem Arbeitsalltag und was ist die Ursache dafür?“ „Welche Bedingungen hier ermöglichen demokratische Diskussionen? Worin seht ihr Unterschiede zu Eurer Lebenspraxis draußen im Betrieb?“

Die Interventionen trugen zu einer allmählichen Veränderung des Diskussionsklimas in Richtung Kooperation bei. Dies geschah dadurch, dass den Teilnehmenden ihr eigenes Verhalten und der Zusammenhang zur Diskussion bewusster wurde. Das lag auch daran, dass Bedürfnisse, die im kapitalistischen Alltag zwangsläufig verletzt werden (Kontakt, Beziehung, ...) hier befriedigt wurden, dadurch ihre Spannung verloren und andere Bedürfnisse – wie zum Beispiel eben nach Kooperation – bedeutsamer werden konnten.

Das Planspiel

Die Ausgangssituation in dem Planspiel: Der Bauunternehmer einer Region, Arbeitgeber für viele Bürger_innen, plant in einem Naturschutzgebiet

[1] Karl Schattenhofer schreibt, dass „prozessbezogene Themen, Beobachtungen (…) nicht aus dem Diskurs ausgeschlossen bleiben“ dürfen. Aus dieser Beobachtung folgt die Notwendigkeit der konkreten sprachlichen Benennung jedes bedeutsamen Diskursgegenstandes, sonst entzieht dieser sich dem Bewusstsein der Gruppe und damit seiner Bearbeitung (Schattenhofer 2001, S. 43). Auch Rechtien (1997, S. 60) betont die Notwendigkeit der „Thematisierung des Verhältnisses von Sachinhalt und Interaktionsdynamik“ – was in der gruppendynamischen Praxis weitgehend ignoriert wird.

die Erweiterung seiner Betriebsanlagen. Falls die aus ökonomischen Gründen notwendige Erweiterung nicht möglich sei, würde er seinen Betrieb ins Ausland verlagern. Dagegen formierte sich Protest aus politischen Gruppen, Gewerkschaften und einzelnen Bürger_innen.

Das Planspiel bestand aus einer vorbereitenden Sitzung der Vertreter_innen der Protestbewegung, einer danach stattfindenden öffentlichen Bürgeranhörung mit dem Bauunternehmer sowie dem/r Vertreter_in der Stadt und schließlich einer abschließenden Sitzung der Vertreter_innen der Protestbewegung nach der Bürgeranhörung zur Beratung des weiteren Vorgehens.

Auswertungsfragen

Für mich sehr aufschlussreich war, dass sich in der Art und Weise, wie mit unterschiedlichen Meinungen umgegangen wurde in den hier stattfindenden Gruppenprozessen das abbildete, was ich in den 80er-Jahren während meiner politischen Betätigung immer wieder erlebte. Die Auswertung des Prozesses erfolgte mit folgenden Fragen:

- *Kooperation*: „Auf welche Weise wirkten sich die vorfindlichen ‚demokratischen' Strukturen und gesellschaftlichen Machtverhältnisse auf Befindlichkeiten und Gruppenprozesse der unterschiedlichen politischen Beteiligten aus?"
- *Kooperation:* „Was wäre von wem zu tun, um die Entwicklung der Kooperation zu befördern?" „Welche Art und Weise wäre förderlich, damit die eigenen Anliegen besser Gehör beim Gegenüber finden könnten."
- *Interessen und Bedürfnisse*: „Welche Interessen und Bedürfnisse haben uns in der jeweiligen Gruppe/Zusammenkunft überhaupt zusammengeführt, welcher (implizite) Gruppenauftrag (Handlungsgründe) konstituierte diese Gruppe/Zusammenkunft und wie bestimmten diese die je aktuellen Gruppenprozesse?"
- *Macht:* „Wo lag die Macht in den einzelnen Gruppenprozessen und Zusamenkünften, was speiste diese Macht und auf welche Weise äußerte sich diese?" „Wie weit tragen wir hier mit unserem Verhalten, unserer Passivität, unserer Resignation, ... und unseren unkooperativen Diskussionsweisen in der Gruppe zur Aufrechterhaltung ungleicher Machtverhältnisse bei?"

Schlussfolgerungen der Teilnehmenden

Die Teilnehmenden zogen aus dem Erlebten und den gemeinsam vorgenommenen Reflexionen folgende Schlussfolgerungen:

- *Kommunikation und Gefühle* entstehen aus der sozialen Position heraus: Es gab ein allgemeines Erstaunen darüber, dass den Betriebsräten, die die Person des Bauunternehmers und seines Pressesprechers repräsentierten, mühelos die gleichen Phrasen einfielen, wie es in der Realität draußen der Fall ist. Es wurden die gleichen „Sach"-Argumente verwendet und die gleichen Gefühle von Ärger, Ungeduld und Aggression gegenüber der „renitenten" Bevölkerung gefühlt.
- *Passivität und Resignation*: Angesichts der aus dem Eigentum an Produktionsmitteln erwachsenden Macht des Bauunternehmers (Herrschaft über die berufliche Situation vieler Bürger) und dem entsprechenden Verhalten fühlten die politischen Gruppen das gesamte Spektrum aus Wut, Zorn, Ungeduld auf die jeweils anderen, „uneinsichtigen" Gruppen, aber auch Resignation, Ohnmacht und sinkende Motivation, politisch aktiv zu bleiben.
- *Harmlose Anhörung*: Die (Bürger-)Anhörung verlief aufgrund der gegebenen (ungleichen) Machtverhältnisse harmlos und vor allem auch folgenlos. Gerade diese Harm- und Folgenlosigkeit trug zur Verschärfung von Unterschieden bei, weil ein Teil der Gruppe unbedingt den Weg des „Dialogs" (der ja nun wirklich keiner zwischen gleichberechtigten Partner_innen ist) weitergehen wollte, während die anderen den manipulativen, weil vertröstenden Charakter der „Konsultative" durchschauten.
- *Gruppendynamische Prozesse*: Die Verschärfung der Unterschiede zeigte sich deutlich in den gruppendynamischen Prozessen – Verschärfung des Tons, Abbruch von Beziehungen, Sinken von Kooperationsbereitschaft und -fähigkeit. Damit entstand aber auch ein Bewusstsein dafür, dass die schwierigen gruppendynamischen Prozesse ein Reflex auf die gesellschaftlichen Bedingungen und kein Ausdruck schwieriger Persönlichkeiten waren. Diese Einsicht ist eine wichtige Voraussetzung dafür, sich anders verhalten und Kooperation entwickeln zu können.
- *Demokratie*: Ein „gut" funktionierender Gruppenprozess (was immer auch „gut" heißt) ist für sich gesehen noch kein Beitrag zur Demokratie. Erst in der expliziten Verknüpfung demokratischer Problemstellungen mit dem Gruppenprozess entwickeln sich Bewusst-

sein und Handlungsfähigkeit im Sinne der Demokratie und der Wille, die eigenen Angelegenheiten in die eigenen Hände zu nehmen.

- *Gesamtzusammenhang*: Begreifen des Gesamtzusammenhangs aus objektiven/strukturellen Bedingungen für Demokratie – psychischem Prozess – gruppendynamischem Prozess – und deren Folgen für die eigene Wirksamkeit. Um diese Zusammenhänge zu verstehen braucht Demokratie Zeit.

Ernüchterung und Perspektiven

Die Motivation war groß, sich am Ende der Seminarreihe über diese hinaus mit diesen Themen zu beschäftigen. Es sollte mit einer selbst organisierten Gruppe in regelmäßigen Treffen thematisch weitergehen. Doch es ging nicht weiter: Nach dem zweiten selbst organisierten Treffen gewann die von der kapitalistischen Lebenspraxis geprägte Verwahrlosung der Umgangsformen der Menschen (Langatmigkeit, Selbstbezogenheit, Pathologisierung des Gegenübers, neoliberal geprägte Welt- und Menschenbilder, Unfähigkeit zu einem Dialog, gering ausgeprägte Kooperationsfähigkeit, emotionale Spannung aus der täglichen Lebenspraxis, ...) wieder die Oberhand gegenüber den in der Seminarreihe mühsam erworbenen Erkenntnissen und führte zum Scheitern von Kooperation und Handlungsfähigkeit der Gruppe.

Für die Entwicklung demokratischerer Verhältnisse, wie für die Entwicklung von Fähigkeiten einer demokratischen und kooperativen Person, braucht es eine Kontinuität, die über eine dreiteilige Seminarreihe hinausgeht. Ohne die Entschlossenheit, die eigene, individuelle Kooperationsfähigkeit durch gemeinschaftliche und vor allem auch reflektierte Praxis in der Gruppe weiterzuentwickeln und demokratischere Bedingungen durch konkretes politisches Handeln zu schaffen, gibt es jedoch keine demokratische Entwicklung.

Literatur

Schattenhofer, K. (2001). Gruppendynamik als Ausdruck manifester und latenter Prozesse. In K. Antons, A. Amann, G. Clausen, O. König & K. Schattenhofer (Hrsg.), *Gruppenprozesse verstehen. Gruppendynamische Forschung und Praxis* (S. 39–44). Opladen: Leske + Budrich.

Rechtien, W (1990). Zur Geschichte der Angewandten Gruppendynamik. In O. König (Hrsg.), *Gruppendynamik. Geschichte Theorien Methoden Anwendungen Ausbildung* (S. 43–62) (2. Auflage) Wien: Profil.

Ingrid Stahmer im Interview mit Peter Stützle

Gruppendynamik in der Politik – Erfahrungen aus der Praxis

Vorbemerkung

Liebe Leser_innen,
Ingrid Stahmer hat dieses Interview in ihrer unnachahmlich direkten, lockeren und authentischen Art gegeben. Sie hat dabei sowohl ihre gruppendynamische als auch politisch-pragmatische Perspektive eingebracht. Beim Studium dieses erfrischenden Gesprächs waren wir von dem O-Ton einer Zeitzeugin sehr angetan und haben Ingrid Stahmer gefragt, ob wir es als authentische und historische Blaupause mit einer fachlichen Analyse gruppendynamischer Natur ergänzen dürften, um die seltene Gelegenheit zu ergreifen, Politik herunterzubrechen auf das gleichermaßen Fachliche wie Menschliche. Zu unserer Freude hat sie „Ja" gesagt.

Um den Lesefluss nicht zu unterbrechen, haben wir an entsprechenden Stellen nur eine kleine Ziffer gesetzt und am Ende des Interviews unsere Anmerkungen zusammengetragen. Wenn Sie am Ende des Interviews also noch Lust auf einen Exkurs zu angewandter Gruppendynamik haben, dann lesen Sie gerne weiter. Wir wünschen Ihnen viel Freude!

Monika Stützle-Hebel und Frank Stähler

Peter Stützle: *Frau Professorin Stahmer, Sie waren viele Jahre Politikerin, unter anderem als Senatorin und Bürgermeisterin, also Stellvertreterin des Regierenden Bürgermeisters von Berlin. Seit Ihrem Ausscheiden aus den politischen Ämtern sind Sie als freiberufliche Trainerin und Beraterin tätig. Die Ausbildung zur gruppendynamischen Trainerin hatten Sie gemacht, bevor Sie höhere Ämter übernommen haben, aber als Sie schon mehr als zehn Jahre in Ihrer Partei, der SPD, waren. Hat diese Ausbildung Ihren Blick auf das Geschehen in einer Partei verändert?*

Ingrid Stahmer: Ja. Ich wollte politisch wirksam werden und auch innerhalb der SPD etwas verändern. Und ich denke, das ist mir insgesamt gelungen, und zwar auch mithilfe der Gruppendynamik. So habe ich in unseren

Kreisen, die einmal im Monat zusammenkamen, ein paar Sachen gemacht, die erst gar nicht alle witzig fanden. Zum Beispiel, dass man im Kreis zusammensitzt und nicht alle hintereinander wie auf Schulstühlen, damit man besser in das Gespräch miteinander kommt[1]. Das ist inzwischen ziemlich üblich, viele hier in Berlin und auch anderswo haben das übernommen. Dazu gehört, dass man dem anderen auch zuhört und darauf eingeht.

Was offenbar nicht die Regel ist.

Richtig. Da hat jeder seinen Beitrag schon im Kopf und wenn er endlich dran kommt, sagt er ihn. Ob das etwas mit dem zu tun hat, was der Vorredner gesagt hatte oder nicht, ist egal[2]. So kann eine Gruppe nicht zu einer Einigung finden. Daher müssen sie dann am Ende darüber abstimmen[3], und das ist nicht die beste Art und Weise, um Meinungen zu bilden oder Entscheidungen zu treffen. Deshalb habe ich in den Gremien, in denen ich war, auch manchmal Leute aufgerufen, die sich noch gar nicht gemeldet hatten, denen ich aber ansah, dass sie eigentlich etwas dazu sagen wollten. Die waren dann nur selten erschrocken, dass sie aufgerufen wurden, weil sie in Gedanken schon dabei waren, etwas Kluges zu sagen[4]. Das Wichtige dabei ist, dass man halbwegs die parteiinternen Regeln[5] befolgt, man muss sie jedenfalls kennen, damit man sie dann an kleineren oder größeren Stellen ändern kann.

Haben denn die anderen da mitgespielt, wenn Sie das Ganze etwas lockerer angegangen sind, nicht strikt nach Reihenfolge, oder gab es auch viel Gegenwind?

Da gab es interessanterweise keinen Gegenwind. Ich habe es allerdings auch nicht besonders auffällig gemacht. Und wenn es doch mal ein Murren gab, habe ich gesagt: Leute, ich habe doch gesehen, dass der genau zu dieser Sache etwas sagen wollte, das können wir doch jetzt brauchen. Das hat schon geholfen. Dazu kommt, dass ich in meiner politischen Arbeit ganz stark die Betonung auf das Soziale gelegt habe, also eher Fachpolitikerin war. Ich denke, das gab mir auch die Kraft, mich nicht in ideologische oder formale Streitigkeiten zu vertiefen. Dass ich ziemlich klar bei meinen Sachthemen blieb, denke ich, hat unter anderem dazu beigetragen, dass ich Stufe für Stufe Bezirks-Stadträtin und dann Senatorin und Bürgermeisterin wurde und eigentlich keiner die sonst ständige Vermutung geäußert hat, die will nur nach oben. Solche sind in der Partei gar nicht beliebt, obwohl es ganz viele davon gibt[6].

Wie war Ihre Erfahrung in diesen Ämtern: Ist es wirklich so, wie gerne vermutet wird, dass politische Entscheidungen nach aus-

geklügelten Strategien herbeigeführt werden, oder spielen ganz andere Dinge mit herein?

Das Gefühl, das einen befällt, der etwas durchsetzen möchte, ist von vielen anderen Dingen beeinflusst als nur von klug überlegten Strategien. Aber leider müssen Politiker hinterher ganz oft etwas vorzeigen, das sie groß macht. Etwas in der Art „dem habe ich es aber gegeben“[7]. Als ich selber Spitzenkandidatin war, bin ich immer von meinem Wahlkampfteam geschimpft worden, weil ich in Interviews die Fragen der Reporter beantwortet habe, statt das rüberzubringen, was sie mir aufgeschrieben hatten. Ich habe viele Reaktionen von Leuten bekommen, auch jetzt noch, nach 20 Jahren, dass ich doch immer diejenige gewesen sei, der man noch hätte glauben können. Das sei ja inzwischen so schlimm geworden, man könnte gar keinem glauben. Dann gucke ich zurück und denke, das lag an dem „Fehler“, den mein Wahlkampfteam moniert hat[8].

In Parteigremien werden Auseinandersetzungen oft nicht unbedingt wegen sachlicher oder ideologischer Unterschiede geführt, sondern wegen persönlicher Dinge, die man natürlich nie zugeben würde. Wenn Sie so etwas in der Partei mitgekommen haben oder noch mitbekommen, und das können Sie ja mit Ihrem theoretischen Hintergrund besser erkennen als andere, was machen Sie dann?

Ich versuche, mit Leuten darüber zu reden und zum Beispiel zu sagen: „Hör mal, du bist da so beleidigt, du kannst einfach nicht mehr normal mit ihm reden, weil dir jedesmal dein Zorn hochkommt. So werdet ihr nicht erreichen, dass ihr zum Beispiel eine vernünftige Koalition hinkriegt, wenn ihr so von eurem Gefühl geleitet seid.“ Dann kommt sofort: Nein, gar nicht Gefühl und immer sachlich. Darauf sag ich dann immer: „Nur sachlich kann kein Mensch sein[9]. Das ist eine Lebenslüge, dass man ohne irgendwelche Gefühle in eine Auseinandersetzung geht. Man kann versuchen, diese Gefühle auch zu äußern. Man kann sagen: Das ist eine Schwierigkeit, die wir damals hatten, als ich mich von dir richtig betrogen fühlte, aber[10] wir sind jetzt gewählt, wir müssen jetzt hier zusammenarbeiten für die Stadt, die hat es richtig nötig. Dann lass uns doch mal die alten Gefühle in den Orkus schmeißen und gucken, ob wir nicht doch vernünftig, auch mit unseren Gefühlen, zusammenarbeiten könnten.“ Das hat öfter geholfen[11].

Als Senatorin in der ersten rot-grünen Landesregierung Berlins hatten Sie wenige Monate nach Amtsantritt die Ausnahmesituation des Mauerfalls in der geteilten Stadt zu bewältigen.

Wir hatten noch eine Besonderheit, die historisch beinahe vergessen ist, weil alles vom Mauerfall überlagert wurde. Wir waren der erste Senat mit einer Mehrheit von Frauen. Acht Frauen, sechs Männer plus der Regierende Bürgermeister. Und die Verständigung unter uns Frauen war eine andere. Weil Grüne und SPD meinten, die sonst in Koalitionen übliche Parteirunde vor einer Senatssitzung nicht zu brauchen, haben wir Frauen aus den zwei Parteien verabredet, uns vorher zu treffen. Journalisten nannten das dann Hexenfrühstück. Und wir haben nicht, wie alle immer dachten, irgendwelche Strategien ausgeheckt, wie wir die Männer auspunkten, sondern wir haben Erfahrungen ausgetauscht und uns geholfen. Denn es waren überwiegend Frauen aus der Wissenschaft, hochkluge Professorinnen, aber wie eine Verwaltung funktioniert, war für sie neu. Gerade eine Verwaltung zu leiten, ihre Ressourcen zu nutzen, auch das Erkennen der Ressourcen im Personal, ist ja häufig das Schwierige in der Politik. Außerdem, das haben Mitarbeiter gesagt, die immer schon an Senatssitzungen teilgenommen hatten, hatten wir nicht so viel Platzhirsch-Gehabe. Und die Frauen haben öfter Bezug genommen auf das Positive, das eine andere gesagt hat. Wenn ich zum Beispiel sagte: „Wie Jutta Limbach gerade erklärt hat, müssen wir dem und dem nachgehen“, dann sagte eine dritte Frau: „Ich habe noch eine Idee dazu“. Das war für die Beamten, die dabei waren, ein neues, absonderliches, aber interessantes Verhalten in diesem Senat[12]. Das ist nie groß berühmt geworden, weil wir acht auch nicht so zum Rühmen neigten. Aber es hat schon eine Menge dazu beigetragen, wie wir in Berlin zum Beispiel mit dem Zusammengehen der beiden Teile der Stadt aus Ost und West umgegangen sind.

> *Nicht ganz einfach war in dieser Zeit das Verhältnis zwischen dem Berliner Senat und der Bundesregierung in Bonn. Deshalb haben Sie eine gemeinsame Sitzung der beiden Kabinette auf den Weg gebracht, ein Vorschlag, der sicher mit Ihrem gruppendynamischen Background zusammenhängt.*

Genau, aber das habe ich nicht verkündet. Ich habe einfach nur gesagt: Leute, wir müssen denen jetzt mal auf die Bude rücken und ihnen persönlich[13] sagen, was hier los ist. Nur indem wir Briefe hin und her schreiben werden wir manches mit Bonn nicht hinkriegen. Wir müssen hinfahren, uns gefasst machen auf Fragen, die sie dort auch haben, aber diese Verständigung unter den Personen, die auf unterschiedlichen Ebenen zu regieren haben, halte ich für ganz wichtig. Und das hat Walter Momper, der Regierende Bürgermeister, dann veranlasst. So etwas klappt natürlich nur, wenn man eine gewisse Bedeutung hat, so dass einem auch geglaubt wird. Nur zu sagen, ich weiß aus der Gruppendynamik, dass das gut wäre, das geht nicht.

Wie lief das Treffen dann atmosphärisch ab?

Das war gar nicht einfach. Auf Seiten der Bundesregierung war das, was Kohl sagte, sowieso das letzte Wort in der Kirch'. In seinem Kabinett gab es welche, die hat er einfach nicht gesehen und gehört[14]. Das konnte man genau erkennen, vor allem wenn man gruppendynamisch geschult war. Das hat Kohl alsbald auch mit unserer Gruppe angefangen, und Momper wollte er nicht hören. Da hatte er einen alten Groll, der vom 10. November 1989 herrührte, als er auf einer Veranstaltung am Rathaus Schöneberg ausgepfiffen wurde und der SPD die Schuld gab. Aber die Berliner CDU hatte ihre Leute zur gleichen Zeit am Europa-Center versammelt. Deshalb bekam Kohl vor dem Rathaus Schöneberg grässliche Pfiffe und Zwischenrufe, und Willy Brandt und Walter Momper bekamen große Beifallskundgebungen. Von einer so tiefliegenden Beleidigung her konnte Kohl einfach nicht Momper anerkennen. Das beruhte dann allerdings auch auf Gegenseitigkeit. Also das, worüber wir eben gesprochen haben, dass Emotionen auch mitspielen in solchen Sachen, das ist schon enorm.

Ist denn bei dieser gemeinsamen Kabinettssitzung trotzdem etwas inhaltlich herausgekommen?

Ja, einige Sachen, die mehr im Regelungsbereich lagen. So war es dringend erforderlich, das Begrüßungsgeld abzuschaffen, das ja eigentlich für die DDR-Rentner auf Westreise gedacht war. Aus Gerechtigkeitsgründen der gesamten Berliner Bevölkerung gegenüber konnte man das im neuen Jahr unmöglich weiterhin auszahlen. Ich habe dann, das kommt auch aus der gruppendynamischen Praxis, darauf bestanden zu sagen: okay, wir sind uns jetzt einig in dem, dem und dem, wer wird es jetzt tun und wann?[15] Das ist sehr systemisch, Alt-Sensitivity-Gruppendynamiker würden sagen, das sei doch keine Gruppendynamik, aber das sehe ich eben ein bisschen anders. Manches blieb aber streitig, vor allem die gleiche Bezahlung im öffentlichen Dienst der wiedervereinigten Stadt. Wir haben damals gesagt, eine Krankenschwester, die am Fußende des Bettes steht, kann nicht mehr Geld kriegen als die am Kopfende. Als wir das dann in Berlin umsetzten und die Beschwerden aus den anderen Bundesländern kamen, konnten wir immer sagen: Erkundigen Sie sich bei Kohls Leuten, das haben wir damals so angesprochen und es gab Verständnis dafür. Das macht schon einen Unterschied.

Wieder herunter auf die kleine politische Ebene: Leute, die in eine Partei eintreten und etwas bewirken wollen, können die tolls-

ten Ideen haben, sie werden doch nichts umsetzen, wenn es ihnen nicht gelingt, dort Verbündete zu finden. Hilft es da, ein gewisses Wissen zu haben, wie man das anstellt?

Ja, das ist auch etwas, das ich sehr früh angepackt habe. Früher haben Leute, die sich angemeldet haben, irgendwann Monate später einen Brief vom Vorsitzenden der Abteilung bekommen, Ortsverein sagt man woanders, sie sollten doch mal kommen, dann würde entschieden, ob sie eintreten dürfen. Das fand ich unsäglich. Als ich dann in meiner eigenen Abteilung zur Vorsitzenden gewählt worden war, habe ich Seminare eingeführt, bei denen erklärt wurde, was man in der Partei tun kann und was wichtig für einen ist[16]. Diese Neueintritts-Seminare haben dann auch viele andere gemacht, weil sich herumsprach, dass man die Neueintretenden anders gar nicht binden kann. Ich habe das immer den Säuglingstod genannt, was mit denen passiert ist, die nur den sogenannten „Prüfungsbrief" bekamen. Wir haben inzwischen noch weitere Angebote. Im August-Bebel-Institut, einer parteinahen Stiftung, deren Vorsitzende ich immer noch bin, haben wir Themen wie: Was tue ich, um in einer Partei Einfluss zu nehmen[17]. Das ist ein Ganztagsseminar, wo genau darüber von alten Hasen erzählt wird. Für Neumitglieder wie auch für Mitglieder, die bisher keine Zeit für die Partei hatten, aber jetzt in Ruhestand gehen und tüchtig was los machen wollen, aber die Zugangspforte nicht finden. Das wird inzwischen ganz breit gemacht.

Würde es denn Sinn machen, für Mitglieder von Parteigremien oder auch Fraktionen gruppendynamische Trainings anzubieten, oder ist das ein hoffnungsloses Unterfangen?

Ich habe schon solche Trainings gemacht, allerdings nicht die Sensitivity-Sorte, sondern eher die organisationsbezogene Sorte[18]. Wobei auch da natürlich die Emotionen vorkommen müssen. Aber das Ziel ist, in einer Organisation besser miteinander zu arbeiten. Das habe ich auch für verschiedene Bürgerinitiativen schon gemacht. Es sind tatsächlich mehr Leute außerhalb des reinen Parteilebens, die das wollen. Allerdings habe ich zwei- oder dreimal auch schon für das wirkliche Parteileben so was gemacht. Kürzlich wurden zwei Abteilungen zusammengeschlossen. Da hatten die beiden Vorsitzenden die Idee, das sei besser mit so einem Seminar mit Ingrid zu machen. Und das war auch durchaus gut und erfolgreich. In einem anderen Bezirk gab es zwischen zwei Bereichen einen Riesenkrach, weil die einen die anderen bezichtigten, sie betrogen zu haben in einer Angelegenheit. Ich habe damals veranlasst, dass sich die beiden Kontrahenten-Gruppen trafen. Das hat nicht so richtig geklappt, weil von den sogenannten „Bösewichtern“ überhaupt nur drei erschienen sind, und die anderen saßen alle da, erwartungsfroh, dass sie sich jetzt mit denen austauschen könnten. Aber da muss man dann als Gruppendynamiker in der Lage sein, mit denen, die da das Bessere wollen und erschienen sind, gemeinsam etwas auszuarbeiten, um den Ortsverein wieder zusammen zu bringen und nicht in ewigen Kämpfen überhaupt nichts mehr zu erreichen[19].

Was ich mir dabei schwierig vorstelle, gerade bei Menschen, die politische Ambitionen haben: Man muss sich ja in einem solchen Kreis auch in gewisser Weise öffnen und sein eigenes Verhalten reflektieren. Ist da nicht die Sorge sehr groß, man könnte sich eine Blöße geben?

Genau, deshalb ist es wichtig, dass es dazu nicht kommt. Das wissen die Teilnehmer_innen natürlich vorher nicht, aber es spricht sich doch herum, dass ich so etwas absolut nie tue[20]. Sondern dass das, was an Konflikten aufkommt, in anderer Form bearbeitet wird[21]. Es kann sein, dass ich sage: Peter, das magst du ja schrecklich gerne, dass da einer eins auf den Kopf kriegt, aber lass das doch einfach mal ein bisschen. In der Art. Der Humor darf nicht fehlen. Und man muss aufpassen, dass die Leute untereinander nicht dafür sorgen und man selber auch nicht, dass irgendwie jemand eine Entwürdigung erfährt oder eine Blöße hat. Dafür muss man die Leute kennen oder jedenfalls mal eine Stunde beobachtet haben, ehe man solche Interventionen machen kann[22].

Noch ein anderer Aspekt: Man denkt bei Politik immer an die große Politik, die wir in den Medien sehen, aber der größte Teil davon ist Kommunalpolitik, wo die Bürger_innen auch ganz anders die Demokratie erfahren können. Können gruppendynamische Methoden dort helfen, erfolgreich zu sein?

Ja, durchaus. Weil man den Handelnden beibringen kann, dass sie die Nähe und die Beziehung zu den Bürgern suchen müssen. Dass sie nicht denen, die, sagen wir mal, gegen die Schließung einer Kleingartenkolonie protestieren, sagen: Das ist nun mal so, so steht's im Gesetz und ihr könnt mich mal. Das hat leider, leider unser Lieblings-Bürgermeister...

... Klaus Wowereit ...

... immer mal wieder so gemacht, siehe Tempelhofer Feld. Im Moment hat die Partei dieses Heranziehen durchaus drauf: Versammlungen machen, reden lassen. Michael Müller geht rum, hört zu und versteht, das kann er richtig gut. Aber dann sagen viele Leute: Der Bürgermeister hat doch gesagt, das findet er auch und er will was unternehmen, und jetzt passiert nichts. Gerade über diese Frage habe ich kürzlich mit zwei Mitarbeitern aus Müllers Senatskanzlei gesprochen. Die sagten, ach, sie arbeiten sich ab, aber es gibt so viele Fragen, und sie können doch nicht immer antworten. Die Bürger müssten doch verstehen, dass es Zeit braucht und dass man erst von den anderen Verwaltungen und so weiter. Nein, habe ich gesagt, die verstehen gar nichts[23]. Die verstehen nur, dass der Bürgermeister ihnen etwas versprochen hat, was nicht kommt. Ihr müsst den Kontakt aufrechterhalten, sei es mit einem Brief oder viel besser einem Anruf, um denen zu sagen, dass das leider ein ganz schwieriges Problem ist, dass sie dazu viel mehr Zeit brauchten, weil man die und die alle fragen müsse. Das muss nicht immer bedrohlich klingen, wenn man sagt, man muss so viele fragen. Das muss man auch noch drehen können und sagen, das kann nicht der Bürgermeister alleine entscheiden, da müssen mehrere zusammenarbeiten, und wir sind tüchtig dabei, mit denen zu reden, um Ihr Problem zu lösen. Mein Generelles, was ich meinte, war: Beziehungen halten, wie auch immer. Denn meistens hört man: Ich kriege keine Antwort auf meine Schreiben. Nicht mal einen Zwischenbescheid: Ihr Brief ist beim Bürgermeister angekommen, wir bitten Sie, noch Geduld zu haben. Da ist keine Kultur mehr drin. Das ist ganz schwierig zu erklären, weil das Wort Beziehung den meisten Menschen nicht genug sagt. Es ist aber wichtig, eine Verbindung, Beziehung oder wie auch immer du das nennst zu Fragenden, Protestierenden zu halten, um denen klarzumachen, dass da tatsächlich ein Bemühen des Senats oder der Partei ist, etwas in ihrem Sinne zu ändern. Genausogut muss man natürlich auch jemandem sagen können: Es tut mir leid, daran kann ich nichts ändern. Ich habe auch schon manchmal in Gesprächen am Parteistand gesagt: Ein toller Wunsch, aber ich muss Ihnen mal ehrlich sagen, ich kriege das nicht hin, den zu erfüllen.

Das Interview führte Peter Stützle, Politikjournalist in Berlin

Exkurs zur angewandten Gruppendynamik

Monika Stützle-Hebel und Frank Stähler

1. Nur ein Kreis ermöglicht, dass jede_r jede_n sehen kann. Das ist die Voraussetzung dafür, dass jede_r die Möglichkeit hat, sich auf jede_n andere_n zu beziehen. Während bei Sitzreihen die Kommunikation überwiegend über den Gesprächsleiter oder die -leiterin läuft, befördert der Stuhlkreis das Gespräch innerhalb der Gruppe und dies trägt zu einer differenzierteren Meinungsbildung bei. Der Stuhlkreis ohne Tische ist deshalb die hauptsächliche Arbeitsform in gruppendynamischen Trainings und Workshops.
2. Ein vorrangiges Ziel gruppendynamischen Intervenierens ist es, die Teilnehmer_innen darin zu unterstützen, sich aufeinander zu beziehen. Gleichzeitig ist das „Nebeneinanderher-Reden“ eines der größten Erschwernisse gelungener Kommunikation in Gruppen und Teams.
3. In einer Abstimmungs-Kultur geht es mehr um das Organisieren von Mehrheiten, also Macht, als um Verständigung und Einigung durch Aushandlung.
4. Gerade die Stillen besetzen oft eine gruppendynamisch wichtige Rolle: sie nehmen den Gruppenprozess aus einer größeren Distanz wahr als die Aktiven und können deshalb wichtige Informationen dazu beitragen – und oft auch inhaltlich Sachen beisteuern, die für die Meinungsbildung und Entscheidung wichtig sind. Deshalb bemühen sich Gruppendynamiker_innen, ihren Beitrag anzuregen.
5. Die Veränderung gruppenbezogener Normen und Regeln führt meist zu Konflikten und Widerstand in der Gruppe. Daher ist ihre Kenntnis und zumindest teilweise Befolgung bei einer Neugestaltung hilfreich.
6. Menschen, die offensichtlich machtvoll auftreten, werden häufig abgelehnt, weil andere sich bedroht fühlen. Daher ist das Verstecken oder Leugnen des eigenen Wunschs nach Einfluss recht populär. Für das freie Agieren in einer Gruppe ist es wichtig, dass ihre Mitglieder sich zu ihrem Wunsch nach Wirksamkeit und Einfluss bekennen, anstatt das Thema „Macht“ zu tabuisieren. Nur so kann Macht auch geteilt und offen verhandelt werden, ohne dass Macht zu Dominanz wird.

7. In gruppendynamischen Trainings kann man viel darüber lernen, wie komplex und letztlich nicht wirklich planbar der Prozess ist, durch den eine Einzelne/ein Einzelner Einfluss bekommt. Man erfährt aber auch, dass es wichtig ist, als mächtig wahrgenommen zu werden, wenn man in der Sache etwas erreichen will. In der Politik, wo es um Einflussmöglichkeiten geht und gehen muss, wird letzteres manches Mal überbetont.
8. Was ihr Wahlkampfteam moniert hat, war Frau Stahmers gruppendynamischer Erfolgsfaktor: eine belastbare Beziehung entsteht, indem man das Anliegen des/der anderen ernst nimmt, sie wirklich hört und auf ihre Themen eingeht.
9. Beziehungsebene – Sachebene: durch das Anschauen der Beziehungsebene kann man wieder sachlich werden, NICHT durch das Ausblenden oder Verstecken. 90% des Geschehens in Gruppen verläuft nicht auf der Sachebene, sondern auf der Beziehungsebene. Die Gestaltung der Beziehungen ist also elementar und umso erfolgversprechender, je weniger sie auf der Sachebene mitverhandelt wird, und umgekehrt.
10. Die Haltung gegenüber einer anderen Person ist an der Oberfläche häufig von einem Konglomerat von Bedürfnissen und Interessen und den damit verbundenen Gefühlen geprägt – die Feldtheorie spricht hier von Feldkräften und Ambivalenzkonflikten. Sie bestimmen das weitere Verhalten, doch unreflektiert sind sie in ihrer Wirkung der bewussten Kontrolle der Person entzogen. Deshalb wird in der gruppendynamischen Praxis stets versucht, jedes dieser Gefühle (für-)wahr-zu-nehmen. Durch das „aber“ benennt Frau Stahmer, was der Zusammenarbeit im Wege steht: ein altes Misstrauen. Gerade indem es ausgesprochen wird, kann die Vertrauensfrage besprochen werden und wird der psychologische Raum für das Interesse an Zusammenarbeit frei, so dass Zusammenarbeit gewagt werden kann.
11. Hier schneidet Frau Stahmer eine kommunikationstheoretische Grundtatsache an: Jede Kommunikation und Interaktion und jeder Gruppenprozess haben eine „Sachebene“ und eine sogenannte „Beziehungsebene“, von der die Gefühle künden. Und beide Ebenen beeinflussen einander. Will man sich wirklich verstehen, muss man beide Ebenen ins Bewusstsein und ins Gespräch holen. Genau dann ist es möglich, sich wirklich den Sachfragen zuzuwenden.
12. Ein vorrangiges Ziel gruppendynamischen Intervenierens ist es, die Gruppenmitglieder darin zu unterstützen, sich aufeinander zu bezie-

hen. Nur so kann man zu Ergebnissen kommen, die mehr sind als die Summe von Einzelergebnissen – sei es bei der Lösung von Sachfragen (wie in der beschriebenen Situation) oder beim Lernen über Gruppenphänomene und sich selbst in Gruppe (wie in einem gruppendynamischen Training). Das Erstaunen der anwesenden Beamten kann als Hinweis darauf gelten, dass die Sitzungen, die sie üblicherweise kennen, sehr von Konkurrenz bestimmt sind.

13. Gegenseitiges Verstehen entsteht eher in einem face-to-face-Kontakt, im „Sich-Zeigen" und im „Gesehen-Werden". Hier ist der Kontakt-Begriff der Gestalt-Theorie hilfreich.

14. Macht als Dominanz funktioniert u. a. durch das Ignorieren, also das bewusste Über-Sehen von Menschen. Diese werden dadurch systematisch depotenziert bzw. ohnmächtig.

15. Zunächst verschafft Frau Stahmer den Sitzungsmitgliedern eine Orientierung darüber, worin nun Einigkeit erzielt wurde. Wenn sie – was wir vermuten – dann noch etwas fragend in die Runde schaut, hält sie den Raum offen für Widerspruch, wenn jemand noch eine andere Sicht auf die Entschlusslage der Gruppe hat. Be- und Entschlüsse sind motivationspsychologisch wichtig. In ihnen bündelt sich einerseits motivationale Energie. Wenn sie aber als Endpunkt einer (mühsamen) Anstrengung betrachtet werden, fällt die Motivation zusammen und niemand denkt noch an die notwendige Umsetzung. Indem sie sofort in der Gruppe bespricht, wer was an Umsetzungsarbeit übernimmt, kann Frau Stahmer die Motivationsspannung aufrechterhalten und auf das Umsetzungsziel richten. Die Aufgabendelegation in der gesamten Gruppe vorzunehmen, erhöht noch die Verbindlichkeit.

16. Das hat den neuen Parteimitgliedern Orientierung in der Gruppe gegeben, so dass sie sich nicht mehr so fremd fühlen mussten sondern eine Idee davon bekamen, wie sie dazugehören können.

17. Das ist in Gruppen eine ganz wichtige Frage. Wer hat schon Lust, einer Gruppe anzugehören, wo er/sie gar keine Möglichkeiten zur Einflussnahme sieht?

18. Die Unterscheidung zwischen Gruppendynamischem und Orgatraining wird heute etwas anders vorgenommen. Siehe dazu auch die Homepage der DGGO zum Thema „Organisationsdynamik".

19. Hier geht es letztlich darum, wie mit der (Verweigerungs-)Macht der Abwesenden umgegangen wird. Resigniert man oder stellt man

sich der Situation und reflektiert diese? Und tatsächlich kann eine Gruppe auch dann ihre Situation reflektieren und Schlüsse daraus für die Zukunft ziehen, wenn nicht alle da sind. Wichtig dabei ist allerdings, dass die von den Fehlenden repräsentierten Kräfte mit bedacht werden.

20. Beim Feedback, wie Gruppendynamiker_innen es verstehen, bekommt der/die Empfänger_in möglichst offen und differenziert Auskunft darüber, was der/die Feedback-Geber_in wahrgenommen hat und wie er/sie darauf (innerlich) reagiert hat. Da kann durchaus kritisches angesprochen werden und es ist sinnvoll, beteiligte Gefühle zu benennen. So angewandt, ist Feedback nie beschämend oder verurteilend. Gruppendynamische Trainer_innen sorgen diesbezüglich für Sicherheit. Leider ist das Feedback-Konzept heute häufig zu einem Be- und Verurteilungsinstrument verkommen, zu dem unter Berufung auf „Regeln" der/die Empfangende nicht einmal Stellung nehmen darf.
21. Hier differenziert Frau Stahmer nochmal sehr genau zwischen Feedback und Konfliktklärung. Zu letzterem kann differenziertes Feedback, wie man sich gegenseitig erlebt und was das bei den Beteiligten auslöst, einen wertvollen Beitrag leisten. Dadurch werden die dynamischen Kräfte der Gruppensituation besprechbar, die einen Konflikt erzeugen, und man kann gemeinsam Wege finden, wie man diese Kräfte anders nutzen kann. Auch wird durch diese Differenzierung hinsichtlich des Feedbacks klar, dass es bei Feedback nicht um „Seelenstriptease" geht, sondern dass Feedback eine aufklärerische Funktion hat: nämlich miteinander voneinander übereinander etwas zu lernen, so dass die Kooperation verbessert wird.
22. Intervenieren erfordert Diagnostizieren! Interventionen sind für sich weder gut noch schlecht. Das hängt von der Situationsdiagnose ab. Die gleiche Intervention kann je nach Stadium des Gruppenprozesses hilfreich oder behindernd sein. Das Gespür dafür kann man besonders gut in gruppendynamischen Trainings lernen.
23. Kontakt und Sich-Mitteilen ermöglichen dem Gegenüber, die Orientierung zu behalten und nachvollziehen zu können, wie und warum sich die andere Seite so oder so verhält. Gruppendynamisch ausgedrückt: durch den Austausch von Selbst- und Fremdwahrnehmung als elementarer Methode in der Gruppendynamik werden Perspektivwechsel möglich (und trainiert).

Wolfgang Weigand

Kollision von gruppendynamischen und patriarchal-hierarchischen Paradigmen in Organisationen
Der Konflikt um die Arbeit der Akademie für Jugendfragen, Münster

Es waren die 1970er-Jahre. Die Gruppendynamik war in der Bildungs- und Sozialarbeit als neuer Ort der Selbstreflexion und des sozialen Lernens auf den Plan getreten, für viele auch als Möglichkeit der Emanzipation von fremdbestimmten Rollenmustern und institutionellen Zwängen.

Mit der raschen Ausbreitung einer gruppendynamischen Praxis begann auch ihre kritische Betrachtung und entschiedene Ablehnung. Am Beispiel der Rezeption und heftigen Ablehnung der Gruppendynamik im kirchlichen, vor allem katholischen Raum, möchte ich diese Auseinandersetzung auch aus persönlicher Perspektive der 68er-Jahre skizzieren. Ich tue dies exemplarisch am Beispiel der Arbeit der schon lange aufgelösten, damals aber an vorderer Front arbeitenden Akademie für Jugendfragen in Münster, einer katholischen Bildungseinrichtung für den sozialen, pastoralen und pädagogischen Raum. In ihr gerieten gruppendynamische Begeisterung, die professionelle Entwicklung dieser Arbeitsform und kirchlicher Auftrag und Anspruch an die Bildungsarbeit aneinander. Ich konnte den gruppendynamischen Aufbruch als auch den heftigen Widerstand, den die katholische Kirche gegen diese Form der Bildungsarbeit entwickelte, miterleben und miterleiden. Wie sah dies konkret aus?

Die Kirche war in den 1970er-Jahren dem „Sturm mannigfacher Kritik von innen und von außen“ ausgesetzt, wie in kirchlichen Kreisen hieß. Die 68er-Bewegung bestimmte die Debatte. Die konservativen Kreise, wozu auch die „herrschende“ Kirche gehörte, fühlten sich in hohem Maße von außen angegriffen, wobei die Kritik von innen noch bedrohlicher war. Diese Kritik von innen identifizierte sich mit dem gesellschaftlichen Aufbruch außen, so dass das kirchliche Management erheblich unter Druck kam. In der „Würzburger Synode“, auf die ich gleich zu sprechen komme, wurde deutlich, wie hoch die Angst war. Uns interessiert hier die Stellungnahme der Synode zur Jugendarbeit und darin besonders, das Konzept von Gruppenarbeit und Gruppendynamik, das in dieser Stellungnahme unter der Chiffre „reflektierte Gruppe“ Eingang fand.

Die „reflektierte Gruppe“ – eine kluge Einführung der Gruppendynamik in die kirchliche Jugendarbeit

Am 8. Mai 1975 wurde in der Vollversammlung der Gemeinsamen Synode der Bistümer in der Bundesrepublik Deutschland der Beschluss „Ziele und Aufgaben Kirchlicher Jugendarbeit“ mit überwältigender Mehrheit angenommen. Anliegen und Aussagen dieses Beschlusses waren durch einen längeren Prozess in der bischöflichen Hauptstelle für Jugendseelsorge, Düsseldorf, und in der Akademie für Jugendfragen, Münster, vorbereitet worden.

Das Papier beschreibt ein Grundkonzept kirchlicher Jugendarbeit, das zum Ausgangspunkt der Konkretisierungen in den verschiedenen Verbänden und Gruppierungen der Kirchlichen Jugend werden sollte. Der pädagogisch-methodische Teil greift die Theorie der altershomogenen Gruppe (peer group) auf, um sie mit dem methodischen Ziel der reflektierten Gruppe in Beziehung zu setzen. Dieser Zielsetzung liegt folgender Gedanke zugrunde: Wenn die peer group das eindeutigste Kennzeichen des Jugendalters ist, dann muss die methodische Bildungs- und Erziehungsarbeit bei diesem Phänomen ansetzen und die Gruppe zum zentralen pädagogischen und methodischen Mittel erklären. Das Adjektiv „reflektiert“ grenzt die unter diesem Gesichtspunkt pädagogisch begleitete Gruppe von der überkommenen Vorstellung von Gruppe ab und weist darauf hin, dass die Gruppenprozesse bewusst für die soziale und religiöse Erziehung der Jugendlichen genutzt werden sollen.

Dieses Ergebnis kam nicht konfliktlos zustande und war, was die „reflektierte Gruppe“ als Synonym für Gruppendynamik betraf, heftig umstritten. Aufgrund seiner engen Nachbarschaft zum Ziel der „Selbstverwirklichung“, das in allen gruppendynamischen Konzepten auftauchte, stieß dieser Begriff auf Widerspruch. Man befürchtete, dass die reflektierte Gruppe dazu führen könne, dass der Begriff der Selbstverwirklichung als Selbsterlösung im „neomarxistischen oder liberal aufklärerischen Sinn“ missverstanden würde. Die reflektierte Gruppe könnte als Instrument einer kollektiven Selbsterlösung, als gruppendynamisches Experiment oder als Ablösung der bisherigen Gruppenstruktur im Bereich der verbandlichen Jugendarbeit fehlgedeutet werden. (Synodenbeschluss, Ziele und Methoden kirchlicher Jugendarbeit, Einleitung Elsbeth Rickal)

Von heute aus zurückblickend war es erstaunlich, dass die reflektierte Gruppe Eingang in dieses Grundsatzpapier der kirchlichen Jugendarbeit fand, was sicher auch ein Verdienst der daran mitarbeitenden Trainer_innen für Gruppendynamik, vor allem von Hermann Steinkamp als Mitarbeiter der Akademie für Jugendfragen war.

Eine Konsequenz des Beschlusses war die verstärkte Aus- und Weiterbildung der Mitarbeitenden, damit der methodische Weg der reflektierten Gruppe verwirklicht werden konnte. Kirchliche Jugendarbeit machte ein „personales Angebot“: solidarische und engagierte Gruppen, solidarische und engagierte Gruppenleiter_innen und Mitarbeitende. Eine besondere und wertvolle Hilfe, um dies zu erreichen, bot jene Form der Gruppenarbeit, bei der auch die zwischenmenschlichen Beziehungen einer Gruppe und die dadurch ausgelösten Gruppenprozesse als Hilfe für den Reifungsprozess des Jugendlichen benutzt wurden. Dies erforderte eine Reflexion jener gesamten Wirklichkeit, die Gruppe heißt; eine Reflexion also der Gruppe als solcher, ihres Prozesses und der in ihr wirksamen Vorgänge und Beziehungen – eben die Methode der „reflektierten Gruppe“. Wahrhaftigkeit, Eigenständigkeit, Partnerschaft, Liebe und Solidarität wurden dabei zur Grundlage und zu hohen Werten.

KIRCHE IM KONFLIKT MIT DER GRUPPENDYNAMIK

In einem Text eines evangelischen Oberkirchenrats aus den beginnenden 1970er-Jahren, der auch für die katholische Kirche gelten kann, kommt der Konflikt der Kirchen gut zum Ausdruck:"

> „Das Schiff der Kirche befindet sich keinesfalls und keineswegs mehr auf ruhiger, sicherer Fahrt, sondern ist Stürmen und Fluten ausgesetzt, die sie auf harte Zerreißproben stellen (...). So steht die evangelische Kirche in Deutschland in einer Krisensituation vor neuen schweren Aufgaben. Deshalb kann die Chronik des Jahres 1968 kein stolzer Erfolgs – sondern nur ein nüchterner Lagebericht sein und weniger von Ergebnissen als von Bemühungen, mehr von Schwierigkeiten als von Leistungen, weniger von Erfolgen als von Anfechtungen berichten.“ (Niemeier, 1970)[1]

Das Jahr 1968 wurde hier als explosiver Ausbruch eines in seinem Ergebnis noch nicht absehbaren Wandlungsprozesses gedeutet, der die kirchlichen Zeitgenossen stark verunsicherte. Es war die Zeit, in der die Teilnahme der Kirchenmitglieder an den Ritualen des kirchlichen Lebens – Taufen, Trauungen und Erstkommunionen – langsam, aber stetig abgenommen hat. Dagegen gab es die Entwicklung kritischer Gemeinden und Seelsorgeprojekte, die in vielen Punkten aufklärerisch und emanzipatorisch versuch-

[1] Niemeier, G. (1970). Kirchliches Jahrbuch für die Evangelische Kirche in Deutschland des Jahres 1970.

ten, diejenigen Werte, die auch mit den Werten und Intentionen der Gruppendynamik kongruent waren, zu verwirklichen.

Es handelt sich für die Kirche um einen Konflikt auf mehreren Ebenen:

- einen politischen: kritische Anfrage an die Rekrutierung des Nachwuchses und Einflussnahme auf die kirchlichen Mitarbeitenden als Laien und – was besonders gefährlich schien – auch auf die Kleriker.
- einen pastoralen: der Attraktivität von Persönlichkeitsentwicklung und Emanzipation durch gruppendynamische Reflexion konnte die Kirche wenig entgegensetzen.
- einen theologischen: die Gruppendynamik war nicht wertfrei und konfrontierte die religiöse und kirchliche Praxis mit befreienden gruppendynamischen Erfahrungen wie Wunsch nach Selbstbestimmung oder Befreiung von Schuldgefühlen.

Die Arbeit der Akademie

Betrachtet man nun die Auseinandersetzungen, die in der zweiten Hälfte der 1970-Jahre zu diesen Themen um die Akademie für Jugendfragen entstanden, wird deutlich, dass der Text des Synodenbeschlusses noch lange nicht handlungsleitend war. Die „reaktionären" Kräfte setzten sich wieder durch und befeuerten den Konflikt mit den gruppendynamischen Programmen der Akademie.

Die Teilnehmenden der Akademiekurse kamen überwiegend aus dem katholischen oder evangelischen Milieu. Einerseits wollten sie sich beruflich qualifizieren – z. B. als Supervisor_innen – andererseits waren sie manches Mal in Identitätskrisen, was ihre persönliche Entwicklung und ihr kirchliches Engagement betraf. Die Akademie bot einen Freiraum, um auf die Suche zu gehen, vorhandene Ambivalenzen durften sichtbar werden. Selbsterfahrung war eine wirksame und überzeugende Möglichkeit, sich mit der eigenen Person auseinandersetzen zu können ohne sofort moralischen Erwartungen folgen zu müssen. Konflikte mit den kirchlichen Normen und ihrer Moral konnten offen gezeigt werden, man wurde dabei begleitet, unterstützt und nicht verurteilt.

Die kirchlichen Einrichtungen intervenierten schnell, wenn eine/r ihrer Mitarbeitenden als Teilnehmer_in einer gruppendynamischen Veranstaltung nach ihrer Auffassung „aus der Reihe" ging. Die oberste Kirchenbehörde, der Bischof von Münster, schaltete sich ein, um zu kontrollieren und den Geschäftsführer der Akademie zur Rede zu stellen, und drohte Sanktionen an.

Doch was der kirchliche Auftraggeber negativ einschätzte, war aus der Sicht der Dozent_innen und Trainer_innen oft sehr befriedigend, da sich persönliche und berufliche Veränderungen zum Nutzen der Teilnehmer_innen entwickelten. Wo es Probleme von kirchlichen Mitarbeitenden gab, waren diese oft schon vor der Teilnahme an einem gruppendynamischen Training vorhanden und zur eigenen Klärung in das Training mitgebracht worden. Die Rückmeldungen der Teilnehmenden waren überwiegend positiv. Natürlich gab es auch kritische Stimmen, die mit nach Hause genommen wurden, und von kirchlicher Seite wurde nicht differenziert, ob diese problematischen Interventionen der Trainer_innen oder der Bewusstwerdung eines mitgebrachten Grundkonflikts dieser Teilnehmenden geschuldet waren.

Hier ergeben sich auch Fragen an das das Verhalten der Trainer_innen. In einer Zeit, in der auch bei ihnen eine kirchenkritische Einstellung im Vordergrund stand, wurde mit den legitimen Interessen des Auftraggebers Kirche nicht immer angemessen umgegangen. Der antikirchliche Affekt verhinderte die Unterscheidung zwischen den eigenen Interessen an der Veränderung „dieser reaktionären Organisation" und den legitimen Interessen der auftraggebenden Institution.

In den gruppendynamischen Trainings arbeitete eine Großzahl der Trainerinnen und Trainer der damaligen Sektion Gruppendynamik des DAGG[2] mit[3]. Sie wurden durch dic Akademie nicht auf Kirchenmitgliedschaft oder gar Rechtgläubigkeit befragt; es galt professionell kompetent zu sein und sich als erfahrene_r Gruppendynamiker_in ausgewiesen zu haben.

Die Selbstreflexionsprozesse in den gruppendynamischen Trainings und Supervisionen führten bei vielen Teilnehmenden dazu, dass sie anschließend unbequeme Frage stellten und die eigene Motivation zur Berufsausübung selbstkritisch in den Blick nahmen und daraus auch konkrete Änderungen der eigenen beruflichen Arbeit einleiteten. Das gefiel den kirchlichen Arbeitgeber_innen nicht. Die Auseinandersetzungen zwischen der „gruppendynamisch fehlgeleiteten" Akademie und den traditionellen, orthodox ausgerichteten kirchlichen Instanzen nahmen in gefährlicher Weise zu. Ende der 1970er-Jahre wurde der Konflikt zwischen der „Gruppendynamik" – als gruppendynamischer Praxis der Bildungsarbeit – und der

[2] Heute ist das die DGGO.

[3] Antons, Bickel, Büchner, Doppler, Dorst, Edding, Fengler, Hege, Hürter O. und E., Jansen Kolvenbach, Krämer K. und R., Menches-Dändliker, Leinfelder, Nellessen, Vogt, Weigand,Wieringa, Zimmer. Gerhard Leuschner, als geschäftsführender Leiter der Akademie und Hermann Steinkamp als wissenschaftlicher Begleiter.

Kirche öffentlich ausgetragen. Ich zitiere einige Kernpunkte dieses Konflikts aus den damaligen Veröffentlichungen: In einem Gutachten des ibw wird 1977 vor einer "undifferenzierten Anwendung der Gruppendynamik im kirchlichen Bereich" als „neuer Weltreligion" bzw. „pervertierter Religiosität" gewarnt. „Millionen Anhänger – so unterwandert Atheismus die Kirche" betitelte die Kirchenzeitung „Das Ruhrwort" in ihrer Ausgabe 7/77 und schrieb, die Gruppendynamik bediene sich des Vokabulars und bestimmter Elemente der kirchlichen Tradition (öffentliches Schuldbekenntnis, Sündenvergebung, Fürsprache, gesammeltes Schweigen), doch gingen von ihr „höchst negative und bedrohliche Wirkungen" aus. Gruppendynamische Übungen seien für Kinder und Jugendliche gefährlich und riefen psychische Schädigungen hervor.

> „Durch Gruppendynamik ist es möglich, einen Menschen auch noch im Erwachsenenalter von Grund auf zu ändern, indem er in der Gruppe eine neue Kindheit und Lebensgeschichte beginnt. Sie wird daher als die größte Revolution des zwanzigsten Jahrhunderts bezeichnet (nach Moreno)" (ibw, 1977)[4]

Die Lektüre dieser verschiedenen Texte ruft heute Erstaunen, Unverständnis, vielleicht sogar ein Lächeln hervor, war damals aber exemplarisch für den Konflikt zwischen der Gruppendynamik und der Institution Kirche. Aus heutiger Sicht wird deutlich, welche Angst und Aggression die Gruppendynamik in den Zeiten ihres Aufblühens innerhalb der Kirche ausgelöst hat. Es war die Angst vor dem Einfluss dieser Art von Bildungsarbeit auf die kirchlichen Mitarbeitenden, die sich nicht mehr ohne weiteres anpassten, in Opposition gingen oder vielleicht auch den kirchlichen Dienst quittierten. Die Gruppendynamik brachte die pastorale Praxis einschließlich der kirchlichen Bildungsarbeit durch ihren alternativen Entwurf von Solidarität, Konfliktbewältigung, Umgang mit Hierarchie und Autonomie in große Not. Der neue Umgang mit Autorität und Macht, mit Fremd- versus Selbstbestimmung und mit authentischen Beziehungen, die sich nicht an den Regeln kirchlicher Moral orientierten, ließen das kirchliche Normen- und Wertgefüge in die Kritik geraten. Die Gruppendynamik stützte eher eine alternative und kritische Theologie, die ihrerseits in Konflikt mit der Amtskirche geraten war. Die Infragestellung kirchlicher Institutionen und religiöser Praxis, die Rivalität um die bessere Antwort auf gesellschaftliche Suchbewegungen und der dadurch entstehende Autoritäts- und Machtver-

[4] Deutsches Institut für Bildung und Wissen (ibw), Berlin/Paderborn.

lust waren Ursachen und Motiv für die kritische und teilweise aggressive Bewertung der Gruppendynamik.

Die Kirche hat damals die Chance vertan, mit dieser Art von Bildungsarbeit, die persönliche Entwicklung und organisationsverändernde Konzepte miteinander verband, den gesellschaftlichen Diskurs zu Führung, Partizipation und Solidarität richtungsweisend mitzugestalten. Erst in den darauffolgenden Jahren entwickelte sich eine differenzierte Betrachtungsweise, die die Gruppendynamik „weder dämonisieren noch vergöttlichen" (Fürstenau in: KNA, 22.9.77) wollte.

Die weltanschaulichen und gesellschaftspolitischen Widersprüche

Jenseits der konkreten Szene der Auseinandersetzung der gruppendynamisch orientierten Akademie für Jugendfragen in Münster mit der katholischen Kirche im Umfeld des gesellschaftlichen Aufbruchs der 1970er-Jahre wird bei einer Reflexion der gruppendynamischen Arbeit in kirchlichen Zusammenhängen insgesamt klar, dass theologische und sozialpsychologische, weiter pädagogische und pastorale, schließlich bildungs- und kirchenpolitische Intentionen aufeinander treffen und nicht vereinbart werden können. Die Pluralität der theologischen, pastoralen und kirchenpolitischen Vorstellungen unter Kirchenangehörigen, aber auch unter Theolog_innen und Hierarchen begegnen auch auf gruppendynamischer Seite einer Pluralität von Wertvorstellungen und pädagogischen und politischen Interessen, die keine normativen Entscheidungen, sondern einen Diskurs herausfordern. Dieser Diskurs bezieht sich u. a. auf folgende Stichworte:

Personalität und Sozialität

Das soziale Leben hat nicht nur eine Ergänzungsfunktion zur Vervollkommnung der Person (Thomas von Aquin) wie in der traditionellen katholischen Soziallehre lange gesagt wurde, sondern ist wesenskonstitutiv für die Entfaltung der Person. Das Gemeinschaft-Sein ist keine nebensächliche Eigenschaft des Menschen, sondern gehört wesentlich zu ihm. Die ganze Person ist sozial und das ganze Soziale ist personal. Die Beziehung zum anderen ist konstitutiv für die Person: Die Formel von Martin Buber: „Das Ich entwickelt sich am Du" hätte die Verständigung zwischen Personalität und Sozialität sein können. Die Sozialität einer Gruppe wird in der Gruppendynamik dazu genutzt, ein höheres Maß an Sozialfähigkeit zu erreichen. Deshalb ist die Intensivierung zwischenmenschlicher Beziehungen nicht nur Bedingung, um Gruppe entstehen zu lassen, sondern bleibt ständige Aufgabe der reflektierten, gruppendynamisch arbeitenden Gruppe.

Die Macht der Gruppe
Die Entscheidung liegt nicht bei einem Oberhirten, sondern bei den Betroffenen – in der Gruppe, die zu einer Lösung kommen will, die nicht nur jedes einzelne Mitglied zufrieden stellt, sondern besser ist als irgendeine während des Streites angestrebte Forderung. Es kommt nicht nur darauf an, dass, sondern vor allem, wie Entscheidungen getroffen werden. Dieser Ansatz lässt sich nur schwer mit den kirchlichen Entscheidungen „von oben" vereinbaren; er liegt dem herrschaftsfreien Diskurs von Habermas näher als einer durch Hirtenbrief und kirchlichem Codex verkündeten Wahrheit.

Von der Fremdbestimmung zur Selbstbestimmung
Die Ablösung von der Familie ist vor allem bei Jugendlichen mit dem Wunsch nach Selbstständigkeit verbunden, weckt aber auch die Sehnsucht nach neuer Bindung, welche im Miteinander der Gruppe erfüllt wird. Die Auseinandersetzung mit den Gruppenleiter_innen als Autorität ist zudem eine wirkungsvolle Möglichkeit, die eigenen Autonomiewünsche und Abhängigkeitserfahrungen zu reflektieren und damit zu experimentieren. Dieser Emanzipationsprozess weitet sich dann auch auf andere Abhängigkeitsverhältnisse aus. Nicht mehr die Priesterrolle garantiert die Akzeptanz als Autorität, sondern die überzeugende persönliche Authentizität, vor allem im Konflikt.

Normen und Schuldgefühle
Wer eine kirchliche Sozialisation durchlaufen hat, kennt den Konflikt mit kirchlichen Normen und die verschiedenartigsten Schuldgefühle bei deren Nicht-Befolgung. Im gruppendynamischen Training war die Möglichkeit geboten, über Normen und Schuldgefühle zu sprechen und sie kritisch zu betrachten und so ein wenig Freiraum für eine eigene Bewertung und Entscheidung zu schaffen. Dies führte zwangsläufig zu einer Distanz gegenüber der Kirche als normgebender Instanz und einen Rechtfertigungszwang für dieselbe.

Schule der Demokratisierung
Die reflektierte Kleingruppe stellt einen Raum dar, in dem ein kollektivbewusster politischer Lernprozess erfolgen kann, der theoretisch wie praktisch das Alphabet der Demokratie beinhaltet. In der Kleingruppe kann gelernt werden, eigene Bedürfnisse zu erkennen und zu artikulieren, fremde Bedürfnisse wahrzunehmen und anzuerkennen, Möglichkeiten der Durchsetzung von Interessen zu finden und diese einzuüben, Entscheidungen im

Konsens aller zu treffen, Konflikte persönlicher und sachlicher Art zu bearbeiten und zu lösen, Macht- und Herrschaftsausübung zu kontrollieren.

Für das hierarchische System Kirche war diese demokratische Kultur gewöhnungsbedürftig, auf keinen Fall selbstverständlich und erzeugte in innerkirchlichen Prozessen angewendet, erhebliche Irritationen.

Autorität und Beziehungsgestaltung bleiben auf der Tagesordnung
Der Konflikt um Macht und Autorität hat sich in der Gegenwart verschoben. Autorität wird nach wie vor gebraucht, um die Rahmenbedingungen für die Auseinandersetzung der Interessen zu sichern und die Formen und Methoden ihrer Austragung human und demokratisch zu gestalten. Schließlich ist darauf zu achten, dass nicht alleine Funktionalität und Technologie die sozialen Prozesse bestimmen, sondern humane Absicht und Orientierung gebender Sinn erhalten bleiben. Einseitige normative Setzungen mit den entsprechenden Sanktionen sind nicht mehr plausibel begründbar wie umgekehrt der Verfall von Autorität die Wertbindungen relativiert oder sogar zerstört. Insofern stimmt die Gegenwart nicht sehr hoffnungsvoll, betrachtet man die demokratische Entwicklung innerhalb und außerhalb Europas. Das Autoritäre tritt wieder auf, wird von vielen akzeptiert und gewünscht, weil der Verlust der Autorität nicht verkraftbar ist. Die gute Führung ist allerorts gefragt und wird nicht dadurch beantwortet, dass sie funktionalisiert wird. Gerade in der Politik wird der Wunsch nach persönlicher und vertrauenswürdiger Autorität besonders sichtbar und dem sachbezogenen Diskurs vorgezogen. Der/die Gruppendynamiker_in weiß, dass die sozio- und psychodynamische Betrachtung und Wahrnehmung des Führungsproblems im Management oft angstauslösend ist und es viel Geduld und Sensibilität braucht, um Management und Mitarbeitende sprachfähig zu machen.

Auch innerhalb der Kirchen vollziehen sich bisher kaum für möglich gehaltene Entwicklungen: ein fortschrittlicher und volksnaher Papst wird von Kardinälen in Frage gestellt, die in der Vergangenheit höchsten Wert auf den Gehorsam gegenüber dem Kirchenoberhaupt legten. Mit den moralisch besonders aufgeladenen Fragen der Beziehungs- und Sexualmoral wird von denen auf schändlichste Weise umgegangen, die für ihre Einhaltung in der Vergangenheit vor keiner Sanktion zurückschreckten. Deswegen dürfen wir Gruppenynamiker_innen nicht nachlassen, auf Authentizität, Empathie und Gegenseitigkeit in Beziehungen zu achten, sie zu fördern und diesbezüglich selbst durchaus als moralische Instanz aufzutreten.

Aufklärung, Emanzipation und Solidarität als Trias gruppendynamischen Arbeitens haben nicht ausgedient, sondern sind in anderer Akzentuierung und mit veränderter Perspektive nicht nur aufrechtzuerhalten, sondern fordern uns als Zielgrößen unserer Arbeit genauso stark heraus wie in der Vergangenheit. Vermutlich brauchen sie noch mehr Anstrengung und Engagement, weil die Moderne sich zwar einen aufgeklärten, emanzipierten und sozialen Anschein gibt, aber in der „hidden agenda“ noch andere Interessen und gegensätzliche Kräfte am Werke sind. Sie zu sehen, haben wir ja gelernt.

Bemerkung am Ende

Beim Blick in die Vergangenheit und beim Aufschreiben der Erinnerungen fühlte ich mich wie in eine fremde Welt versetzt, andererseits tauchten alte Probleme in neuem Gewande wieder auf: die Spannung von Individualität und Solidarität; wenig Toleranz gegenüber dem Zeitbedarf von Suchprozessen und Konfliktbearbeitung; Fremdbestimmung, heute durch Technologie; Suche nach persönlich Schuldigen in systembedingten Fehlentwicklungen; Zweifel an der Demokratie. Auf die Kirche, ihre Probleme und Entwicklungen in der Gegenwart bezogen kann der/die Gruppendynamiker_in gelassen abwarten, ob und wo er/sie noch gebraucht wird. Souverän und mit dem nötigen Maß an Affektfreiheit arbeitet er/sie in kirchlichen Kontexten. Und die kirchlichen Arbeitgeber_innen haben zwischenzeitlich genügend Einsicht und Demut entwickelt, Beratung in Anspruch zu nehmen, wenn die eigenen Möglichkeiten nicht mehr ausreichen.

Verzeichnis der Autorinnen und Autoren

Almut Aeppli
ist Diplom-Sozialpädagogin/Sozialarbeiterin, Supervisorin, Coach und Trainerin für Gruppendynamik i. A. Seit 25 Jahren berät sie als selbstständige Supervisorin, Coach und Trainerin verschiedenen Organisationen im In- und Ausland. Schwerpunkte ihrer Arbeit sind: Einzel-, Gruppen-, Leitungs-, Teamsupervision, Teamentwicklung, Führungscoachings und Trainings.
www.praxis-supervision.ch

Klaus Antons
Dr. phil. habil., Dipl. Psych., ist nach akademischer Tätigkeit und Leitung einer Bildungseinrichtung seit 1982 freiberuflicher Trainer für Gruppendynamik (DGGO). Ausserdem ist er in Supervision (DGSv), Coaching, Persönlichkeitsentwicklung, Organisations- und Konfliktberatung sowie Psychotherapie tätig. Er ist Autor verschiedener Werke, vorwiegend zur Gruppendynamik.
www.klausantons.de

Asiye Balıkçı-Schmidt
Volljuristin, Trainerin für Gruppendynamik (DGGO), Systemische Therapeutin (DGSF/SG). Seit 10 Jahren selbständige Trainerin und Supervisorin mit den Themen Organisations- und Teamentwicklung, Mediation, Persönlichkeitsentwicklung, Diversity Management, Konfliktmanagement. Lehre und diverse Publikationen in den o. g. Themenfeldern. Die Verbindung von interdisziplinären Berufsfeldern ist eine ihrer größten Ressourcen. Ihre Arbeitsweise zeichnet sich durch ein integriertes Konzept aus, das Elemente des juristischen Denkens, der systemischen Beratung, der Gruppen- und Organisationsdynamik sowie gestalttherapeutische Aspekte miteinander verbindet.
www.balikci-schmidt.de

Babette Brinkmann

Dr. phil., Dipl.-Psych., ist Professorin für Organisations- und Gruppenpsychologie an der TH Köln. Sie ist Supervisorin und Coach (DGSv), Trainerin für Gruppendynamik (DGGO) und ausgebildet in Projektmanagement und Design Thinking. Sie ist Mitglied bei Tops München-Berlin e.V., einem Verein, der Gruppendynamiker_innen, Supervisor_innen und Coaches ausbildet. Arbeits- und Interessensschwerpunkte sind: Gruppendynamik, Neue Arbeitswelt, Gesellschaftlicher Zusammenhalt sowie Frauen und ihr Anteil an der Macht in der Gesellschaft. Babette Brinkmann lebt und arbeitet in Köln und München und hat drei Kinder.
www.brinkmannberatung.de

Klaus Brosius

Studierte Pädagogik, Soziologie, Psychologie und Kath. Theologie in Hannover und Münster. Seit 1995 arbeitet er als selbstständiger Supervisor DGSv, Trainer für Gruppendynamik DGGO und Fortbildner in eigener Praxis. Engagiert ist er überall dort, wo es um die Verbesserung der Kooperation, Kommunikation und Konfliktmanagement geht. Seine Auftraggeber kommen aus dem Bildungs- und Sozialbereich, wie auch der Industrie.
www.klausbrosius.de

Gisela Clausen

Lebt in Hamburg, Diplom-Psychologin seit 1977, Trainerin für Gruppendynamik (DGGO) und Supervisorin (DGSv). Sie arbeitet als Organisationsberaterin, Trainerin und Coach für Führungskräfte im Profit- und Nonprofitbereich. Mitglied im wissenschaftlichen Beirat der WWU Münster für den Masterstudiengang „Nonprofit Management and Governance“. Autorin verschiedener Werke über Gruppendynamik, Organisationsentwicklung und Genderthemen.
www.clausenundco.de

Mechtild Erpenbeck

Dipl.-Päd., systemische Beraterin, Supervisorin (DGSv), Gruppendynamikerin (DGGO) und Senior Coach (DBVC). 10 Jahre Arbeit als Theaterregisseurin. Seit 1998 Beratungstätigkeit im Profit- und Non-Profit-Bereich. Ausbilderin von Trainer_innen und Business Coaches. Lehraufträge u. a. an der ASH Berlin und der TU Kaiserslautern. Verschiedene Fachpublikationen. Arbeitsschwerpunkte: Führungskräfteentwicklung, Change- und Konfliktmanagement.
www.consultact.de

Hella Gephart

Dr. Dipl.-Psych., Trainerin für Gruppendynamik (DGGO /DAGG), ist tätig als Ausbilderin für Gestalttherapie, Supervisorin und Teamentwicklerin in Profit- und Nonprofitunternehmen, Gestalttherapeutin in eigener Praxis. Seit 2015 im Vorstand der Deutschen Vereinigung für Gestalttherapie.
www.daeumling-haus.de

Kristina Hermann

Psychologin (univ.); Trainerin für Gruppendynamik (DGGO), Körperorientierte Gestalttherapeutin (DI). Nach Berufseinstieg als Unternehmensberaterin, mehrjährig an der FH Nordwestschweiz im Schwerpunkt Organisationaler Wandel (inkl. Publikationen). Aktuell in eigener Firma als Organisationsentwicklerin, Coach, Trainerin und Therapeutin tätig – mit viel Herzblut für die Themen: Selbstorganisation in Teams, Agilität und Kulturveränderung (auch mit der Methode Planspiel /Simulation). Außerdem engagiert im Vorstand der DGGO für die Ausbildung.
www.gestalt-skan-basel.ch

Stefanie Husi-Giessmann

Eidg. dipl. Kauffrau, MAS systemisch-organisationsdynamisches Coaching, Trainerin für Gruppendynamik (DGGO). Seit über 12 Jahren Gründerin und Mitinhaberin der Husi Giessmann Lippuner GmbH. Sie arbeitet überwiegend in der Privatwirtschaft als Trainerin, Coach und Beraterin in den Themen Organisations-, Team- und Persönlichkeitsentwicklung. Als externe Dozentin und Kursleitung ist sie an verschiedenen Instituten in den Themen Steuern und Leiten von Gruppen tätig.
www.husipartner.ch

Lutz Lyding

Dr. phil., Dipl.-Psych., ist seit 2004 freiberuflicher Trainer, Coach und Supervisor DGSv mit eigener Praxis in Wiesbaden. Mit LydingTraining bietet er zusammen mit Kollegen maßgeschneiderte psychologische Trainings für Organisationen, Wirtschaft, NGOs, Verwaltung und Hilfsorganisationen im Bereich Führungspsychologie und Krisenmanagement an. Seit 2012 ist er Mitglied der DGGO und aktuell Trainer für Gruppendynamik u.S. (DGGO).
www.lyding-supervision.de

Hermann-Josef Noll

Diplom-Sozialpädagoge, Trainer für Gruppendynamik (DGGO/DAGG), Supervisor (DGSv), Lehrsupervisor. Er ist freiberuflich tätig in Supervision, Teamentwicklung, Coaching für Fach- und Führungskräfte sowie Persönlichkeitentwicklung, unter anderem in den Feldern Gesundheit und Medizin, Seelsorge, Sozialarbeit, Verwaltung, Verbände und Vereine.
www.noll-supervision.de

Ingrid Stahmer

Sozialarbeiterin 1971–1981. Trainerin für Gruppendynamik (DGGO/DAGG) seit 1976. Bezirksstadträtin für Soziales in Berlin-Charlottenburg 1981–1989. 1989–1999 Mitglied der Landesregierung Berlin als Stellvertreterin des Regierenden Bürgermeisters (1989–1991) und Senatorin für die Ressorts Gesundheit (1989–1991), Soziales (1989–1996), Jugend (1994–1999), Schule und Sport (1996–99). Seit 2000 Büro für Organisationsberatung, Strategie- und Teamentwicklung, Coach und Supervisorin (DGSv). Seit 2003 Honorarprofessorin, Alice Salomon Hochschule Berlin. Die Ausbildungen und Tätigkeiten als Sozialarbeiterin und Gruppendynamikerin waren durch die Verbindung von Theorie und Praxis eine wertvolle Grundlage für meine Zeit als Sozialpolitikerin und meine sich anschließende Selbstständigkeit. Auch meine ehrenamtlichen Funktionen als Vorstandsvorsitzende des Deutschen Zentralinstituts für soziale Fragen (DZI) und des August Bebel Instituts für politische Bildung, sowie als vorsitzende Sprecherin der Landesarmutskonferenz Berlin (LAK-Berlin) waren und sind für mich wichtige gruppendynamische Erfahrungs- und Anwendungsfelder.
www.ingrid-stahmer.de

Frank Stähler

Dipl. Outdoor Ed., Sonderpädagoge, Trainer für Gruppendynamik (DGGO), Gestalttherapeut (DI), langjährige Tätigkeit für die Montag Stiftung Jugend und Gesellschaft Bonn, Dozententätigkeit u. a. an der Universität zu Köln, TH Köln, HWR Berlin. Konzept-Berater des Kölner NS-Dokumentationszentrums zur Entwicklung des Bildungsangebots „Tristan da Cunha – Abenteuer Demokratie auf einer Insel". In Coaching, Supervision, Team- und Führungskräfteentwicklung wie auch in Bildung und Weiterbildung fokussiert er darauf, dass Menschen ihre Bedeutung und Wirksamkeit für sich und andere entwickeln und gestalten können.
www.frankstaehler.de, www.ibgo.de

Herrmann Steinkamp
Dr. theol., Dr. phil., von 1974–2004 Professor für Praktische Theologie an der Katholisch-theologischen Fakultät Münster. Ehemals Mitglied des DAGG und Trainer für Gruppendynamik.

Monika Stützle-Hebel
Dr. Dipl.-Psych., Trainerin für Gruppendynamik (DGGO /DAGG), Gestalttherapeutin (DVG). Seit über 30 Jahren beschäftigt sie sich als Trainerin, Lehrbeauftragte, Supervisorin, Coach und Beraterin mit Fragen der Gruppen- und Organisationsdynamik in den unterschiedlichsten Arbeitsfeldern. Nach acht Jahren als Vorsitzende der Deutschen Gesellschaft für Gruppendynamik und Organisationsdynamik (DGGO) machte sie es sich zur Aufgabe, das geistige Erbe Kurt Lewins für heutige Fragestellungen fruchtbar zu machen. Was Lewin schon in den 40er-Jahren beschäftigte, bewegt sie heute besonders: die Sorge um die Demokratie in Deutschland und Europa und welchen Beitrag die angewandte Gruppendynamik dazu leisten kann.
www.ios-muenchen.de

Enrico Troebst
Diplom-Soziologe und Gruppendynamischer Leiter (DGGO), arbeitete als Leiter einer Stiftung der politischen Bildung. Heute freiberuflich in der politischen Bildung sowie als Dozent an einer Berufsfachschule der sozialen Arbeit tätig. Reiche Erfahrungen im ehrenamtlichen (politischen) Gruppen-Engagement in Gremien und Initiativen.
www.enrico-troebst.de

Thomas Vogl
Dr. theol., ist nach akademischer Tätigkeit seit 1998 freiberuflicher Texter und Fachberater für Kommunikation. 2000–2006 geschäftsführender Gesellschafter der Tast Kreativ-Agentur, München. Mittlerweile arbeitet er auch als Supervisor und Coach (DGSv), Organisationsberater, Trainer für Gruppendynamik i. A.
www.thomasvogl.de; www.supervision-vogl.de

Wolfgang Weigand
Prof. Dr., Studium der Theologie und Sozialwissenschaften, Dozent und geschäftsführender Direktor einer bundeszentralen Fortbildungsakademie in Münster/Westf. (1974–1982). Fachhochschullehrer für Personal- und Organisationsentwicklung in Bielefeld (1982–2010). Supervisor (DGSv), gruppendynamischer Trainer (DGGO); gruppenanalytische Fortbildung (Altaussee); Lehrsupervisor und Dozent an der Uni Kassel, bei TOPS München, Akademie für Psychoanalyse Düsseldorf und der IPU Berlin. Organisationsberater in Wirtschaftsunternehmen, Kliniken und psychosozialen Einrichtungen.

Stiftungsratsvorsitzender der Stiftung Supervision; Gründer und Mitherausgeber der Zeitschrift Supervision (seit 1982); Gründungsmitglied und langjähriger Vorsitzender der Deutschen Gesellschaft für Supervision (DGSv). Zahlreiche Veröffentlichungen zur Supervision und Beratung, zuletzt mit R. Heltzel (2012), *Im Dickicht der Organisation*. Göttingen.
www.stiftung-supervision.de

Werner Zimmer-Winkelmann,
Gesellschaftswissenschaftler, Trainer für Gruppendynamik (DGGO) und Projektmanagement, Kritischer Psychologe. Seit über 20 Jahren als selbständiger Trainer, Teamentwickler und Moderator mit den Themen „Projektmanagement", „Teamentwicklung", und „Kritik der Politischen Ökonomie des Kapitalismus" beschäftigt. Arbeitet mit Großkonzernen, Stiftungen, Parteien, Gewerkschaften und Sozialinstitutionen.
http://quest-network.de

Alle Autor_innen sind Mitglieder der DGGO und zu finden unter:
www.dggo.de